Klaus Zimmermann

Rom und Karthago

3. Auflage

Die Deutsche Nationalbibliothek verzeichnet diese Publikation
in der Deutschen Nationalbibliografie;
detaillierte bibliografische Daten sind im Internet über
http://dnb.d-nb.de abrufbar.

3., durchgesehene, bibliographisch aktualisierte Auflage 2013

1. Auflage 2005
Die Herausgabe des Werkes wurde durch
die Vereinsmitglieder der WBG ermöglicht.
Einbandgestaltung: schreiberVIS, Bickenbach
Gedruckt auf säurefreiem und alterungsbeständigem Papier
Printed in Germany

Besuchen Sie uns im Internet: www.wbg-wissenverbindet.de

ISBN 978-3-534-26025-6

Elektronisch sind folgende Ausgaben erhältlich:
eBook (PDF): 978-3-534-73751-2
eBook (epub): 978-3-534-73752-9

Inhalt

Geschichte kompakt

In der Geschichte, wie auch sonst,
dürfen Ursachen nicht postuliert werden,
man muss sie suchen. (Marc Bloch)

Das Interesse an Geschichte wächst in der Gesellschaft unserer Zeit. Historische Themen in Literatur, Ausstellungen und Filmen finden breiten Zuspruch. Immer mehr junge Menschen entschließen sich zu einem Studium der Geschichte, und auch für Erfahrene bietet die Begegnung mit der Geschichte stets vielfältige, neue Anreize. Die Fülle dessen, was wir über die Vergangenheit wissen, wächst allerdings ebenfalls: Neue Entdeckungen kommen hinzu, veränderte Fragestellungen führen zu neuen Interpretationen bereits bekannter Sachverhalte. Geschichte wird heute nicht mehr nur als Ereignisfolge verstanden, Herrschaft und Politik stehen nicht mehr allein im Mittelpunkt, und die Konzentration auf eine Nationalgeschichte ist zugunsten offenerer, vergleichender Perspektiven überwunden.

Interessierte, Lehrende und Lernende fragen deshalb nach verlässlicher Information, die komplexe und komplizierte Inhalte konzentriert, übersichtlich konzipiert und gut lesbar darstellt. Die Bände der Reihe „Geschichte kompakt" bieten solche Information. Sie stellen Ereignisse und Zusammenhänge der historischen Epochen der Antike, des Mittelalters, der Neuzeit und der Globalgeschichte verständlich und auf dem Kenntnisstand der heutigen Forschung vor. Hauptthemen des universitären Studiums wie der schulischen Oberstufen und zentrale Themenfelder der Wissenschaft zur deutschen und europäischen Geschichte werden in Einzelbänden erschlossen. Beigefügte Erläuterungen, Register sowie Literatur- und Quellenangaben zum Weiterlesen ergänzen den Text. Die Lektüre eines Bandes erlaubt, sich mit dem behandelten Gegenstand umfassend vertraut zu machen. „Geschichte kompakt" ist daher ebenso für eine erste Begegnung mit dem Thema wie für eine Prüfungsvorbereitung geeignet, als Arbeitsgrundlage für Lehrende und Studierende ebenso wie als anregende Lektüre für historisch Interessierte.

Die Autorinnen und Autoren sind in Forschung und Lehre erfahrene Wissenschaftlerinnen und Wissenschaftler. Jeder Band ist, trotz der allen gemeinsamen Absicht, ein abgeschlossenes, eigenständiges Werk. Die Reihe „Geschichte kompakt" soll durch ihre Einzelbände insgesamt den heutigen Wissensstand zur deutschen und europäischen Geschichte repräsentieren. Sie ist in der thematischen Akzentuierung wie in der Anzahl der Bände nicht festgelegt und wird künftig um weitere Themen der aktuellen historischen Arbeit erweitert werden.

Kai Brodersen
Martin Kintzinger
Uwe Puschner
Volker Reinhardt

Meinen Jenaer Studenten
in herzlicher Verbundenheit

I. Einführung

Methodisches

„Rom und Karthago" – unter ebendiesem Titel präsentierte Joseph Vogt vor über 60 Jahren einen Sammelband, dessen Konzeption darin bestand, das Ringen beider Mächte unter dem Aspekt des „Rassengegensatzes" zu betrachten. Als Ausdruck von „Rassenfeindschaft" verstand auch der Leiter des „Kriegseinsatzes der Altertumswissenschaften", Helmut Berve, in einem Vortrag über „Rom und Karthago" die Serie römisch-karthagischer Auseinandersetzungen, den römischen Sieg als Rettung des Abendlandes. Die zeitgeschichtlichen Beweggründe dieses wissenschaftlich irrelevanten Ansatzes sind hinlänglich bekannt. Wir bräuchten darüber kein Wort zu verlieren, besäße nicht die Methode, Geschichte in den Dienst aktueller politischer Anliegen zu stellen, bei Gelehrten aller Epochen und Gesellschaftssysteme bis heute ihren verführerischen Reiz. Geändert haben sich freilich die politischen Positionen und die beabsichtigte Wirkung: Lieferten zur Zeit der NS-Diktatur Wissenschaftler auf diese Weise Argumentationshilfen für Feindschaft und Verfolgung, so besteht heute die Gefahr, dem Trend der Zeit entsprechend allenthalben interkulturelle Annäherung und Begegnung zu wittern. So sympathisch uns Geschichtsdeutungen letzterer Couleur erscheinen mögen, aus wissenschaftlicher Sicht kranken sie an derselben Schwäche wie der Ansatz Vogts: Ehe man es sich versieht, wird das historische Phänomen nicht mehr um des Verständnisses seiner selbst willen betrachtet und vor dem Hintergrund seiner Zeit bewertet. Stattdessen geraten Aktualitätsbezüge zum Leitfaden, bisweilen gar zum Ausgangspunkt der Untersuchung; in anachronistischer Weise wird für ein in der Gegenwart beheimatetes, häufig unausgesprochenes Anliegen Beleg- bzw. Vergleichsmaterial aus der Vergangenheit zusammengetragen. Dass in diesem Fall das anvisierte Ziel die Auswahl und Interpretation der Quellen bestimmt, liegt auf der Hand – die Studie läuft Gefahr, mehr über die weltanschaulichen Überzeugungen ihres Verfassers als über den untersuchten Gegenstand auszusagen.

Die Annalistik

Eine Warnung vor diesem methodischen Kardinalfehler bedarf am Beginn eines Studienbuches kaum der Rechtfertigung – umso weniger, als das Thema „Rom und Karthago" nicht erst zur Zeit des Dritten Reiches zum Gegenstand interessengeleiteter Arbeitsweise geworden ist. Schon den in relativ geringem Abstand zu den Ereignissen schreibenden römischen Historikern war es nicht so sehr um die Erkenntnis geschichtlicher Abläufe und Zusammenhänge an sich zu tun, als vielmehr um senatorische Selbstdarstellung sowie die Rechtfertigung römischer Politik. Das hier entworfene Geschichtsbild ist dementsprechend kein unabhängiges, sondern folgt klaren politisch-ideologischen Zielvorgaben. Tatsachen, die geeignet waren, die moralische Berechtigung römischen Vorgehens im Einzelfall oder gar der errungenen Erfolge insgesamt in Frage zu stellen, wurden verschleiert, umgedeutet oder eliminiert.

Polybios

Als Korrektiv steht uns bis zu einem gewissen Grad das Werk des griechischen Historikers **Polybios** zur Verfügung, der um die Mitte des 2. Jahrhunderts v. Chr. das Zusammenlaufen bislang eigenständiger geschichtlicher Entwicklungsstränge unter römischer Herrschaft beschrieb und in Abgrenzung zu seinen Gewährsleuten wortreich die Forderung nach unparteiischer Darstellung erhob – man solle *weder zögern die Freunde zu tadeln noch die Feinde zu loben*, also *von den handelnden Personen absehen und in den Aufzeichnungen vielmehr den Handlungen selbst die angemessene Beurteilung und Würdigung zuteil werden lassen* (1,14). Auch die Objektivität dieser Quelle ist indes nicht über jeden Zweifel erhaben: Zunächst war Polybios für weiter zurückliegende Ereignisse wie den Ersten Punischen Krieg seinerseits auf Geschichtswerke angewiesen, die römisches Handeln in der eben skizzierten Weise „frisiert" wiedergaben. Sodann dürfen wir annehmen, dass der unfreiwillig in Rom lebende Historiker nicht ganz frei von Sachzwängen war – mit der Verurteilung der römischen Annexion Sardiniens mag die Grenze dessen, was er seinen einflussreichen Gönnern zumuten konnte, erreicht gewesen sein. Und schließlich ist nicht zu übersehen, welche Bewunderung Polybios selbst der einzigartigen Erfolgsserie römischer Machtpolitik entgegenbringt, deren Gründe darzulegen das zentrale Anliegen seines Werkes ist. Der Faszination seines Untersuchungsgegenstandes konnte sich der ehemalige Staatsmann und Truppenbefehlshaber nicht entziehen. So ehrlich er sich um unvoreingenommene Darstellung im politischen und militärischen Detail bemüht, aufs Ganze gesehen steht doch außer Frage – um Polybios' eigene Worte aufzugreifen –, wer die „Freunde", wer die „Feinde" sind.

E

Polybios von Megalopolis (ca. 200 – nach 120 v. Chr.)
169/68 Reiterbefehlshaber des achaiischen Bundes, nach dem römischen Sieg über Perseus bei Pydna (168) mit 1000 weiteren politischen Geiseln nach Rom deportiert, wo er zum Freund und Berater des jungen Scipio Aemilianus avancierte, in dessen Gefolge er am Dritten Punischen Krieg teilnahm. Selbst zum Bewunderer römischer Politik geworden, beschreibt P. in seinem Geschichtswerk den beispiellosen Aufstieg Roms zur Weltmacht von 264 bis ca. 145 und analysiert die Ursachen der römischen Überlegenheit.

Spätere Quellen

Ähnliches gilt für die antike Literatur späterer Epochen: Den Historikern der Kaiserzeit waren Weltherrschaftsanspruch und Sendungsbewusstsein des römischen Volkes längst zur Selbstverständlichkeit geworden. Beschäftigung mit der Vergangenheit erfolgte unter dem Eindruck von Roms gegenwärtiger Größe als einer Art endgültigem Aggregatzustand der Geschichte. Nicht dass Karthago in diesem Geschichtsbild keinen prominenten Platz einnahm: In der Rückschau auf die Kriege wird die Stadt – in dieser Form gewiss unzutreffend – zur besiegten Konkurrentin Roms um die Weltherrschaft stilisiert; mit der tragischen Begegnung zwischen Dido und Aeneas projiziert Vergil die Wurzeln römisch-karthagischer Erbfeindschaft gar in die sagenhafte Vorgeschichte der Gründung Roms zurück. Doch wie phantastisch oder nüchtern auch immer Karthagos Rolle in der Vergangenheit gezeichnet wird, es geschieht immer in der übergeordneten Absicht, Roms geschichtliche Mission der Weltherrschaft zu illustrieren. Was die Historiker der Republik (**Annalisten**, Polybios) an Material boten, wird hierfür herangezogen, gedeutet, gekürzt oder ausgeschmückt, doch niemals grundlegend hinterfragt. Dass Rom auf seinem Weg durch die Jahrhunderte stets einen gerechten Kampf für ein vom Schicksal bestimmtes Ziel gekämpft hatte, war die allem Zugriff auf Geschichte gemeinsame Prämisse. Sie in Zweifel zu ziehen kam – soweit wir sehen – weder heidnischen noch christlichen Autoren in den Sinn. Auch der Wert dieser Informationsquellen unterliegt damit im Hinblick auf unser Thema erheblichen Einschränkungen.

E

Annalistik
Geschichtsschreibung der mittleren und späteren römischen Republik, in der die Ereignisse nach Jahren angeordnet waren, entsprechend den jährlichen Aufzeichnungen des obersten Priesters (*pontifex maximus* → *annales maximi*). Da die Werke der Annalisten größtenteils verlorengegangen sind, ist eine Überprüfung der Angaben bei späteren Historikern (Livius) nur selten möglich.

Das Rom-Bild der Neuzeit

Wenn schließlich noch in der neuzeitlichen Literatur zu „Rom und Karthago" nicht selten ein Übergewicht römischer Standpunkte festzustellen ist, so liegt dies gewiss zum einen an der Eigenart unserer Quellen, die nur vereinzelt andere Sichtweisen als die römische präsentieren: Von **punischer** Literatur ist so gut wie nichts erhalten, nur wenig mehr von einigen prokarthagischen Darstellungen aus der Feder sizilischer Griechen. Die meisten und reichhaltigsten Schilderungen stammen von römischen oder aus römischer Perspektive schreibenden Autoren; ihre Tendenz prägt infolgedessen nur allzuleicht unser Geschichtsbild. Ein weiterer, bisweilen deutlich erkennbarer Grund liegt aber auch in der Faszination, die Roms Erfolge auf die lateinisch geprägte Welt bis heute ausüben. Die Begeisterung nicht weniger okzidentaler Historiker oder Philologen für die militärischen und organisatorischen Leistungen der Römer steht hinter der eines Polybios kaum zurück. Allein das Bewusstsein des humanistisch Gebildeten, in vielerlei Hinsicht über das Mittelalter hinweg in der Tradition Roms zu stehen, fördert die Identifikation mit „unseren" römischen Vorfahren und zugleich die Distanzierung von den „fremden" Karthagern – selbst wenn hierbei keine antisemitischen Affekte im Spiel sind. Zu einer nüchternen, unvoreingenommenen Beurteilung römischer Politik wird der moderne Historiker unter diesen Umständen ebensowenig gelangen wie sein antiker Kollege. Bemühen wir uns also zum einen – Vogts warnendes Beispiel vor Augen –, zeitgeschichtliche Assoziationen aller Art so weit als möglich auszublenden, und machen wir uns zum anderen das besondere Verhältnis bewusst, das uns über zwei Jahrtausende hinweg mit der römischen Geschichte verbindet, um uns bei der folgenden Betrachtung Roms und Karthagos weder von den einen noch von dem anderen unbewusst leiten zu lassen.

E

Punier/punisch
von *Poenus/Poenicus/Punicus*, dem lateinischen Namen für die phoinikischen Bewohner Nordafrikas, insbesondere die Karthager, sowie deren Sprache und Kultur.

II. Die politischen Beziehungen

508/07 (?)	Erster karthagisch-römischer Vertrag.
348	Zweiter karthagisch-römischer Vertrag.
306	Dritter karthagisch-römischer Vertrag (= „Philinos-Vertrag").
279/78	Vierter karthagisch-römischer Vertrag (= „Pyrrhos-Vertrag").
264	Ausbruch des Ersten Punischen Krieges; Bündnis Hierons II. von Syrakus mit Karthago.
263	Sonderfriede Hierons II. mit Rom.
241	Ende des Ersten Punischen Krieges (= „Lutatius-Vertrag").
237	Römische Annexion Sardiniens; kurz darauf Beginn der karthagischen Expansion in Iberien.
226/25	Ebro-Vertrag.
220/19	Rom warnt Hannibal vor einem Angriff auf Sagunt.
218	Ausbruch des Zweiten Punischen Krieges.
215	Karthagische Bündnisse mit Philipp V. und Hieronymos.
205	Sonderfriede Philipps V. mit Rom.
203/02	Scheitern einer karthagischen Friedensinitiative.
201	Ende des Zweiten Punischen Krieges.
200 (?)	Karthagisch-numidischer Friedensvertrag.
196	Innenpolitische Reformen Hannibals.
182–152	Wiederholte Okkupationen karthagischer Gebiete durch Massinissa.
150	Niederlage der Karthager gegen Massinissa; der Senat beschließt die Zerstörung Karthagos.
149	Beginn des Dritten Punischen Krieges.

1. Der erste karthagisch-römische Vertrag

Im Rahmen eines Exkurses über die Rechtslage zwischen Karthago und Rom vor Ausbruch des Zweiten Punischen Krieges referiert Polybios vier Verträge der Vorkriegszeit, von denen er einen (den so genannten Philinos-Vertrag) für unhistorisch hält, sowie den Friedensvertrag des Ersten Punischen Krieges, *damit weder die, deren Pflicht es ist und die ein Interesse daran haben müssen, in diesen Dingen genau unterrichtet zu sein, bei den wichtigsten Beratungen die Wahrheit verfehlen, noch die Leser, die sachliche Belehrung suchen, durch die Unwissenheit und Parteilichkeit der Geschichtsschreiber auf Irrwege geführt, über diesen Punkt im Dunkeln bleiben, sondern eine klare Vorstellung von den seit den Anfängen bis auf unsere Tage bestehenden Rechtsverhältnissen zwischen Römern und Karthagern erhalten* (3,21,9–10). Die folgende Passage ist für uns als Quelle umso wertvoller, als der Historiker sich nicht nur auf die frühere literarische Überlieferung stützt, sondern die Verträge selbst heranzieht, die *noch jetzt auf ehernen Tafeln beim Tempel des kapitolinischen Iuppiter im Aerarium der Aedilen aufbewahrt werden* (3,26,1). Die Bemerkung, der Text des ersten Vertrages sei aufgrund der altertümlichen Sprache nur schwer verständlich (3,22,3), liefert einerseits den Beweis für die tatsächliche Benutzung dieses und der anderen Dokumente durch Polybios, enthält aber auch die Warnung, dass mit Ungenauigkeiten und Missverständnissen bei der Übersetzung ins Griechische durchaus zu rechnen ist (ebd.: *Der Vertrag lautet* etwa *folgendermaßen* ...).

Inhalt

Die wesentlichen Bestimmungen des ersten Vertrages sahen Folgendes vor: Kein Römer durfte an der nordafrikanischen Küste über das „Schöne Vorgebirge" hinausfahren. Sollte dieser Fall durch höhere Gewalt dennoch eintreten, so durften die betreffenden Römer nur zur Beschaffung des Notwendigsten an Land gehen und hatten die Sperrzone schnellstmöglich wieder zu verlassen. Römische Kaufleute durften im karthagischen Einflussbereich in Nordafrika und auf Sardinien nur in Gegenwart karthagischer Beamter Geschäfte abschließen; im karthagischen Teil Siziliens (der so genannten Epikratie) waren sie karthagischen Händlern rechtlich gleichgestellt. Den Karthagern wurde keine Fahrtgrenze auferlegt, doch waren ihnen Übergriffe gegen römisch beherrschte Städte Latiums strikt untersagt. Auch von unabhängigen Städten Latiums sollten sie sich fernhalten; wenn sie dennoch eine solche Stadt eroberten, hatten sie sie den Römern zu übergeben. Die Anlage fester Plätze, ja auch nur die Übernachtung war den Karthagern verboten, sofern sie in feindlicher Absicht an Land gegangen waren.

Q

Der erste karthagisch-römische Vertrag
(Polybios 3,22,4–13 = StV II² 121)

Unter folgenden Bedingungen soll Freundschaft sein zwischen Römern und den Bundesgenossen der Römer und Karthagern und den Bundesgenossen der Karthager. Mit Schiffen sollen die Römer und deren Bundesgenossen nicht jenseits des Schönen Vorgebirges fahren, außer wenn sie durch Sturm oder Feinde dazu gezwungen werden. Wenn aber jemand gewaltsam dorthin verschlagen wird, soll es ihm nicht gestattet sein, irgendetwas darüber hinaus zu kaufen oder zu nehmen, was zur Ausbesserung des Schiffes oder für Opferhandlungen nötig ist, und er soll innerhalb von fünf Tagen wieder fortfahren. Die aber des Handels wegen kommen, sollen kein Geschäft ohne Beisein eines Herolds oder Schreibers abschließen. Was aber in deren Gegenwart verkauft wird, dafür soll der Staat dem Verkäufer bürgen bei allen Geschäften in Libyen oder auf Sardinien. Wenn ein Römer in den karthagischen Teil Siziliens kommt, sollen die Römer in allem gleichberechtigt sein. Die Karthager aber sollen kein Unrecht tun dem Volk der Ardeaten, Antiaten, Laurentiner, Kirkaiiten, Tarrakiniten, noch irgendeinem anderen von den Latinern, soweit sie (den Römern) untertan sind. Von Städten, die nicht (den Römern) untertan sind, sollen sie sich fernhalten. Wenn sie aber eine einnehmen, sollen sie sie den Römern unversehrt übergeben. Sie sollen keinen Stützpunkt in Latium einrichten. Und wenn sie als Feinde ins Land kommen, sollen sie nicht im Land übernachten.

Datierung

Schwierigkeiten bereitet zunächst die Datierung des Vertrages *unter L. Iunius Brutus und M. Horatius, den ersten Konsuln nach der Vertreibung der Könige, von denen auch der Iuppitertempel auf dem Kapitol geweiht wurde, also 28 Jahre vor dem Übergang des Xerxes nach Griechenland* (Polyb. 3,22,1–2): Die Verbindung zur griechischen Geschichte weist auf das Jahr 508/07, in dem nach römischer Überlieferung der Iuppitertempel auf dem Kapitol durch einen M. Horatius geweiht wurde, doch die Ablösung des Königtums durch die Republik dürfte erst nach der Niederlage der Etrusker bei Kyme 474 erfolgt sein. Offenbar haben spätere Historiker den politischen Wechsel mit der Tempelweihe in Verbindung gebracht, um so einen prominenten Fixpunkt für den Beginn der Republik zu gewinnen. In jedem Fall stammt die Angabe eines Konsulnpaares aus späterer Zeit, da die doppelte Besetzung des obersten Staatsamtes während der frühesten Republik noch nicht existierte. Die Datierung kann also in der vorliegenden Form nicht Bestandteil des Vertrages gewesen sein; Polybios selbst scheint vielmehr die verschiedenen Elemente aus den zu seiner Zeit gängigen chronologischen Systemen zusammengefügt zu haben.

Die entscheidende Frage ist, auf welcher Grundlage er diese Datierung vornahm: Lag ihm ein wie auch immer gearteter Hinweis auf besagten M. Horatius oder auf Gleichzeitigkeit mit der Tempelweihe von 508/07 vor, so fiele der Vorgang noch in die Zeit der etruskischen Königsherrschaft; die Angabe des ersten Jahres nach der Vertreibung der Könige wäre nach der annalistischen Tradition des 2. Jahrhunderts ergänzt. Hatte der Historiker umgekehrt Grund zu der Annahme, dass das Werk in die früheste Phase der Republik gehörte, dann läge eine Datierung um 470 nahe; das Jahr der Tempelweihe wäre durch Polybios nach der zeitgenössischen Überlieferung hinzugefügt. Für das frühere Datum sprechen in gewisser Weise eine Bemerkung des Aristoteles über etruskisch-karthagische Verträge (*Politik* 3,9, p. 1280a–b) sowie die offenkundige Destabilisierung der Region durch den Niedergang der etruskischen Macht nach 474: Römische Suprematie über die latinischen Küstenstädte Antium und Tarracina, wie sie im Text vorausgesetzt wird, passt besser ins ausgehende 6. als ins 5. Jahrhundert, als die betreffenden Gebiete unter volskische Herrschaft gerieten; diplomatische Beziehungen mit der überseeischen Großmacht Karthago sind in der Zeit geordneter politischer Verhältnisse unter den letzten Königen wahrscheinlicher als in der folgenden Phase inneren Umbruchs und äußerer Abwehrkämpfe. Das Datum 508/07 besitzt somit – zumindest als Näherungswert – einige Plausibilität.

Nachdem die Frage der Datierung im Rahmen unserer Möglichkeiten geklärt ist, gilt es zunächst einmal festzuhalten, was der Text über die beiderseitigen Einflussbereiche zu dieser frühen Zeit aussagt: Dass sich die römische Herrschaft an der latinischen Küste bis Tarracina erstreckte – fünf Orte werden namentlich genannt –, ist bemerkenswert, denn dieser Zustand wurde in republikanischer Zeit erst wieder im 4. Jahrhundert erreicht. Allerdings war nicht ganz Latium römisch; es werden auch andere Städte erwähnt, auf die Rom im Falle einer Einnahme durch Karthager Anspruch erhebt. Karthago kontrollierte neben Sardinien und dem westlichen Teil Siziliens bestimmte Gebiete Nordafrikas. Um welche Gebiete es sich hierbei handelte, hängt von der Identifikation des „Schönen Vorgebirges" und von der Fahrtrichtung ab, in der dieser markante Punkt den römischen Schiffsverkehr begrenzen sollte.

Das Fahrverbot jenseits des „Schönen Vorgebirges"

Polybios selbst präzisiert im Anschluss an den Vertragstext sein Verständnis der Klausel: Das „Schöne Vorgebirge" sei unmittelbar vor Karthago im Norden der Stadt gelegen; Absicht der Karthager sei es gewesen zu verhindern, dass Römer die fruchtbaren Gebiete der Byssatis und der Kleinen Syrte – die so genannten *emporia* (Handelsplätze) – kennenlernten (3,23,1–2). Mit dem „Schönen Vorgebirge" muss nach dieser Interpretation das Kap Farina gemeint sein, an dem vorbei von Mittelitalien über Sardinien kommende Schiffe nach Karthago und um das Kap Bon herum weiter an der osttunesischen Küste entlang nach Süden gelangten. Für Polybios – der im Übrigen die Region aus eigener Anschauung kannte – scheint der Fall klar gewesen zu sein. Und trotzdem gehörte das Fahrverbot jenseits des „Schönen Vorgebirges" lange Zeit zu den umstrittensten Problemen der karthagisch-römischen Verträge, wobei man allgemein von der Prämisse ausging, dass die Bestimmung die Handelsschiffahrt betroffen habe: Nach der Interpretation des Polybios befand sich nicht nur die tunesische Ostküste, sondern auch Karthago selbst im Sperrgebiet; indessen ist mehr als unwahrscheinlich, dass den Karthagern daran gelegen war, römischen Händlern den Zugang zur Metropole zu verwehren. Also war man gezwungen, Polybios entweder ein Missverständnis der karthagischen Absicht oder eine falsche Lokalisierung des „Schönen Vorgebirges" zu unterstellen. Einige Forscher akzeptierten die Gleichsetzung des „Schönen Vorgebirges" mit Kap Farina, vermuteten jedoch, dass den Römern ein Vordringen in westlicher Richtung jenseits dieses Kaps untersagt war; die nordafrikanische Küste westlich von Karthago bis zur Meerenge von Gibraltar sollte als karthagisches Interessengebiet fremder Einflussnahme entzogen werden. Andere hielten nach Polybios den Schutz der tunesischen Ostküste für den Zweck der Bestimmung, identifizierten dagegen das „Schöne Vorgebirge" mit dem Kap Bon im Osten Karthagos.

Alle derartigen Überlegungen erübrigen sich indes, wenn man sich von der unbegründeten Annahme befreit, den Karthagern sei es in dieser Klausel um die Ausschaltung römischer Handelsaktivitäten gegangen. Fahrtgrenzen für Handelsschiffe sind in antiken Vertragswerken die Ausnahme; häufig bediente man sich ihrer dagegen, um militärische Operationen in bestimmten Gewässern zu unterbinden. In diesem Sinne verstand auch Polybios den Text, wenn er erläuternd schreibt, den Römern wurde die Fahrt *mit Kriegsschiffen* über das Kap hinaus nach Süden untersagt (3,23,2), und wir haben keinen Grund, an seinem Verständnis zu zweifeln. Die Modalitäten des Handels in den karthagischen Hoheitsgebieten werden an späterer Stelle eigens geregelt (*Die aber des Handels wegen kommen …*). In der ersten Bestimmung geht es allein um militärische und seeräuberische Aktionen, die man selbstverständlich nicht nur von der osttunesischen Küste und den *emporia* der Kleinen Syrte, sondern auch von Karthago selbst und dem Golf von Tunis fernzuhalten bestrebt war (Ameling). Diese Gebiete standen gegen Ende des 6. Jahrhunderts unter karthagischer Herrschaft; ein gesteigertes Interesse an der nordafrikanischen Küste westlich vom Kap Farina hatte man dagegen in Karthago offenbar nicht.

Schutz vor Piraterie

Im Gegensatz zu den Römern waren die Karthager durch den Vertrag nicht zur Einhaltung bestimmter Fahrtgrenzen verpflichtet, was nichts anderes bedeutet, als dass mit der Präsenz karthagischer Kräfte vor der latinischen Küste jederzeit zu rechnen war. Lediglich die Aktivitäten dieser Kräfte werden beschränkt: Latinische Städte unter römischer Herrschaft sollten vor ihren Übergriffen sicher sein. Aktionen gegen nichtrömische Latinerstädte waren ebenfalls unerwünscht; fanden sie dennoch statt, so bestand Rom auf der unversehrten Übergabe – von den Bewohnern ist nicht die Rede. Die Anlage befestigter Plätze sowie im Falle feindlicher Absicht auch nur die Übernachtung im Land waren den Karthagern untersagt.

Die detaillierten Bestimmungen lassen erkennen, dass weniger groß angelegte militärische Operationen des karthagischen Staates gegen Rom und römische Bundesgenossen, als vielmehr Raubzüge durch Freibeuter aus Städten des karthagischen Machtbereiches von römischen Verbündeten ferngehalten und im übrigen Latium weitgehend eingeschränkt werden sollten. Man fragt sich unweigerlich, weshalb Übergriffe in Latium nicht generell verboten, sondern gegen nichtrömische Städte offenbar in gewisser Weise toleriert und für die Dauer eines Tages ausdrücklich genehmigt werden. Die Antwort muss wohl lauten, dass Rom zwar keine dauerhaften Unruheherde in Latium wünschte, andererseits ein gewisses Sicherheitsgefälle zwischen römischen Bundesgenossen und anderen Latinern römischen Interessen nur dienlich sein konnte. Jedenfalls liefert der Passus über die Einnahme einer nichtrömischen Stadt einen wertvollen Hinweis auf Art und Absicht solcher Unternehmungen: Die bewegliche Beute, vor allem aber die gefangene Bevölkerung mochten die Invasoren immerhin mitnehmen, wenn nur die Stadt selbst unzerstört in römische Hand gelangte. Handelt es sich in den Vereinbarungen des späten 6. Jahrhunderts noch um eine Ausnahmebestimmung, so werden wir im zweiten karthagisch-römischen Vertrag dieses Prinzip als Grundlage einer regelrechten Kooperation wiederfinden.

Auch das Fahrverbot für die karthagischen Küstenstriche Nordafrikas diente kaum dazu, einem „offiziellen" Konflikt zwischen Rom oder einer latinischen Hafenstadt und einer karthagischen Siedlung der tunesischen Ostküste vorzubeugen. Piraterie und Menschenraub – in diesem Fall durch Angehörige des römischen Herrschaftsgebietes – waren der reale Hintergrund der Bestimmung, nicht über Kap Farina hinaus nach Süden zu fahren. Sowohl Karthager als auch Römer einschließlich ihrer beiderseitigen Bundesgenossen betrieben offenbar dieses in der Antike weitverbreitete Geschäft. Gegenseitige Schädigung hierdurch auszuschließen war, wie es scheint, das wesentliche Anliegen ihrer ersten diplomatischen Beziehungen.

Römischer Handel im karthagischen Machtbereich

Dass das Fahrverbot jenseits des „Schönen Vorgebirges" nicht für römische Händler galt, zeigt nicht zuletzt eine Klausel des Vertrages, in der es tatsächlich um Handel geht: In „Libyen" (= dem karthagischen Nordafrika) und auf Sardinien sollten römische Händler nur in Anwesenheit eines Herolds oder Schreibers rechtskräftig Geschäfte abschließen dürfen, was erst einmal ihren Zugang zu den betreffenden Gebieten voraussetzt. Der Sinn dieser Bestimmung, die auf den ersten Blick wie eine Maßnahme zur Erschwernis oder doch zumindest Überwachung fremden Handels aussieht, erschließt sich aus dem folgenden Satz: War ein karthagischer Beamter bei einem Geschäft als Zeuge zugegen, so bürgte der karthagische Staat dem Verkäufer für die Erfüllung der Verpflichtungen seitens des Käufers. Mit anderen Worten: Der fremde Händler erlangte Rechtssicherheit gegenüber dem einheimischen Geschäftspartner. Nicht die Behinderung, sondern vielmehr die Förderung römischer Handelsaktivität in den karthagischen Hoheitsgebieten war das Ziel der karthagischen Politik. Gleiches gilt für die Regelung römischen Handels im karthagischen Westteil Siziliens, den die Karthager offenbar als eine Art Freihandelszone betrachteten: Die Aufsicht durch karthagische Beamte existierte dort nicht, dafür werden die Römer in allen geschäftlichen Dingen rechtlich karthagischen Bürgern gleichgestellt.

2. Der zweite karthagisch-römische Vertrag

Ein in mancher Hinsicht deutlich anderes Bild zeichnet ein zweiter, ebenfalls durch Polybios überlieferter Vertrag. Den Römern sind nunmehr zwei Grenzen für Kaperfahrten, für Handel wie auch für die Gründung von Kolonien gesetzt: das schon im ersten Vertrag erwähnte „Schöne Vorgebirge" und Mastia Tarseion, ein Ort an der spanischen Südküste. Den Karthagern (neben denen auch die Tyrier und die Itykaier als formal gleichberechtigte Vertragspartner erscheinen) und ihren Verbündeten wird dagegen nahezu völlige Freiheit bei militärischen Operationen an der latinischen Küste eingeräumt: Außer im unmittelbaren Machtbereich Roms dürfen sie nach Belieben Städte erobern, ja sie werden dazu sogar ermuntert, indem der Vertrag ihnen das bewegliche Gut und die Bewohner als Beute in Aussicht stellt, bevor die Stadt den Römern zu übergeben ist. Die Regelung gilt auch für Städte, die mit Rom Friedensverträge besitzen, nur sollen in diesem Fall die Gefangenen nicht in Häfen des römischen Herrschaftsgebietes zum Kauf angeboten werden. Einige weitere Bestimmungen dienen offenbar dazu, eine Eskalation der vorgesehenen Konflikte zu verhindern. Interessant ist schließlich eine schon in den Fahrtgrenzen erkennbare, massive Beschränkung des römischen Handels auf den Westteil Siziliens und Karthago selbst. Das übrige Nordafrika und Sardinien sind den Römern nunmehr verschlossen.

Q

Der zweite karthagisch-römische Vertrag
(Polybios 3,24,3–13 = StV II^2 326)

Unter folgenden Bedingungen soll Freundschaft sein zwischen Römern und den Bundesgenossen der Römer und dem Volk der Karthager, Tyrier und Itykaier und deren Bundesgenossen. Jenseits des Schönen Vorgebirges und von Mastia Tarseion sollen die Römer weder Beute machen noch Handel treiben noch eine Stadt gründen. Wenn aber die Karthager in Latium eine Stadt einnehmen, die den Römern nicht untertan ist, sollen sie bewegliches Gut und Menschen behalten, die Stadt dagegen (den Römern) übergeben. Und wenn Karthager Gefangene machen, die einen schriftlichen Friedensvertrag mit den Römern haben, ihnen aber nicht untertan sind, dann sollen sie sie nicht in römische Häfen bringen. Wenn aber an einen dorthin gebrachten (Gefangenen) ein Römer die Hand legt, dann soll er frei sein. Ebenso sollen auch die Römer nichts Derartiges tun. Wenn aus einem von Karthago beherrschten Land ein Römer Wasser oder Proviant nimmt, so soll er nicht mit Hilfe der Vorräte jemandem Unrecht tun, mit dem die Karthager Frieden und Freundschaft haben. Ebenso soll auch der Karthager nichts Derartiges tun. Wenn dergleichen dennoch geschieht, dann soll sich der Betroffene nicht auf eigene Faust Genugtuung verschaffen. Wenn einer dies dennoch tut, soll es als Unrecht gegen den Staat gelten. In Sardinien und

Libyen soll kein Römer Handel treiben noch eine Stadt gründen noch an Land gehen, außer bis er Proviant aufgenommen und das Schiff ausgebessert hat. Wenn ihn ein Sturm zur Landung gezwungen hat, soll er innerhalb von fünf Tagen wieder fortfahren. Im karthagischen Teil Siziliens und in Karthago soll er alles tun und verkaufen dürfen, was auch einem karthagischen Bürger gestattet ist. Ebenso soll auch der Karthager in Rom tun dürfen.

Datierung

Im Gegensatz zum ersten karthagisch-römischen Vertrag liefert Polybios in diesem Fall keine präzise Datumsangabe. *Nach diesem* (dem ersten) *Vertrag schlossen sie einen anderen* (3,24,1) – das ist alles, was der Historiker uns zur zeitlichen Einordnung des Dokuments mitteilt. Der Text selbst enthält ebensowenig eine Datierung wie der des ersten Vertrages; wir müssen uns also nach anderen Anhaltspunkten umsehen. Ein karthagisch-römisches Abkommen des Jahres 348 ist sowohl bei Diodor (16, 69,1) als auch bei Livius (7,27,2) erwähnt; beide Autoren scheinen hierin den ersten Vertrag gesehen zu haben, der zwischen den Mächten geschlossen wurde. Das Dokument des 6. Jahrhunderts war den Historikern offenbar unbekannt; immerhin wird man ihrem Zeugnis entnehmen, dass es in republikanischer Zeit vor 348 wohl keinen weiteren Vertrag gegeben hat. Andererseits muss unser Text, in dem von freien Latinergemeinden die Rede ist, vor dem Latinerkrieg der Jahre 340–338 entstanden sein, an dessen Ende ganz Latium im römischen Staatsgebiet aufging. Alles spricht mithin dafür, den zweiten Vertrag nach Polybios mit jenem des Jahres 348 nach Diodor und Livius zu identifizieren.

Fahrtgrenzen und Handelsverbot für Römer

An den beiderseitigen Einflussgebieten hat sich – mit einer Ausnahme – seit dem ersten Vertrag wenig geändert: Das römische Interesse beschränkt sich nach wie vor auf Latium. Karthago beansprucht erneut die Kontrolle über seine Territorien in Nordafrika, über einen Teil Siziliens und über Sardinien; lediglich zu dem Fahrverbot südlich des Kaps Farina in Richtung der Kleinen Syrte kommt ein zweites an der Südküste Iberiens jenseits von Mastia „im Gebiet der Tarseier", das vielleicht an der Stelle der späteren karthagischen Gründung Neu-Karthago (= Cartagena) zu lokalisieren ist. Bemerkenswerte Differenzen zum ersten Vertrag weisen dagegen die Bestimmungen hinsichtlich dieser Einflussgebiete auf. Die Fahrtgrenzen für römische Schiffe gelten nun nicht mehr nur für Freibeuterei, sondern auch für Handel und Siedlungstätigkeit. All das ist den Römern und ihren Bundesgenossen jenseits der beiden Fahrtgrenzen verboten (3,24,4), aber auch im übrigen karthagischen Nordafrika und auf Sardinien dürfen sie weder Handel noch Kolonisation betreiben, ja ohne zwingenden Grund nicht einmal landen (3,24,11). Man fragt sich, warum die beiden in der Sache nahezu identischen Verbotsklauseln nicht in einem einzigen Libyen, Sardinien und Südspanien betreffenden Passus zusammengefasst wurden. Die einfachste Erklärung dürfte sein, dass sich die Schöpfer des Textes formal am Aufbau des ersten Vertrages orientiert haben: Dessen Trennung der Rubriken „Fahrtgrenzen" und „Handel in Libyen und Sardinien" wurde beibehalten, obwohl sich die Inhalte beider Paragraphen kaum noch voneinander unterscheiden. Fest steht, dass den Karthagern nun daran gelegen war, fremde Aktivitäten aller Art von ihren Territorien fernzuhalten und den Handel – mit Ausnahme Westsiziliens – in der Metropole zu konzentrieren. Man wird darin weniger eine zielgerichtete Beschneidung römischer Interessen als vielmehr den Ausdruck einer allgemeinen Intensivierung karthagischer Herrschaft seit der Zeit des ersten Vertrages sehen: Die aus dem Handel resultierenden Einnahmen sollten in die Metropole, nicht in die Provinz fließen.

Alles andere als stabil war dagegen zum Zeitpunkt des Vertrages die Lage in Mittelitalien. Der Kelteneinfall von 387 hatte Roms Dominanz gegenüber Bundesgenossen und anderen Nachbarn erheblich erschüttert; wenn wir der römischen Überlieferung Glauben schenken, war die Stadt rings von Feinden umgeben (Liv. 6,6,11), zu deren Unterwerfung es keine Alternative gab. Mit den Latinern schloss man ein Bündnis, in dem unter anderem den Römern der Oberbefehl über das gemeinsame Aufgebot zugestanden wurde. Doch das Verhältnis blieb gespannt: Als 349 ein erneuter keltischer Angriff drohte, verweigerte der latinische Bund die Stellung von Hilfstruppen – der große Aufstand der Jahre 340–338, in dem die Latiner zum letzten Mal um ihre Unabhängigkeit kämpfen sollten, warf seine Schatten voraus. Vor diesem Hintergrund gewinnen die Klauseln, in denen karthagische Aktivitäten im römischen Interessenbereich behandelt sind, eine besondere Bedeutung.

Die Regelung karthagischer Freibeuterei

Wie wir gesehen haben, verzichteten die Karthager im ersten Vertrag grundsätzlich auf kriegerische Aktivitäten in Latium – nur für den Fall der widerrechtlichen Eroberung einer von Rom unabhängigen Stadt galt die Forderung der unversehrten Übergabe. Im Jahre 348 ist von einer solchen generellen Zurückhaltung keine Rede mehr; vielmehr besitzt nun das Prinzip der Ausnahmevereinbarung von 508/07 (?) allgemeine Gültigkeit: Alles, was in Latium nicht unmittelbar unter römischer Herrschaft stand, wird dem feindlichen Zugriff ausdrücklich preisgegeben. Die eroberte Stadt sollte an Rom fallen, die bewegliche Beute einschließlich der Gefangenen den Invasoren gehören. Nicht einmal ein schriftlicher Friedensvertrag mit Rom sollte jenen Städten Schutz bieten, die an ihrer Unabhängigkeit festhielten. Die Sieger waren lediglich gehalten, Gefangene aus solchen Städten nicht im römischen Herrschaftsgebiet zum Kauf anzubieten. Auch hier ist wieder die Klausel für den Fall des Zuwiderhandelns interessant: Wenn eine erfolgreiche karthagische Truppe gegen diese Einschränkung verstieß, sollten die versklavten Latiner keineswegs automatisch frei sein. Nur wenn ein Römer – etwa aufgrund persönlicher Bekanntschaft – zur Befreiung eines Individuums die Initiative ergriff, hatte der karthagische Besitzer dies zu akzeptieren, weshalb er eben besser daran tat, seine Sklaven anderswo zu verkaufen. Nicht dem Schutz des gefangenen Latiners diente die Bestimmung, sondern der Vermeidung von Konflikten zwischen Römern und Karthagern um die menschliche „Ware".

Dem Vertragstext zufolge sollten analoge Bestimmungen auch für die Römer gelten; da die karthagischen Interessengebiete in Afrika, Spanien und Sardinien den Römern versperrt waren, wird man hierin allerdings eher den Ausdruck diplomatischer Gleichstellung beider Mächte als eine realistische Option zu sehen haben. Ebenfalls für beide Partner gültig, indes mit Sicherheit in erster Linie auf die Situation in Latium gemünzt ist das Verbot, mit Wegzehrung aus dem Land des anderen dessen Verbündeten zu schaden: Wenn – wie in dem Abkommen vorgesehen – karthagische Kräfte gegen latinische Bundesgenossen Roms vorgingen, so sollte Letzteren nicht die Möglichkeit gegeben werden, Rom eine Verletzung des Vertrages durch materielle Unterstützung der Invasoren vorzuwerfen.

War es im ersten karthagisch-römischen Vertrag das Hauptanliegen beider Partner gewesen, gegenseitige Schädigung auszuschließen, so ist der zweite Text ganz offensichtlich von dem Bestreben Roms bestimmt, sich bei seinem Kampf um die Vorherrschaft in Mittelitalien die Präsenz der auswärtigen Macht zunutze zu machen. Die Initiative zu einem solchen Pakt dürfte kaum von Karthago ausgegangen sein. Warum aber nennt Livius dann als Anlass eine karthagische Gesandtschaft, die „Freundschaft und Bundesgenossenschaft erbittend" nach Rom gekommen sei (7,27,2)? Da es sich hierbei um ein häufig gebrauchtes Stereotyp handelt (vgl. etwa *res gestae divi Augusti* 29), ist der historische Wert mehr als zweifelhaft. Gern wüssten wir allerdings, ob die selbstgerechte Vorstellung von den zur Unterwerfung nach Rom eilenden Völkern des Erdkreises infolge von Unkenntnis in die annalistische Tradition zu den karthagisch-römischen Beziehungen des Jahres 348 eingedrungen ist, oder ob wir es mit einer bewussten „Korrektur" der unbequemen Tatsache zu tun haben, dass Rom in einem überaus kritischen Moment seiner Geschichte von karthagischer Unterstützung abhängig gewesen war. Livius, der das Werk des Polybios gekannt und benutzt hat, entschied sich jedenfalls gegen die Primärquelle des Vertragstextes und folgte stattdessen seiner annalistischen Vorlage – ein methodischer Kardinalfehler, den der Historiker stets vermeiden sollte.

3. Der dritte karthagisch-römische Vertrag (= „Philinos-Vertrag")

Es versteht sich von selbst, dass der aus der Not Roms geborene Kooperationsvertrag des Jahres 348 nur vorübergehenden Bestand haben konnte. Roms Interesse an fremden Aktivitäten im eigenen Einflussbereich musste sich ins Gegenteil verkehren, sobald die unmittelbare Gefahr beseitigt war. Allerdings tappen wir, was die Entwicklung der folgenden Jahrzehnte betrifft, zunächst einmal im Dunklen. Erst für das Jahr 306 berichtet Livius, dass das Bündnis mit den Karthagern zum dritten Mal erneuert wurde (9,43,26); da der Historiker den Vertrag von 348 für den ersten gehalten zu haben scheint, ist zwischen 348 und 306 mindestens ein weiteres Abkommen zu postulieren – dann nämlich, wenn mit *tertio renovatum* ein dritter Vertragsabschluss gemeint ist. Legen wir seine Formulierung auf die Goldwaage, so müsste Livius gar vier Verträge bis 306 angenommen haben: den des Jahres 348 und dessen drei Erneuerungen. Zwischen 348 und 306 hätten dann nicht weniger als zwei Novellierungen der karthagisch-römischen Rechtsbeziehungen stattgefunden, über deren Zeitpunkt und Inhalt uns jedoch nichts bekannt ist. Als dritter karthagisch-römischer Vertrag soll daher im Folgenden die nächste sicher bezeugte Übereinkunft des Jahres 306 bezeichnet werden.

Die Philinos-Tradition

So mangelhaft uns Livius über den Vertrag des Jahres 348 informiert, so spärlich sind seine Angaben zu den Vereinbarungen von 306. Um eine bloße Erneuerung des bestehenden Bündnisses wird es sich ebensowenig gehandelt haben wie 348 allein um die Aufnahme der Karthager unter die

Freunde und Bundesgenossen des römischen Volkes. Glücklicherweise besitzen wir auch hier eine Paralleltradition, die eine Ergänzung der lückenhaften annalistischen Überlieferung erlaubt. Im Anschluss an die Behandlung der auf Erztafeln erhaltenen Vorkriegsverträge nennt Polybios ein weiteres, seiner Überzeugung nach allerdings unhistorisches Abkommen: Der aus karthagischer Perspektive schreibende Historiker Philinos habe in seiner Darstellung der Vorgeschichte des Ersten Punischen Krieges eine Übereinkunft erwähnt, derzufolge sich die Karthager von Unteritalien, die Römer dagegen von Sizilien fernhalten sollten – mit der Konsequenz, dass die römische Intervention auf Sizilien zu Beginn des Ersten Punischen Krieges ein eklatanter Vertragsbruch wäre.

Q

Der dritte römisch-karthagische Vertrag
(Polybios 3,26,1–5 [FgrHist 174 F 1] = StV III 438)

Da also … die Verträge noch heute auf Bronzetafeln beim kapitolinischen Iuppiter im Aerarium der Aedilen aufbewahrt werden, wer sollte sich da nicht zu Recht über den Historiker Philinos wundern …, wie er es wagen konnte, Dinge zu schreiben, die hierzu im Widerspruch stehen, dass nämlich zwischen Rom und Karthago Verträge bestanden hätten, nach denen die Römer sich von ganz Sizilien, die Karthager aber von Italien hätten fernhalten müssen, und dass die Römer die Verträge und die Eide gebrochen hätten, als sie zum ersten Mal nach Sizilien übersetzten, während doch ein solches Schriftstück niemals entstanden ist noch existiert. Er sagt dies nämlich ausdrücklich im zweiten Buch.

Polybios führt diese Nachricht auf die Unwissenheit und Parteilichkeit des Philinos zurück, doch sein einziges Argument gegen die Existenz des Vertrages besteht in der Beteuerung, dass zu seiner Zeit unter den im Aerarium aufbewahrten Dokumenten keine Abschrift davon aufzufinden war. Zwingend ist diese Begründung keineswegs, zumal andere Quellen deutliche Indizien enthalten, dass es ein solches Abkommen sehr wohl gegeben hat: Aus zwei Stellen bei Livius (*perioche* 14; 21,10,8) geht hervor, dass den Karthagern im 3. Jahrhundert ein Eingreifen in Unteritalien vertraglich untersagt war. Der spätantike Vergil-Kommentator Servius (*in Aeneidem* 4,628) weiß von einer Übereinkunft beider Staaten, nicht an den Küsten des jeweils anderen aktiv zu werden, was ebenfalls am ehesten zu dem von Philinos erwähnten Vertrag passt. Man wird also nicht mit Polybios dessen Existenz leugnen, sondern die bemerkenswerte Tatsache zur Kenntnis nehmen, dass gerade der Rom mit der Kriegsschuld belastende Vertrag zur Zeit des Polybios offenbar aus dem Aerarium verschwunden war. Just im Falle dieses entscheidenden Dokumentes an Nachlässigkeit zu glauben, fällt schwer. Eher möchte man an eine gezielte Bereinigung der Archivbestände – vielleicht schon im Zuge der Beratungen vor Beginn des Ersten Punischen Krieges – denken. Dem Geschichtsbild des Polybios kam das Fehlen dieses Vertragstextes jedenfalls entgegen. Nur so ist zu erklären, dass unser Gewährsmann die Notiz seines Vorgängers ohne weitere Prüfung beiseite schiebt. Zumindest den Vorwurf des tendenziösen Umgangs mit seinen Quellen wird man dem Historiker nicht ersparen können.

Dass das Philinos-Fragment in der Tat die wesentliche Bestimmung des von Livius erwähnten Vertrages von 306 enthält, ist zwar nicht mit letzter

Sicherheit zu beweisen, doch kaum zweifelhaft. Zu einem deutlich früheren Zeitpunkt wäre der römische Anspruch auf ganz Italien als Interessengebiet wenig realistisch; einige Jahrzehnte später schuf die Intervention des Pyrrhos in Unteritalien eine neue Situation, auf die Karthago und Rom mit dem Abschluss eines weiteren Vertrages reagierten, der die von Philinos überlieferte Rechtslage vorauszusetzen scheint. Alles spricht somit dafür, dessen Notiz mit dem einzigen überlieferten Vertragsdatum innerhalb eines relativ kurzen in Frage kommenden Zeitraumes in Verbindung zu bringen.

Der historische Kontext

Anders als die ersten beiden karthagisch-römischen Verträge ist uns der Philinos-Vertrag nicht im vollständigen Wortlaut überliefert. Polybios nennt lediglich einen – den für die spätere Diskussion um die Kriegsschuld wesentlichen – Aspekt, dem immerhin zu entnehmen ist, dass es sich wie bei den vorherigen Abkommen in erster Linie um die gegenseitige Anerkennung von Interessensphären handelte: Auf römischer Seite ist an die Stelle von Latium das gesamte italische Festland getreten; Karthago fügt seinen traditionellen Einflussgebieten in Nordafrika, Südspanien und Sardinien Sizilien als Ganzes hinzu. Ob der Vertrag darüber hinaus weitere Auflagen – etwa bezüglich des Handels – enthielt, entzieht sich unserer Kenntnis.

Ein Blick auf die Situation des Jahres 306 genügt, um zu erkennen, dass in diesem Fall die Initiative zu einer Neufassung der vertraglichen Beziehungen nur von Karthago ausgegangen sein kann: Im selben Jahr kam es nach langen und wechselhaften Kämpfen zu einem Frieden mit Agathokles von Syrakus, in dem Karthago im großen und ganzen seine bisherige Position im Westen Siziliens behaupten konnte. Der Tyrann hatte seine expansiven Kriegsziele nicht erreicht; ob er sich mit diesem Misserfolg auf die Dauer zufriedengeben würde, war zumindest fraglich. Ziel der karthagischen Diplomatie musste es unter diesen Umständen sein, zu verhindern, dass Agathokles für eine erneute Aggression auf Sizilien die Unterstützung auswärtiger Mächte gewann.

Zum anderen hatte Karthago zwischenzeitlich Gelegenheit gehabt, aus der Beobachtung der römischen Außenpolitik seine Schlüsse zu ziehen: Wenige Jahre nach der endgültigen Sicherung römischer Herrschaft über die unmittelbaren Grenznachbarn hatte das Hilfegesuch der Neapolitaner den Anlass geboten, in die Verhältnisse in Unteritalien einzugreifen. In dem hieraus entstandenen Krieg gegen die Samniten wandte sich das Blatt nach anfänglichen Misserfolgen allmählich zugunsten der Römer, und es war unschwer vorauszusehen, dass im Falle eines Sieges deren Ambitionen kaum befriedigt sein würden. Noch waren die Römer von der Meerenge ein gutes Stück entfernt, ihre Kräfte durch einen starken Gegner gebunden. Noch stand zu erwarten, dass der römische Senat die vorgeschlagene Interessengrenze ohne weiteres akzeptieren, den karthagischen Verzicht auf Intervention in Unteritalien als außenpolitischen Erfolg bewerten würde. Es war also der rechte Zeitpunkt, Vorsorge zu treffen, dass Rom sich nicht eines Tages in die innersizilischen Auseinandersetzungen hineinziehen ließ. Die Ereignisse des Jahres 264 sollten zeigen, wie treffend die führenden karthagischen Politiker 306 die Lage beurteilt hatten.

4. Der vierte karthagisch-römische Vertrag (= „Pyrrhos-Vertrag")

Knapp drei Jahrzehnte später – Rom hatte seine Stellung als Hegemonialmacht Italiens inzwischen ausgebaut – führten gemeinsame Interessen angesichts aktueller politischer Entwicklungen die beiden Staaten noch einmal zusammen: Von der griechischen Stadt Tarent gegen Rom zu Hilfe gerufen, war König Pyrrhos von Epeiros im Jahre 280 von der Balkanhalbinsel nach Unteritalien übergesetzt und hatte – trotz eigener schwerer Verluste – zwei römische Heere besiegt, als ihn die Tyrannen von Syrakus um eine Intervention auf Sizilien, genauer gesagt um Hilfe gegen die **Mamertiner** von Messana baten.

E

Mamertiner („Marssöhne")
kampanische Söldner, die nach dem Tod ihres Geldgebers, des syrakusanischen Tyrannen Agathokles (360–289), die Stadt Messana (= Messina) gewaltsam in Besitz genommen hatten und von dort aus das östliche Sizilien unsicher machten, was sie in Konflikt mit der griechischen Metropole Syrakus brachte. In den 60er Jahren des 3. Jahrhunderts wandten sich die M. im Abwehrkampf gegen Hieron II. zunächst an Karthago, dann an Rom um Hilfe, was den Ersten Punischen Krieg auslöste.

In dieser Situation kam es zu einem Agreement zwischen Karthago und Rom, dessen Wortlaut abermals Polybios nach dem im Aerarium aufbewahrten Original referiert. Das Verständnis des Textes ist in der Forschung seit einem Jahrhundert heftig umstritten; ich beschränke mich im Folgenden auf die meines Erachtens zutreffende Übersetzung und Interpretation: Beide Partner verpflichteten sich, ein etwaiges Bündnis mit Pyrrhos nur gemeinsam zu schließen, um einander auf dem Gebiet des jeweils von Pyrrhos Angegriffenen Hilfe leisten zu können. Unabhängig davon, wer von beiden Unterstützung benötigte, sollte die Transportkapazität von den Karthagern gestellt werden, den Unterhalt hatte dagegen jeder für seine Truppen zu bestreiten. Die Karthager sollten den Römern, falls nötig, auch zur See beistehen, doch durften die Seeleute nicht gegen ihren Willen im Landkampf eingesetzt werden.

Q

Der vierte karthagisch-römische Vertrag
(Polybios 3,25,3–5 = StV III 466)

Wenn sie mit Pyrrhos ein schriftliches Bündnis schließen, so sollen dies (nur) beide gemeinsam tun, damit es ihnen freisteht, einander im Land der (von Pyrrhos) Bekriegten Hilfe zu leisten. Welche von beiden auch immer der Hilfe bedürfen, sollen die Karthager die Schiffe stellen, und zwar sowohl für den An- als auch für den Abtransport, die Versorgung dagegen ein jeder für seine Truppen. Die Karthager sollen auch zur See den Römern Hilfe leisten, wenn dies nötig sein sollte. Die Schiffsbesatzungen soll aber niemand gegen ihren Willen zwingen, an Land zu gehen.

Nicht weniger wichtig als der Vertragstext selbst ist die einleitende Bemerkung des Polybios (3,25,2), es handle sich um einen Zusatz zu den bereits bestehenden Vereinbarungen. In der Tat ist die Regelung von Beistand

„im Land" des anderen ohne eine vorhergehende Definition dieser Einflussbereiche schwer vorstellbar. Betrachten wir die historische Situation – den gegen Rom gerichteten Feldzug des Pyrrhos in Unteritalien und seine bevorstehende Invasion auf Sizilien, wo Karthago sich wieder einmal im Konflikt mit Syrakus befand –, dazu die Bestimmungen für den Transport der Hilfstruppen durch die karthagische Flotte, so besteht kaum ein Zweifel, was mit dem „Land" des einen und des anderen gemeint ist: Grundlage des neuen Vertrages kann nur eine bereits vorhandene Interessengrenze zwischen Sizilien und dem Festland gewesen sein – ein weiteres stichhaltiges Argument für die Existenz des vermeintlich unhistorischen Philinos-Vertrages.

Der Verzicht auf Separatfrieden

Ein erster Blick zeigt, dass es sich bei dem Zusatzprotokoll nicht um einen Beistandspakt im eigentlichen Sinne handelt. Die vereinbarte gegenseitige Hilfeleistung stellt keine Verpflichtung, sondern eine Option dar – das in der griechischen Übersetzung verwendete Verb („freistehen", „erlaubt sein" etc.) lässt hieran keinen Zweifel. Tatsächlich griffen die Römer in die folgenden Kämpfe zwischen Pyrrhos und den Karthagern auf Sizilien (278–275) nicht ein: Sie brauchten dies aufgrund der Vertragslage offenbar nicht zu tun und hatten ihrerseits unter den gegebenen politischen Verhältnissen an einem Engagement auf der Insel (noch) kein Interesse.

Es scheint also zunächst einmal, als ging es den Vertragspartnern von 279/78 nicht in erster Linie um die militärische Hilfe selbst, sondern um die Garantie, dass keiner von beiden sich durch Pyrrhos zur Neutralität verpflichten ließ. Unverkennbar spiegelt diese erste Bestimmung karthagische Interessen wider: Dass Pyrrhos sich zur Fortführung seines Krieges gegen Rom ausgerechnet um ein Bündnis mit Karthago – dem traditionellen Gegner der Westgriechen – bemühen würde, stand kaum zu erwarten. Dagegen hatte man in Karthago allen Grund zu der Befürchtung, dass der König versuchen würde, durch einen Pakt mit Rom die Verhältnisse in Italien zu ordnen, um freie Hand für das von Syrakus geforderte Eingreifen auf Sizilien zu bekommen. Einer solchen Entwicklung galt es zuvorzukommen: Gelang es, Rom vertraglich an Karthago zu binden, so bestand die Chance, dass Pyrrhos seine sizilischen Pläne zurückstellte – vorausgesetzt, er erfuhr von der neuen Konstellation. Es überrascht nicht, dass sich der karthagische Feldherr Mago unmittelbar nach Abschluss des Vertrages zu Pyrrhos begab, was ihm von späteren römischen Historikern als *echte Punierart* (Iust. 18,2,4) ausgelegt wurde: Möglicherweise bot er dem König ein Bündnis zu den mit Rom vereinbarten Bedingungen – nämlich unter Einbeziehung Roms – an. Ganz sicher aber ließ er ihn über den soeben erzielten diplomatischen Erfolg nicht im Unklaren, um etwaigen Hoffnungen des Epeiroten auf eine antikarthagische Allianz mit Rom ein Ende zu bereiten. Und die Römer hielten Wort: Die Gesandtschaft des Pyrrhos, die wenig später mit unschwer zu erratenden Direktiven nach Rom kam, musste unverrichteter Dinge wieder abreisen (Iust. 18,2,7–10).

Die Regelung militärischen Beistandes

Ist nach den bisherigen Ausführungen in gegenseitiger Waffenhilfe nicht das vorrangige Anliegen der vertragschließenden Parteien zu sehen, so sind andererseits die Einzelbestimmungen bezüglich des Transportes, der Versorgung der Truppen usw. im zweiten Teil des Textes zu präzise formuliert, als dass man darin eine rein abstrakte Option sehen möchte. Sollte sich hinter der *Möglichkeit, einander im Land des Angegriffenen beizustehen,* doch mehr als eine halbherzige Drohgebärde gegenüber Pyrrhos' Kriegsplänen verbergen? Was an den Regelungen für den Bündnisfall auf Anhieb auffällt, ist das überproportionale Engagement Karthagos: Die karthagische Flotte übernimmt alle Transporte von Hilfstruppen; sie soll den Römern gegebenenfalls darüber hinaus mit Kampfaufträgen zur Seite stehen, wobei sogar ein Einsatz der karthagischen Marinekräfte zu Land nicht ausgeschlossen, sondern lediglich von der Entscheidung des jeweiligen taktischen Führers (*nicht gegen ihren Willen*) abhängig gemacht wird. Und damit Rom aus alledem keine zusätzlichen Kosten entstehen, geht die Versorgung der Hilfskontingente nicht zu Lasten des Empfängers, sondern des Entsendenden. Dass Karthago so weitreichende Leistungen anbot, ohne Rom im Gegenzug zu irgendetwas zu verpflichten, lässt nur einen Schluss zu: Karthago selbst hatte an einer Unterstützung Roms in seinem Abwehrkampf gegen Pyrrhos größtes Interesse, um die Kräfte des Königs in Unteritalien zu binden. Hierzu bedurfte es allerdings nach dem Philinos-Vertrag des römischen Einverständnisses, und um dieses zu erlangen, machte man den Römern die karthagische Hilfe so schmackhaft wie möglich. Die karthagische Flotte von 130 Kriegsschiffen, die im Vorfeld der Verhandlungen vor Ostia aufkreuzte, diente zweifellos dazu, die Vorteile einer Annäherung an Karthago augenfällig zu demonstrieren: Der Senat hatte es in der Hand, ob diese Streitmacht künftig – ohne Gegenleistung – auf römischer Seite stand. Auch hier zeigt sich, dass die Karthager die treibende Kraft hinter den Vereinbarungen gewesen sind.

Beide Teile des Vertrages von 279/78 tragen unverkennbar die Handschrift karthagischer Diplomatie und dienen demselben Ziel, Pyrrhos an der von Syrakus erbetenen Invasion Siziliens zu hindern. Die Gefahr, dass der König hierzu einen Waffenstillstand mit Rom schloss, war durch den gegenseitigen Verzicht auf Separatfrieden abgewendet. Stattdessen hatte Karthago nun freie Hand, *dem Angegriffenen in dessen Land zu helfen,* das heißt auf italischem Boden gegen Pyrrhos zu operieren, ohne sich dem Vorwurf auszusetzen, die mit Rom vereinbarte Interessengrenze an der Meerenge missachtet zu haben. Doch auch die Römer profitierten von dem Pakt: So hatten sie von den beiden momentan in Frage kommenden Koalitionspartnern den politisch weitaus berechenbareren auf ihrer Seite, vermieden dadurch einen wenig schmeichelhaften Frieden mit Pyrrhos, dem sie nach zwei Niederlagen kaum Siegerbedingungen hätten stellen können, und erhielten – *last, but not least* – gratis karthagische Unterstützung, falls Pyrrhos in Italien blieb. Tatsache ist jedenfalls, dass der Vertrag zustande kam. Der markige Ausspruch, *das römische Volk pflege nur Kriege zu übernehmen, die es auch allein führen könne,* mit dem der Senat karthagische Hilfe dankend abgelehnt haben soll (Val. Max. 3,7,10), dürfte eher dem Selbstbewusstsein eines späteren Annalisten als der Realität des Jahres 279/78 entsprungen sein.

Als Pyrrhos sich wenig später tatsächlich zur Überfahrt nach Sizilien rüstete, unternahmen die Römer begreiflicherweise keine größeren Anstrengungen, ihm dies zu verwehren. Den Karthagern bot der Vertrag immerhin die Möglichkeit, auf dem Festland Gegenmaßnahmen zu ergreifen: So berichtet Diodor von einer Unternehmung, bei der unter anderem

Holzvorräte für den Schiffsbau zerstört wurden (22,7,5). Dennoch gelang Pyrrhos noch im Jahre 278 die Landung im sizilischen Tauromenion und die Vereinigung mit den Kräften aus Syrakus. Was der Pakt mit Rom hätte verhindern sollen, war nun eingetreten: Binnen kurzem verdrängte der König mit Unterstützung der griechischen Städte die Karthager fast völlig von der Insel. Nur der karthagische Stützpunkt Lilybaion im äußersten Westen konnte sich halten, bis ein Stimmungsumschwung unter den bisherigen Verbündeten Pyrrhos 276/75 zum Rückzug zwang.

5. Der Ausbruch des Ersten Punischen Krieges

Zum Konflikt kam es, als die Mamertiner von Messana – durch den Tyrannen Hieron II. von Syrakus hart bedrängt – in Karthago, dann aber auch in Rom um Hilfe baten. Nach der Darstellung des Polybios hat es den Anschein, als erfolgten beide Gesuche zu gleicher Zeit, im Jahre 264, durch verschiedene Gruppierungen der Mamertiner. Aufgrund moralischer Bedenken soll der Senat zu keiner Entscheidung gelangt sein: Erst kürzlich habe man die kampanische Schutztruppe des unteritalischen Rhegion mit dem Tod bestraft, da sie die ihr anvertraute Stadt ebenfalls mit Gewalt in ihren Besitz gebracht hatte. Nicht ohne die Glaubwürdigkeit römischer Politik zu beschädigen, könne man daher nun ihren Spießgesellen jenseits der Meerenge Unterstützung gewähren. Auf der anderen Seite sei man von der politischen Notwendigkeit überzeugt gewesen, dem karthagischen Engagement in Ostsizilien Einhalt zu gebieten, um einer direkten Bedrohung Unteritaliens durch Karthago vorzubeugen. Von Skrupeln geplagt habe der Senat die Entscheidung der Volksversammlung überlassen, welche – unter dem Eindruck von Beuteversprechungen – die Intervention beschloss. Als das römische Heer nahte, vertrieben die Mamertiner die karthagische Besatzung und übergaben die Stadt den Römern.

Q

Das Hilfegesuch der Mamertiner und die römische Intervention
(Polybios 1,10,1–11,4)

Die Mamertiner, die zuvor schon, wie oben ausgeführt, die Unterstützung aus Rhegion verloren hatten, und die sodann aus den eben genannten Gründen auch selbst eine vernichtende Niederlage erlitten hatten, nahmen ihre Zuflucht teils zu den Karthagern und begaben sich selbst mitsamt ihrer Burg unter ihren Schutz, teils schickten sie Gesandte nach Rom, boten die Übergabe der Stadt an und baten, ihnen als Stammverwandten beizustehen. Die Römer waren lange unschlüssig, denn der Widersinn einer Hilfeleistung schien offensichtlich. Nachdem sie kurz vorher die eigenen Mitbürger für ihren Verrat an den Rheginern mit der Höchststrafe belegt und hingerichtet hatten, war es kaum zu rechtfertigen, nun den Mamertinern helfen zu wollen, die Gleiches nicht nur an der Stadt der Messenier, sondern auch an der der Rheginer verübt hatten. Zwar war ihnen das völlig klar; da sie aber sahen, dass die Karthager nicht nur die Gebiete Libyens, sondern auch weite Teile Iberiens unterworfen hatten und überdies alle Inseln im Sardinischen und Tyrrhenischen Meer kontrollierten, waren sie in schwerer Sorge, die Karthager könnten ihnen, wenn sie auch noch Sizilien beherrschten, allzu mächtige und gefährliche Nachbarn werden, da sie die Römer dann rings eingeschlossen hätten und alle Teile Italiens bedrohten. Dass sie aber Sizilien rasch in ihre Gewalt bekämen, wenn die Mamertiner keine Hilfe erhielten, lag auf der Hand. Denn hatten sie sich erst einmal in Messana festgesetzt, dann stand zu erwarten, dass ihnen binnen kurzem auch Syrakus zufallen würde, da sie fast das ganze übrige Sizilien beherrschten. Obwohl die Römer dies voraussahen und es in ihrem Interesse für notwendig erachteten, Messana nicht preiszugeben und den Karthagern keinen Brückenkopf für den Übergang nach Italien zu überlassen, (11) beratschlagten sie lange Zeit, und der Senat fasste aus den genannten Gründen überhaupt keinen Entschluss. Denn der Widersinn einer Hilfeleistung für die Mamertiner schien dem Nutzen daraus die Waage zu halten. Das Volk aber, durch die vorangegangenen Kriege ruiniert und in vielerlei Hinsicht einer Verbesserung seiner Lage bedürftig, entschied, (den Mamertinern) zu helfen: zum einen wegen der Vorteile, die ein Krieg aus den genannten Gründen für das Gemeinwohl hatte, aber auch, weil die Konsuln jedem Einzelnen sicheren und großen Gewinn versprachen. Nachdem der Beschluss durch das Volk verabschiedet war, ernannten sie Appius Claudius, einen der beiden Konsuln, zum Feldherrn und entsandten ihn mit dem Auftrag, nach Messana überzusetzen und Hilfe zu leisten. Die Mamertiner aber vertrieben den karthagischen Befehlshaber, der bereits im Besitz der Burg war, teils durch Einschüchterung, teils durch List, riefen Appius herbei und übergaben ihm die Stadt.

Die zentrale Aussage des Textes lässt sich in einem Satz zusammenfassen: Rom war sich der moralischen Fragwürdigkeit einer Unterstützung der Mamertiner bewusst, entschied sich aber aufgrund der Überzeugung, Karthago um der eigenen Sicherheit willen von der Meerenge fernhalten zu müssen, dennoch zu diesem Schritt. So stellt Polybios die Dinge dar, und er folgt darin wie in den Einzelheiten dem Annalisten **Fabius Pictor**, den er kurz darauf als seine wichtigste römische Quelle für die Zeit des Ersten Punischen Krieges nennt (1,14,1–3). Nun bemängelt allerdings schon Polybios die prorömische Tendenz seines Gewährsmannes, und in der Tat ist dessen Bestreben, der griechischen Welt die römische Außenpolitik des 3. Jahrhunderts stets als defensiv, Roms Kriege als aufgezwungene Verteidigungs- beziehungsweise Präventivkriege zu präsentieren, in den *Historien* immer wieder zu beobachten. Zweifel an der bei Polybios überlieferten Sicht sind demnach auch im Falle der Vorgeschichte des Ersten Punischen Krieges angebracht, zumal der Text selbst bei näherem Hinsehen erhebliche Ungereimtheiten aufweist. Die Lage in Messana, die moralischen Bedenken des Senates, die Bedrohung Roms und die Ziele der römischen Expedition werden daher im Folgenden vor dem Hintergrund der historischen Situation des Jahres 264 sowie der vorhandenen Parallelüberlieferung zu überprüfen sein.

Doch halten wir zunächst zwei Tatsachen fest, an denen auch Pictor nicht vorbeikam: 1. Die Römer waren es, die um eigener Interessen willen auf Sizilien interveniert haben. 2. Der Gegner hieß von Anfang an Karthago. Trifft diese Einschätzung Pictors zu, dann erübrigen sich Spekulationen, Rom sei aus einer Unterstützung der Mamertiner gegen Hieron in einen Krieg gegen Karthago „hineingeschlittert" (Heuß). Ganz bewusst ergriff man die Gelegenheit zum Konflikt mit Karthago, um die politischen Verhältnisse auf Sizilien im Sinne Roms zu beeinflussen; gewissermaßen notgedrungen bediente man sich dazu eines so problematischen Anlasses, wie es das Hilfegesuch der Mamertiner darstellte. Die weitere Untersuchung wird zeigen, dass Pictor/Polybios in diesem Punkt durchaus das Richtige sahen.

E

Q. Fabius Pictor (um 200 v. Chr.)
erster römischer Historiker, behandelte in griechischer Sprache die Geschichte Roms von den Anfängen bis zum Beginn des Zweiten Punischen Krieges, an dem er selbst teilgenommen hat. P.s heute verlorenes Werk diente unter anderen Polybios als Vorlage für seine Darstellung der römischen Politik des 3. Jahrhunderts.

a) Die Situation in Messana

Der Verdacht, dass es in Wirklichkeit weder Römern noch Mamertinern um Hilfe gegen Hieron, sondern um die Beseitigung des karthagischen Einflusses in Messana ging, ergibt sich schon aus den von Polybios referierten Ereignissen: Beim Nahen des römischen Heeres vertrieben die Mamertiner eine karthagische Besatzung, die sich – wie wir nebenbei erfahren – in der Burg befand. Die Karthager waren demnach dem Hilferuf gefolgt und hatten bereits eine Schutztruppe stationiert; die Bedrohung Messanas durch Hieron war also beseitigt. Die Frage, die man sich allerdings stellen kann, lautet: Seit wann lagen die Karthager in der Stadt, und wussten die Römer von dieser Entwicklung? Waren, wie Polybios suggeriert, die Appelle der Mamertiner an Karthago und an Rom zu gleicher Zeit erfolgt, dann wäre unter Umständen eine Überschneidung beider Hilfeleistungen denkbar. Dem Zögern des Senates könnte man es zuschreiben, dass bei der Ankunft des römischen Heeres bereits eine karthagische Truppe in der Burg von Messana lag; Unnachgiebigkeit auf beiden Seiten mag dann zur Eskalation geführt haben.

Karthago war seit 269 in Messana präsent

Ein Blick auf die Chronologie belehrt uns indes eines Besseren: Polybios erwähnt die Hilfegesuche in direktem Zusammenhang mit einer schweren Niederlage der Mamertiner gegen Hieron am Fluss Longanos (1,9,7–10,2), die – wie wir sicher wissen – im Jahre 269 stattgefunden hat. Die Mamertiner hatten damals allen Grund, sich nach Verbündeten umzusehen. Diodor (22,13,6–8) berichtet von einer karthagischen Besatzung, die bei dieser Gelegenheit in Messana aufgenommen wurde und die drohende Kapitulation abwendete. Nur so erklärt sich in der Tat, dass wir trotz des glänzenden Sieges von Versuchen Hierons, sich der Stadt zu bemächtigen, nichts mehr hören; vermutlich blieb von 269 an die karthagische Präsenz an der Meerenge ohne Unterbrechung bis 264 bestehen.

Rom griff bekanntlich 264 ein, doch wann hatte der Senat das Hilfegesuch der Mamertiner erhalten? Eine Gleichzeitigkeit beider Bitten nach der Niederlage des Jahres 269 ist aus mehreren Gründen wenig plausibel: Zunächst befremdet der Gedanke, dass man sich in Messana in dieser kritischen Lage nicht auf einen außenpolitischen Kurs geeinigt, sondern Gruppeninteressen verfolgt haben soll wie im tiefsten Frieden. Alles musste darauf ankommen, schnell effiziente Hilfe zu bekommen, und hierfür waren die auf Sizilien präsenten und traditionell mit Syrakus verfeindeten Karthager in jedem Fall die „erste Wahl". Und dann würde ein Hilfegesuch an Rom bereits 269 bedeuten, dass man dort erst einmal fünf Jahre abgewartet und schließlich zu einem Zeitpunkt eingewilligt hätte, als die Situation längst bereinigt war, die Mamertiner keiner Hilfe mehr bedurften.

Die Mamertiner haben um Hilfe *gegen die Karthager* gebeten

Erheblich weniger Schwierigkeiten bereitet es, wenn wir zwei voneinander unabhängige Vorgänge annehmen: die Bitte um karthagischen Beistand gegen Hieron, die 269 zur Entsendung einer karthagischen Besatzungstruppe nach Messana geführt hatte, und ein weiteres Hilfegesuch im Jahre 264 an Rom, das freilich nicht mehr Unterstützung gegen Hieron zum Gegenstand gehabt haben kann. Worum die Mamertiner stattdessen baten, ist vor dem Hintergrund der weiteren Entwicklung nicht schwer zu erraten: um Befreiung vom karthagischen Joch, das ihnen offenbar zwischenzeitlich unbequem geworden war. Und die Römer ließen sich die Gelegenheit nicht entgehen, in dem strategisch wichtigen Messana Fuß zu fassen. Dass sie dies nicht aus Verbundenheit mit den Mamertinern, sondern aus eigenen, gegen Karthago gerichteten politischen Interessen taten, räumen auch Pictor/Polybios ein. Zu korrigieren ist lediglich der Eindruck, dass es sich um eine Präventivmaßnahme gehandelt habe (1,10,8: *Denn hatten sie* [die Karthager] *sich erst einmal in Messana festgesetzt, dann stand zu erwarten* ...): Nicht um einer drohenden Inbesitznahme Messanas durch Karthago zuvorzukommen, griff Rom ein, sondern um Karthago aus seiner Position als Schutzmacht Messanas zu verdrängen, die es seit 269 innehatte. Pictor hat dies durch Vermengung beider Hilfegesuche – wenngleich notdürftig – zu verschleiern gewusst, und Polybios ist ihm darin unkritisch gefolgt. Der römische Senat des Jahres 264 muss sich über die Lage gleichwohl völlig im Klaren gewesen sein.

b) Das Zögern des Senates

Wie genau den Römern in späterer Zeit die juristische und moralische Fragwürdigkeit ihres Tuns bewusst war, zeigt nichts deutlicher als der Hinweis auf das Zögern des Senates, das freilich in der überlieferten Form ins Reich der Legende gehört: Dass der Senat in der Frage nach Krieg oder Frieden außerhalb Italiens die Entscheidung dem Volk überließ, ist in höchstem Maße unwahrscheinlich. Eine Mehrheit der Senatoren muss die Intervention gewollt haben, sonst wäre sie nicht erfolgt. Denkbar wäre allenfalls, dass der Senat, um sein Gesicht zu wahren, die Entscheidung an eine propagandistisch entsprechend vorbereitete Volksversammlung abgab, deren Votum man sich sicher sein konnte. Möglich ist aber auch, dass es sich bei der Unentschlossenheit des Senates um ein Konstrukt der senatorischen Geschichtsschreibung handelt, auf der Polybios beruht: Wenn Fabius Pictor dem Volk – näherhin der Beutegier des Volkes, also gewissermaßen niederen Motiven – die Verantwortung für den zweifelhaften Kriegseintritt zuschob, so mag er damit beabsichtigt haben, den Senat von entsprechenden Vorwürfen reinzuwaschen.

Der Bruch des Philinos-Vertrages

Grund genug für eingehende Debatten bot das Gesuch der Mamertiner allerdings tatsächlich: Wie wir gesehen haben, steht Polybios' Ablehnung des Philinos-Vertrages auf schwachen Füßen; aller Wahrscheinlichkeit nach existierte zwischen Karthago und Rom seit dem Ende des 4. Jahrhunderts ein Abkommen, wodurch Unteritalien bis zur Meerenge von Messina als römischer, Sizilien dagegen als karthagischer Einflussbereich definiert war. Beide Partner hatten sich verpflichtet, auf Interventionen im Gebiet des anderen zu verzichten – deshalb war zu Beginn der 70er Jahre für karthagische Operationen gegen Pyrrhos auf dem Festland eine Sonderregelung erforderlich. Die Annahme der ***deditio*** einer auf Sizilien gelegenen, bereits karthagisch besetzten Stadt durch Rom stellte somit einen eklatanten Rechtsbruch dar. Vor diesem Hintergrund werden wir das zögerliche Verhalten des Senates zu sehen haben: Es ist nur naheliegend, dass sich auch Stimmen fanden, die auf Einhaltung der bestehenden Verträge drängten. Letztlich überwogen indes die „Falken"; der Philinos-Vertrag verschwand aus dem Archiv; die Unschlüssigkeit des Senates wurde mit der vergleichsweise harmlosen Inkonsequenz einer Unterstützung der Mamertiner begründet, der ungleich schwerere Vorwurf des Vertragsbruches dagegen unter den Teppich gekehrt – mit Erfolg, wie das Zeugnis des Polybios erkennen lässt: *Wenn also jemand deshalb die Römer für ihren Übergang nach Sizilien tadelt, weil sie überhaupt die Mamertiner in ihre Freundschaft aufgenommen und ihnen dann auf Bitten Beistand geleistet haben, die sich nicht nur an der Stadt der Messenier, sondern auch an der der Rheginer vergangen haben, so dürfte seine Missbilligung gerechtfertigt sein. Wenn jemand dagegen meint, sie seien wider die Eide und Verträge übergesetzt, so beruht dies auf offenbarer Unkenntnis* (3,26,6–7).

E

Deditio
formal freiwillige, bedingungslose Selbstübergabe eines unabhängigen Staates in die Verfügungsgewalt des römischen Volkes. Durch die Annahme der *d.* endet die selbständige Existenz des dedierten Gemeinwesens, dessen Angehörige dann unter römischem Schutz stehen.

c) Die karthagische Bedrohung

Wenden wir uns nun dem Argument zu, mit dem Pictor/Polybios die – wie wir gesehen haben, keineswegs nur moralisch bedenkliche – Unterstützung der Mamertiner gegen Karthago begründen, so stoßen wir ein erstes Mal auf die These vom römischen Sicherheitsbedürfnis, die uns im weiteren Verlauf der karthagisch-römischen Geschichte noch wiederholt begegnen wird: Die Einkreisung und Bedrohung Italiens sei es gewesen, die Rom dazu bewogen habe, gegen die bevorstehende Vereinnahmung ganz Siziliens durch Karthago einzuschreiten. Im Interesse der eigenen Sicherheit habe Rom sich zu einem Präventivschlag auf der Insel veranlasst gesehen. Gewiss – sprunghaft vergrößert hatte sich in den zurückliegenden Jahrzehnten der römische, nicht der karthagische Machtbereich. Doch schließt dies zunächst einmal nicht aus, dass man im Rom der 60er Jahre das meerbeherrschende Karthago subjektiv als Bedrohung empfunden haben mag – ungeachtet der Tatsache, dass die eigene Expansion zu diesem Zustand geführt hatte. Um den Wert dieses Argumentes in der Debatte des Jahres 264 zu beurteilen, gilt es zweierlei zu überprüfen: 1. Passen die Angaben, die Polybios zur Ausdehnung der karthagischen Territorien macht, zu der Situation vor Ausbruch des Ersten Punischen Krieges? 2. Gab Karthagos Sizilienpolitik der 60er Jahre den Römern irgendwelchen Anlass zu Befürchtungen? Um es vorwegzunehmen: Beide Fragen sind eindeutig mit „nein" zu beantworten.

Das Ausmaß der karthagischen Herrschaft

Die Beschreibung der karthagischen Machtsphäre stellt weniger eine schlichte Übertreibung als eine anachronistische Vermischung dar: Von einer Unterwerfung „vieler Gebiete Iberiens" kann bis zum Ersten Punischen Krieg keine Rede sein. Erst nach 237 griff Karthago nach Spanien aus, und zwar um den Verlust Siziliens und Sardiniens wettzumachen. Mit anderen Worten: Pictor komponierte unter dem Eindruck der Niederlagen des Zweiten Punischen Krieges ein Schreckbild aus allen Ländern, die Karthago je besessen hatte, was die Passage als authentisches Zeugnis für die Argumente des Jahres 264 unbrauchbar macht.

Die karthagische Sizilienpolitik

Nicht viel realistischer zeichnet unsere Quelle die Sizilienpolitik Karthagos, das von einer *fast vollständigen Herrschaft* über die Insel (1,10,8) weit entfernt war. Die tatsächliche Situation lässt sich beinahe als alltäglich beschreiben: Mit Hieron II. war in Syrakus wieder einmal ein tatkräftiger Alleinherrscher ans Ruder gelangt, der sich – wie frühere Tyrannen auch – durch außenpolitische Erfolge bei seinen Mitbürgern zu empfehlen suchte. Das strategisch wichtige Messana war schon vorher wiederholt Objekt syrakusanischer Expansionsgelüste gewesen; dass man sich seit der Ansiedlung der Mamertiner dort nun sogar als Vorkämpfer gegen räuberische Barbaren profilieren konnte, machte die Stadt für Hieron zu einem idealen Angriffsziel. Und Karthagos Rolle in solchen Situationen war es seit jeher, Syrakus' Gegner zu unterstützen, damit die griechische Metropole nicht zu mächtig wurde – mehrfach hatte man die Erfahrung gemacht, dass ein geeintes griechisches Ostsizilien unter syrakusanischer Führung dazu neigte, sich gegen die karthagische Epikratie im Westen der Insel zu wenden. Vor diesem Hintergrund sind die Ereignisse des Jahres 269 um Messana *business as usual*: Karthago besetzte angesichts der Aktivität Hierons eine sich anbietende Gegenposition und bewegte sich damit ebenso im Rahmen des Philinos-Vertrages wie Rom mit der kurz zuvor erfolgten Beseitigung der Söldnerkolonie von Rhegion. Kein Senator kann hierin ernsthaft eine gegen römische Interessen in Unteritalien gerichtete Maßnahme gesehen haben, und in der Tat erfahren wir über besorgte Reaktionen Roms aus dem Jahr 269 nichts. Umso weniger plausibel ist das Gefühl einer Bedrohung fünf Jahre später, als sich bereits gezeigt hatte, dass Karthago den Stützpunkt nicht einmal – wie Pictor unterstellt – für eine Offensive gegen Syrakus zu nutzen gedachte.

Schließlich kann auch die karthagische Politik der vergangenen Jahrzehnte den Römern keinerlei Anlass zu Befürchtungen gegeben haben, man wolle ihnen die soeben errungene Herrschaft über Mittel- und Unteritalien streitig machen – eher ist das Gegenteil der Fall: Während Rom noch mit den Samniten rang, hatte Karthago bereits signalisiert, dass es an einer Einflussnahme auf dem Festland nicht interessiert war (Philinos-Vertrag); Waffenhilfe gegen Pyrrhos über die Meerenge hinweg war ausdrücklich als Ausnahme vereinbart worden. Soweit wir sehen, zeichnet sich Karthagos Außenpolitik Rom gegenüber durch ein hohes Maß an Kontinuität und Berechenbarkeit aus. Die angebliche Furcht vor einem karthagischen Angriff auf Unteritalien ist mithin nicht nur in der Sache unbegründet, sie kann als Motivation für römisches Handeln in der politischen Situation des Jahres 264 schlicht keine Rolle gespielt haben und dürfte vielmehr – wie die *Unterwerfung weiter Teile Iberiens* – eine Rückprojektion aus der Zeit des Zweiten Punischen Krieges sein. Doch was, wenn nicht der von Pictor/Polybios angegebene Grund, bewog die Römer dann, den Konflikt mit Karthago zu suchen?

d) Die römischen Kriegsziele

Der Handstreich gegen Messana

Schließen wir vom Ergebnis des Krieges auf seine Ursachen, so hätten die Römer das Hilfegesuch der Mamertiner dazu genutzt, zur Eroberung Siziliens in den Ring zu steigen. Zweifellos haben sie dieses Ziel in den folgenden Jahrzehnten hartnäckig verfolgt. Ob es bereits dem Interventionsbeschluss von 264 zugrunde lag, ist indes eine andere Frage, die nur ein Blick auf das römische Vorgehen der ersten Kriegsphase beantworten kann. Diodor (nach Philinos) und der über **Cassius Dio** auf annalistischer Tradition beruhende Zonaras (1. Hälfte 12. Jahrhundert n. Chr.) stimmen darin überein, dass sich zunächst ein römisches Vorkommando Messanas bemächtigte. Wenn – wie Zonaras (8,9) berichtet – der karthagische Kommandant Hanno sich zur Teilnahme an einer von dem Militärtribunen C. Claudius einberufenen Volksversammlung bereit fand, so heißt dies im Klartext wohl, dass die römische Truppe sich anfangs als Vermittlungsinstanz gab, mithin ohne Kriegserklärung agierte. Wie zu erwarten, verliefen die Gespräche erfolglos – die Römer werden nicht weniger als den Abzug der karthagischen Besatzung gefordert haben –, worauf ein Römer den karthagischen Offizier kurzerhand ins Gefängnis warf. Die Karthager mussten nun gezwungenermaßen die Akropolis räumen und die Stadt verlassen. Entgegen der Darstellung des Polybios waren also die Römer an der Vertreibung der karthagischen Besatzung *teils durch Einschüchterung, teils durch List* bereits maßgeblich beteiligt.

E

L. Claudius Cassius Dio Cocceianus (ca. 164 – nach 230 n. Chr.)
Senator und Verfasser einer römischen Geschichte von den Anfängen bis 229 n. Chr., von der rund ein Drittel direkt, das Übrige in Auszügen späterer Historiker (u. a. Zonaras) erhalten ist.

Auch über die karthagische Reaktion sind wir durch Zonaras besser informiert. Durch einen Herold forderte man das römische Expeditionskorps ultimativ auf, Messana und Sizilien zu verlassen; als die gesetzte Frist verstrichen war, begann ein karthagisches Heer mit der Belagerung der Stadt. Erst auf diese Nachricht hin entsandte Rom ein Entsatzheer in Stärke von zwei Legionen unter Führung des Konsuls Ap. Claudius Caudex nach Rhegion (Diod. 23,1,4). Offenbar hatte der Senat mit der Möglichkeit gerechnet, dass die Karthager sich unter Protest in den Verlust Messanas fügen würden; man wartete zunächst ab, wie der Gegner reagierte. Halten wir außerdem fest, dass zwei Legionen wohl zur Befreiung Messanas, keinesfalls aber zur Eroberung Siziliens ausreichten. Eine Großoffensive war zumindest für dieses erste Kriegsjahr nicht geplant; man gewinnt vielmehr den Eindruck, dass es dem Senat fürs Erste darum ging, mit Messana einen Stützpunkt zu gewinnen, der es in Zukunft erlaubte, in das Kräftespiel auf Sizilien nach Belieben einzugreifen. Dass Karthago den Handstreich gegen Messana nicht auf sich beruhen lassen konnte, ohne auf Sizilien bei Freund und Feind jede Glaubwürdigkeit als Großmacht zu verspielen, war freilich auch den römischen Senatoren klar. Einkalkuliert haben sie den Krieg mit Karthago also allemal. Über Dauer und Ausmaß der bevorstehenden Auseinandersetzung dürfte man sich 264 indes nicht den Kopf zerbrochen haben; beides musste wesentlich von der weiteren Entwicklung der Lage abhängen.

Hierons Bündnis mit Karthago

Dass ein römischer Brückenkopf auf Sizilien über kurz oder lang zu neuen Zusammenstößen mit Karthago geführt hätte, steht außer Frage – auch insofern war das karthagische Bestehen auf der Grenze des Philinos-Vertrages die einzig konsequente Position. Unterstützung erhielt Karthago darin bemerkenswerterweise von Hieron, dem vormaligen Gegenspieler karthagischer Interessen in Messana. Für den Fall, dass die Römer nicht unverzüglich Sizilien räumten, hatten die Erbfeinde ein Defensivbündnis geschlossen (Diod. 23,1,2): Beiden war offenbar klar, dass es in dieser Situation nicht um Messana, sondern um ein übergeordnetes gemeinsames Interesse ging: die Unabhängigkeit ihrer zukünftigen Sizilienpolitik. Die berechtigte Sorge, *dass wir die Götter noch anflehen werden, uns die Freiheit zu gewähren, Krieg zu führen, wann wir wollen, und Frieden zu schließen miteinander* (Polyb. 5,104,11), mit der ein halbes Jahrhundert später ein aitolischer Stratege die Griechen zum Frieden untereinander ermahnt haben soll, scheint auch für die Politik der Karthager und Syrakusaner bestimmend gewesen zu sein.

Das Zusammengehen der beiden sizilischen Großmächte dürfte die Römer überrascht haben. Durch die Versicherung, man werde nicht gegen Hieron Krieg führen, versuchte der Konsul zunächst, Karthago auf diplomatischem Wege zu isolieren. Die Abfuhr, die er von Hieron erhielt, ist bei Diodor – also aus der Feder des prokarthagischen Philinos – überliefert und stellt wenn kein authentisches Zeugnis, so doch eine interessante Beurteilung römischer Politik aus Feindsicht dar: *Hierons Antwort lautete, dass die Mamertiner, die Kamarina und Gela entvölkert und Messana auf gottloseste Art in ihren Besitz gebracht hätten, zu Recht belagert würden, und dass es den Römern, die ständig das Wort 'Treue' im Munde führten, ganz und gar nicht anstünde, diese Mörder, die jegliche Treue missachtet hätten, in Schutz zu nehmen. Wenn sie nämlich um so gottloser Subjekte willen einen solchen Krieg auf sich nähmen, so werde allen Menschen klar, dass sie das Mitleid mit den Bedrängten nur als Vorwand für ihre eigene Begehrlichkeit ins Feld führten und es ihnen in Wirklichkeit um den Besitz Siziliens ging* (Diod. 23,1,4). Hieron blieb bei seiner strikten Ablehnung der römischen Intervention – so viel dürfen wir der Passage jedenfalls entnehmen. Rom sah sich also, sofern man Messana nicht aufgab, einer Koalition beider Mächte gegenüber. Das nun notwendig werdende militärische Engagement warf erneut die Frage nach möglichen Perspektiven auf. Fasste der Senat bereits jetzt den Plan, ganz Sizilien unter römische Kontrolle zu bringen? Auszuschließen ist dies nicht. Die Operationen des folgenden Jahres lassen indes erst einmal ein deutlich näher gestecktes Ziel erkennen: die Niederringung Hierons, des karthagischen Partners in unmittelbarer Nachbarschaft des römischen Brückenkopfes Messana. Aus dem Ausgang dieses Unternehmens musste sich alles Weitere ergeben.

Römisches Vorgehen gegen Hieron

Aufgrund fehlender Kooperation zwischen den Alliierten und massiven Einsatzes eigener Kräfte war dem römischen Schlag gegen das karthagisch-syrakusanische Bündnis ein schneller Erfolg beschieden. Zwei konsularische Heere (vier Legionen) brachten im Laufe des Jahres 263 einen Großteil der syrakusanischen Verbündeten zum Übertritt auf die Seite Roms; einer Belagerung von Syrakus kam Hieron mit der Bitte um Frieden zuvor, den Rom zu erträglichen Konditionen gewährte (Polyb. 1,16,9; Diod. 23,4,1): Hieron hatte die römischen Kriegsgefangenen ohne Lösegeld zurückzugeben sowie eine Kriegskostenentschädigung von 100 Talenten, davon 25 sofort, zu entrichten. Dafür sollte er als Freund und Bundesgenosse Roms über Syrakus und einige weitere Städte seines bisherigen Reiches herrschen. Polybios betont, dass der Nutzen, den die Römer sich von einer Nachschubbasis auf Sizilien für die weitere Kriegführung gegen Karthago versprachen, ausschlaggebend für die moderaten Friedensbedingungen gewesen sei. Und die folgenden Ereignisse zeigen, dass der Senat nun im Kampf gegen Karthago aufs Ganze ging.

Karthago aus Sizilien zu verdrängen wird römisches Kriegsziel

Noch 263 gelang es den Römern, mit Segesta eine strategisch wichtige Position im Westen der Insel zu besetzen; im Frühjahr 262 richtete sich der Stoß des römischen Heeres direkt gegen das an der sizilischen Südküste gelegene Akragas (= Agrigent), das die Karthager zum Ausgangspunkt ihrer Operationen bestimmt hatten. Nach langer Belagerung und verlustreichen Kämpfen musste die Stadt aufgegeben werden; der Nachricht von diesem Erfolg schreibt Polybios es zu, dass der Senat nun die völlige Vertreibung der Karthager von der Insel ins Auge fasste: *Als die Kunde von den Ereignissen um Akragas im Senat eintraf, waren die Römer höchst erfreut und wurden in ihrem Denken kühner, so dass sie es nicht mehr bei ihren ursprünglichen Plänen bewenden ließen und sich mit der Rettung der Mamertiner und der Beute aus dem bisherigen Krieg zufriedengaben, sondern auf die Möglichkeit hofften, die Karthager ganz von der Insel zu vertreiben und so ihre Macht beträchtlich zu erweitern* (1,20,1–2). Eine gewisse Wahrscheinlichkeit spricht dafür, dass diese Absicht der Operationsplanung für 262 bereits zugrunde lag.

Ist also römisches Streben nach Herrschaft über Sizilien bereits in einer relativ frühen Phase des Krieges zu erkennen, so scheint es doch nicht an dessen Anfang gestanden zu sein, ergab sich vielmehr aus dem gemeinsamen Widerstand Karthagos und Hierons auf der einen und dem unbedingten Willen der Römer, Messana zu behaupten, auf der anderen Seite. Eine befriedigende Erklärung für den Ausbruch des Ringens liefert also auch dieser vor allem von späteren Historikern (Florus, Ampelius) vertretene Ansatz nicht. Die Frage nach der eigentlichen Ursache für das römische Verhalten des Jahres 264 steht damit noch immer offen.

e) Der römische Imperialismus

Weshalb kam es zur Besetzung Messanas durch römische Truppen? Stellen wir die Frage einmal andersherum: Welchen Grund – vom Philinos-Vertrag abgesehen – hatten die Politiker eines aufstrebenden römischen Staates, sich an der Meerenge von Messina ein für alle Mal an ihre Grenzen angelangt zu fühlen? So formuliert führt uns die Frage geradewegs zur Betrachtung eines Phänomens, das nicht erst 264 beginnt: des römischen Imperialismus (wer den Gebrauch dieses dem politischen Diskurs des 19. Jahrhunderts entstammenden Begriffs als anachronistisch ablehnt, mag ihn durch „Expansionismus" oder dergleichen ersetzen).

Streben nach Weltherrschaft oder Selbstverteidigung?

Ein Blick auf die Geschichte der Stadt zeigt, seitdem nach dem Kelteneinfall des Jahres 387 das Bild etwas klarer wird, eine nicht abreißende Serie kriegerischer Auseinandersetzungen, an deren Ende früher oder später stets die Eingliederung des Unterlegenen in das Staatsgebiet oder in das Bündnissystem des römischen Volkes steht. Seiner weltgeschichtlichen Bedeutung verdankt der Vorgang die Aufmerksamkeit zahlreicher antiker wie moderner Historiker, die allerdings zu sehr unterschiedlichen Bewertungen gelangen: Die Vorschläge reichen von zielstrebiger Verwirklichung eines Herrschaftsplanes (Polybios) bis zur Weltherrschaft wider Willen infolge eines ständigen Zwanges zur Selbstverteidigung (Mommsen); für, aber auch gegen beides lassen sich Argumente vorbringen. Zwar können wir eine längerfristige Gesamtplanung mit Sicherheit ausschließen, doch wären ohne den permanenten Willen zur Expansion weder die nahezu pausenlose Aufeinanderfolge der Konflikte noch das politische Ergebnis verständlich. Auch die These vom Sicherheitsbedürfnis enthält indes Wahres – dann nämlich, wenn wir als römischen Standpunkt unterstellen, „Sicherheit" sei der Zustand, der keiner auswärtigen Macht auch nur die Option bietet, gegen Roms Interessen zu agieren. Allerdings will ein derart hoch entwickeltes Bedürfnis nach Sicherheit irgendwie erklärt sein. Prägende Erfahrungen der Vergangenheit – etwa die langwierigen Kämpfe gegen die mittelitalischen Nachbarn oder die Plünderung durch die Kelten – sollen bisweilen die Begründung liefern; wirklich überzeugen kann jedoch keines dieser Modelle: Die Kriege gegen Etrusker, Latiner und andere bieten eher ein erstes Beispiel als eine Erklärung für das Phänomen; der ephemere Kelteneinfall war kaum geeignet, die Grundstrukturen römischer Politik nachhaltig zu beeinflussen.

Roms Einstellung zum Krieg

Man kommt letztlich nicht um die Erkenntnis herum, dass die römische Gesellschaft eine grundsätzlich andere Einstellung zu kriegerischer Expansion hatte, als wir vorauszusetzen gewohnt sind: Der Aufstieg Roms ist nur zu verstehen, wenn wir zur Kenntnis nehmen, dass für „den Römer" Krieg nicht das letzte Mittel, sondern – etwas pointiert ausgedrückt – die Krönung der Politik war. Unsere Quellen sind voll von Hinweisen auf die Vorteile, die jeder Krieg von neuem brachte: Beute für Volk und Staatskasse, unverzichtbare Karrierebausteine für die Angehörigen der senatorischen Führungsschicht, Stärkung von Identität und Selbstbewusstsein, Respekt bei den alten und Zuwachs an neuen Bundesgenossen, mithin eine Steigerung der Ressourcen und eine günstige Ausgangsposition für die nächste Auseinandersetzung. Das römische Staatswesen der frühen und mittleren Republik beruhte geradezu auf dieser Dynamik kontinuierlicher gewaltsamer Expansion. Allerdings verbat das zwischenzeitlich entwickelte politische Rechtsempfinden, die Serie von Unterwerfungen plump mit dem Anspruch des Stärkeren zu begründen. So entstand ein Denk- und Verhaltensmuster von gewisser Subtilität: Expansion ist dann gerechtfertigt, wenn man sie nicht im eigenen Interesse betreibt, sondern durch die Umstände zu ihr gezwungen wird. In diesem Fall – dem klassischen *bellum iustum* – trägt der Gegner die alleinige Verantwortung für Krieg, Niederlage und Neuregelung der Verhältnisse im Sinne Roms. Diese Situation galt es folglich herbeizuführen, wenn nach Lage der Dinge eine militärische Konfrontation Erfolg zu versprechen schien. Nicht Kriege zu vermeiden, sondern gerechte Kriege zu führen war das Ziel römischer Politik – darüber dürfen wir uns weder durch die Apologien römischer Historiker noch durch Idealvorstellungen unserer heutigen Zeit hinwegtäuschen lassen.

Völkerrecht und Hilfegesuch

Vor diesem Hintergrund ist Roms Bestreben, auf Sizilien Fuß zu fassen, nichts anderes als die konsequente Fortführung bisheriger Politik. Genau zum rechten Zeitpunkt – als nach den Wirren des Pyrrhos-Krieges Unteritalien endgültig in römischer Hand war – bot sich dem Senat hierzu mit der *deditio* der Mamertiner eine unerwartete Gelegenheit, die allerdings mit einem „Schönheitsfehler" behaftet war: dem Bestehen eines Vertrages zwischen Karthago und Rom, der eine Intervention jenseits der Meerenge ausschloss. Das Verschwinden des Philinos-Vertrages aus dem römischen Staatsarchiv weist ebenso wie die Länge der Debatte darauf hin, dass man sich der Problematik sehr wohl bewusst war. Andererseits enthielt die Situation des Jahres 264 einen Aspekt, der wie kein anderer geeignet war, unbequeme vertragliche Bindungen aufzubrechen: die Bitte eines Staates um die Hilfe des römischen Volkes. Bestehendes Recht wurde hierdurch zwar nicht außer Kraft gesetzt, aber in gewisser Weise relativiert. Seine Einhaltung wurde zum Gegenstand einer Güterabwägung; nur zu gern sah man sich in dem Dilemma, einem von beiden Grundsätzen den Vorzug geben zu müssen – und entschied dann nach Staatsraison. Die Besetzung Messanas ist das erste, doch keineswegs das einzige Beispiel für dieses Verfahren bei der römischen Expansion zu Lasten Karthagos: Kurz nach dem Ende des Krieges um Sizilien bot ein Hilferuf meuternder Söldner den Anlass zur vertragswidrigen Annexion Sardiniens; wenig später – vor Beginn des Zweiten Punischen Krieges – sollte die Aufnahme einer im gegnerischen Interessengebiet gelegenen Stadt (Sagunt) in die Freundschaft des römischen Volkes dem Senat dazu dienen, auch in Iberien gegen geltende Verträge die Voraussetzung für Intervention und *bellum iustum* zu schaffen.

Fehler der karthagischen Politik

In Karthago hatte man die politische Entwicklung Roms seit Jahrzehnten wachen Auges verfolgt und mit dem Philinos-Vertrag zu einem Zeitpunkt Gegenmaßnahmen ergriffen, als die Römer dies noch nicht als Beschneidung ihrer Interessen wahrnehmen konnten. Die Situation, für die man 306 Vorsorge getroffen hatte, war eingetreten, nachdem Pyrrhos endgültig Italien verlassen und Rom die einstigen Verbündeten des Königs unterworfen hatte. Spätestens in dieser Situation musste den Römern aufgehen, dass sie sich im Hinblick auf ihre weitere außenpolitische Handlungsfreiheit mit dem Abkommen des Jahres 306 in eine Sackgasse manövriert hatten – die Frage war nun, ob sie diesen Fehler auf ewig zu akzeptieren oder bei passender Gelegenheit zu korrigieren gedachten. Sollten die sonst so vorausschauenden karthagischen Politiker vor dem Hintergrund der bisherigen Entwicklung Roms mit letzterer Möglichkeit nicht wenigstens gerechnet haben? Einmal mehr macht sich das Fehlen jeglicher Information über die Debatten im karthagischen Rat schmerzlich bemerkbar. Falls sich warnende Stimmen erhoben, so vermochten sie sich nicht durchzusetzen – die Fakten zeigen klar und deutlich, dass der römische Vorstoß über die Meerenge die Karthager völlig unvorbereitet traf: Nur so ist zu erklären, dass sich der karthagische Kommandant von Messana auf so plumpe Weise übertölpeln ließ, und auch das Fehlen energischer Operationen zur Unterstützung Hierons während des zweiten Kriegsjahres weist darauf hin, dass Karthago ganz und gar nicht auf der Höhe seiner militärischen Leistungsfähigkeit stand. Ob sich Rom angesichts einer stärkeren militärischen Präsenz Karthagos in Messana von einer Intervention hätte abschrecken lassen, steht dahin. Ganz sicher aber wäre die Auseinandersetzung in ihrer Anfangsphase anders verlaufen, hätte Karthago sich nicht bis 264 allzu sorglos auf den Philinos-Vertrag verlassen. Hierin liegt die Verantwortung der karthagischen Politik für die Entwicklung der folgenden Jahrzehnte.

6. Friedensbestrebungen während des Ersten Punischen Krieges

Römischer Einfluss in Sizilien war es, weshalb Rom in den Ersten Punischen Krieg gezogen war, und ebendies wollten die Karthager verhindern. Zweimal hatten sie zu Beginn des Krieges signalisiert, dass sie Frieden unter Wahrung des Philinos-Vertrages wünschten; beide Male hatten die Römer erkennen lassen, dass für sie ein Rückzieher auf diese Position nicht in Frage kam. So mussten denn die Waffen sprechen, bis einer der beiden Kontrahenten von seiner Forderung abzugehen bereit war.

Die karthagische Friedensgesandtschaft von 256

Dies war anscheinend zum ersten Mal nach der Seeschlacht bei Eknomos im Jahre 256 der Fall, als die Karthager bei dem Versuch, sich einer römischen Invasionsflotte entgegenzustellen, an die 100 Schiffe verloren hatten und der Weg nach Afrika den Römern offenstand. In Messana, wohin die römische Flotte zunächst zurückgekehrt war, unterbreitete einer der karthagischen Strategen der römischen Führung ein Friedensangebot. Dass Karthago hierdurch lediglich Zeit schinden wollte, wie Zonaras (8,12) behauptet, ist weder zu beweisen noch zu widerlegen; zur Skepsis mahnt der explizite Hinweis auf die Verschlagenheit der Karthager – das Klischee, mit dem die annalistische Überlieferung karthagische Aktivitäten aller Art negativ eingefärbt hat. Ein Versuch, in dieser Situation den Krieg zu beenden, entspricht durchaus dem, was wir sonst über den Umgang der Karthager mit Krieg und Frieden wissen: Immer wieder hatten Kompromisse mit den sizilischen Griechen gezeigt, dass Karthago den militärischen Erfolg nicht um jeden Preis anstrebte. Häufig gab man sich mit der vertraglichen Absicherung eines erreichten Teilzieles zufrieden; ebenso häufig akzeptierte man nach einem Rückschlag territoriale Einbußen, sofern diese sich in erträglichem Rahmen hielten. In der Forschung wurde dieses Phänomen bisweilen mit dem „kaufmännischen Wesen“ des karthagischen Volkes erklärt, doch auch hierbei handelt es sich bei näherer Betrachtung um ein Stereotyp, das mehr Fragen offenlässt als es beantwortet. Tatsache ist, dass Karthago nach außen über längere Zeit eine auffällig flexible „Realpolitik“ praktizierte, die von einer emotionsloseren Haltung gegenüber Krieg und Sieg geprägt zu sein scheint, als wir sie auf römischer Seite beobachten.

Wenn also die Notiz des Zonaras im Kern zutrifft, dann müssen die Karthager 256 bereit gewesen sein, ihr ursprüngliches Kriegsziel – die Wahrung der Interessengrenze des Philinos-Vertrages – aufzugeben, um die drohende Invasion abzuwenden. Wie der karthagische Vorschlag genau ausgesehen hat, wissen wir nicht. Seine wesentlichen Elemente dürften die Anerkennung der römischen Eroberungen auf Sizilien und des Reiches des Hieron in der von Rom festgesetzten Form auf der einen, der Erhalt einer karthagischen Epikratie im Westen auf der anderen Seite gewesen sein. Und an letzterer Forderung sind die Verhandlungen höchstwahrscheinlich gescheitert. Die römischen Operationen der Jahre 263/62 weisen – wie wir gesehen haben – darauf hin, dass der Senat bereits damals die völlige Vertreibung der Karthager von der Insel beschlossen hatte. Von diesem Kriegsziel abzurücken bestand nach dem Erfolg von Eknomos kein Grund; vielmehr galt es nun, den errungenen Vorteil auszuspielen, um den Gegner in dessen eigenem Land in die Knie zu zwingen.

Die karthagische Friedensgesandtschaft von 255

Schon im folgenden Jahr wurden erneut karthagische Unterhändler bei dem römischen Konsul M. Atilius Regulus vorstellig, der nach geglückter Landung in Nordafrika ein karthagisches Heer geschlagen, einige Städte eingenommen sowie das karthagische Hinterland verwüstet hatte und nun vor der punischen Metropole stand. Obwohl mehrere antike Autoren von den Gesprächen berichten, sind wir über deren Verlauf und Inhalt kaum besser informiert als über die Friedensbemühungen des Vorjahres. Die annalistische Überlieferung bei Cassius Dio (11 fr. 43,22–23) vermengt die Forderungen des Regulus offensichtlich mit den Bestimmungen späterer Verträge, ist also für eine Rekonstruktion der Ereignisse des Jahres 255 wertlos; die auf Philinos basierenden Berichte von Polybios (1,31,4–8) und Diodor (23,12) nennen überhaupt keine konkrete Bedingung. Hauptanliegen beider ist es vielmehr, das Verhalten des Konsuls bei den Verhandlungen im Zusammenhang mit seiner katastrophalen Niederlage kurz darauf bei Tynes als Exempel für frevelhaften Hochmut und göttliche Strafe zu stilisieren: An der Überheblichkeit des römischen Feldherrn und an der Maßlosigkeit seiner Bedingungen seien die Friedensbemühungen der Karthager gescheitert; er allein trage folglich die Schuld am Untergang seines Heeres und an der eigenen Gefangennahme.

Q

Die karthagische Friedensgesandtschaft von 255
(Diodor 23,12)

Da sich Mutlosigkeit unter den Karthagern ausgebreitet hatte, schickte der Rat drei der vornehmsten Männer als Gesandte wegen eines Friedens zu Atilius. Von diesen war Hanno, der Sohn des Hamilkar, der angesehenste; nachdem er passende Worte zur Situation gesprochen hatte, forderte er den Konsul auf, sie maßvoll und der Würde Roms entsprechend zu behandeln. Atilius aber, der durch seine Erfolge hochmütig geworden war und keine Rücksicht auf die Wechselfälle des menschlichen Schicksals nahm, schrieb ihnen Bedingungen von solchem Ausmaß und solcher Art vor, dass sich der von ihm vorgeschlagene Friede in nichts von Sklaverei unterschied. Als er sah, dass die Gesandten hierüber ungehalten waren, sagte er, sie müssten doch vielmehr dankbar dafür sein: Da sie weder zu Land noch zu Wasser mehr in der Lage seien, für ihre Freiheit zum Kampf anzutreten, sollten sie alles, was von ihm gewährt werde, als ein Geschenk annehmen. Als aber die Männer um Hanno ihm offen ihre Meinung sagten, drohte er ihnen hochfahrend und befahl ihnen, schleunigst zu verschwinden, wobei er hinzufügte, dass tapfere Männer entweder siegen oder aber den Überlegenen weichen müssten. Damit folgte freilich der Konsul weder der Sitte seiner Heimat in derartigen Fällen, noch fürchtete er den Zorn der Gottheit, und so verfiel er kurz darauf der Strafe, die sein Hochmut verdiente.

Die moralisierende Tendenz des Philinos

Wann immer Geschichtsschreibung derartige moralische Lehren enthält, ist hinsichtlich des Quellenwertes Skepsis angebracht: Kaum etwas verleitet in ähnlichem Maße wie ein erzieherisches Anliegen, historische Fakten in bestimmter Weise zu interpretieren oder zu manipulieren. Und die Ereignisse von 255 boten hierfür geeigneten Stoff: Die fast vollständige Vernichtung des römischen Heeres stellte für Freund und Feind eine unerwartete Wende dar. Das Scheitern der karthagischen Friedensinitiative kurz zuvor wird dadurch in der Retrospektive zur verpassten Chance des Regulus, die Niederlage zu vermeiden; dass der Konsul aus Hochmut und Gottlosigkeit handelte, hebt den Vorgang auf die geschichtsphilosophische Ebene von Schuld und Sühne und stellt dem Leser ein abschreckendes Beispiel für die Folgen solchen Verhaltens vor Augen. Ganz offensichtlich haben wir es hier mit der Deutung des prokarthagischen Philinos zu tun, die über den tatsächlichen Verlauf der Verhandlungen wenig aussagt.

Welchen Ton Regulus vor den karthagischen Gesandten wirklich angeschlagen hat, wissen wir nicht. Herrisches Auftreten römischer Amtsträger gegenüber den Repräsentanten fremder Mächte ist zu oft bezeugt, um an sich als unwahrscheinlich zu gelten. Allerdings hatte der Konsul des Vorjahres einen guten Grund, Hanno und dessen Begleiter nicht mutwillig zu brüskieren: Gelang ihm der Abschluss eines Friedens, bevor sein Nachfolger auf dem afrikanischen Kriegsschauplatz eintraf, so konnte er den Ruhm des Siegers über die Karthager beanspruchen; nach dem Zeugnis des Polybios hätte Regulus aufgrund dieser Überlegung gar von sich aus die Bereitschaft zu Friedensverhandlungen signalisiert (1,31,4). Wie dem auch sei, dem Feldherrn dürfte unter den gegebenen Umständen eher an einer raschen Einigung als an einer langwierigen Belagerung gelegen sein. Voraussetzung war freilich, dass Karthago die römischen Bedingungen akzeptierte, und diese lagen keineswegs im Belieben des Konsuls. Was immer Regulus verlangt haben mag – unter anderem mit Sicherheit die Räumung Siziliens –, es muss sich dabei im Wesentlichen um die Forderungen des Senates gehandelt haben. Deren aus karthagischer Sicht inakzeptable Härte scheint erst Philinos dem Feldherrn persönlich angelastet zu haben, um ein individuelles Exempel für Hochmut und Strafe zu gewinnen.

Die angebliche Mission des Regulus

Die Katastrophe des Regulus bot auch auf römischer Seite Anlass zu literarischer Fiktion; hier wurden freilich nicht Hochmut und Fall exemplifiziert, sondern als typisch römisch beanspruchte Tugenden wie Unbeugsamkeit, Furchtlosigkeit und Treue: Nach Cicero, Livius und anderen sei der in Gefangenschaft geratene Konsul von den Karthagern zu einem späteren Zeitpunkt nach Rom gesandt worden, um einen Frieden beziehungsweise den Austausch von Gefangenen zu vermitteln. Entgegen der karthagischen Intention habe Regulus jedoch – statt auf seinen eigenen Vorteil auf den des römischen Staates bedacht – vor dem Senat gegen jedes Paktieren mit dem Feind plädiert und sei dann, treu dem gegebenen Wort, nach Karthago zurückgekehrt, wo er erwartungsgemäß unter Foltern getötet wurde.

Q

Die römische Reguluslegende
(Livius, *perioche* 18)

Regulus wurde von den Karthagern zum Senat geschickt, um über einen Frieden oder, wenn er den nicht erreichen konnte, über einen Austausch der Gefangenen zu verhandeln, und durch einen Eid verpflichtet, nach Karthago zurückzukehren, falls der Austausch nicht zustande kam; in beidem riet er dem Senat zur Ablehnung, und als er gemäß seinem Versprechen zurückkehrte, wurde er von den Karthagern mit dem Tod bestraft.

Inhaltliche Ungereimtheiten und Widersprüche zwischen den überlieferten Versionen erweisen die Geschichte als Fiktion, deren Entstehung sich zeitlich recht genau eingrenzen lässt: Polybios erwähnt lediglich die Gefangennahme des Konsuls bei Tynes (1,34,8); von einer Mission nach Rom wussten offenbar weder Fabius Pictor noch die Senatorenkreise, in denen Polybios um die Mitte des 2. Jahrhunderts verkehrte. C. Sempronius Tuditanus, ein römischer Historiker der zweiten Hälfte des 2. Jahrhunderts v. Chr., erwähnt als Erster Regulus' Gesandtschaft und Hinrichtung (*annales* fr. 5 [HRR I, p. 144–145]); im 1. Jahrhundert gehört die Episode zum Repertoire historischer Exempla, wie mehrere Belege in Ciceros Schriften zeigen (u. a. *de officiis* 3,99–101). Offensichtlich handelt es sich also um einen annalistischen Eingriff aus der Zeit nach der Zerstörung Karthagos, der die Erinnerung an die demütigendste Niederlage des Ersten Punischen Krieges mit einem leuchtenden Beispiel für die moralische Überlegenheit römischen Wesens verband.

Historischer Kern und Phasen der Ausgestaltung

Der Anlass zu der Manipulation scheint indes ein ganz konkreter gewesen zu sein: Wie Diodor (nach Philinos?) berichtet, rächte sich die Witwe des Regulus, nachdem sie vom Tod ihres Gemahls in karthagischer Gefangenschaft erfahren hatte, an zwei karthagischen Geiseln, indem sie sie ohne Nahrung in ein winziges Verlies sperrte; der eine von beiden verstarb, der andere wurde schließlich durch Eingreifen der Tribunen gerettet (24,12,1–3). Von Misshandlung vornehmer Karthager durch die Familie des Regulus weiß auch Tuditanus; der Vorfall ist demnach keine römerfeindliche Erfindung des Philinos, sondern ein Bestandteil der annalistischen Tradition, der in Rom später in Vergessenheit geriet. Einiges spricht dafür, dass die für Rom wenig rühmliche Begebenheit durch die Reguluslegende anfangs relativiert und schließlich ersetzt wurde: Aus der bloßen Vermutung der Witwe, der Konsular sei infolge schlechter Behandlung ums Leben gekommen (bei Diodor), wurde zunächst die Tatsache seines gewaltsamen Todes. Da es hierfür eines Motivs bedurfte, brachte man die Gesandtschaft ins Spiel: Entgegen den Erwartungen der Karthager habe Regulus sich in Rom gegen den Austausch von Gefangenen ausgesprochen – nach Tuditanus mit dem Argument, dass man ihm in Karthago ein schleichendes Gift verabreicht habe, er selbst also keinesfalls zu retten sei. Dies wurde offenbar auch in Rom später als absurd empfunden, und so kam es zu einer „Korrektur": Bei Cicero ist von dem Gift nicht mehr die Rede; stattdessen habe Regulus auf das Staatswohl verwiesen, als er gegen den Vorschlag der Karthager sprach. Zu überzeugen vermag auch diese Begründung nicht. Gefangenenaustausch im beiderseitigen Interesse war in der antiken Kriegführung üblich und wurde in den ersten beiden karthagisch-römischen Auseinandersetzungen mehrfach praktiziert. Was ausgerechnet in diesem Fall alle sonst geltenden Nützlichkeitserwägungen außer Kraft gesetzt haben soll, mag sich auch mancher Römer gefragt haben. So entstand eine dritte Version, die bei Livius überliefert ist: Gegenstand der Mission war nunmehr ein Friedensangebot der Karthager; nur falls dieses abgelehnt wurde, sollte Regulus wenigstens den Austausch der Gefangenen erwirken – zu bekannt war die ältere Variante, als dass man sie gänzlich unter den Teppich hätte kehren können. Nun endlich hatte die Geschichte Hand und Fuß: Der Konsular opfert sich bewusst, um einen Kompromissfrieden zu verhindern, und hat so entscheidenden Anteil an dem Sieg über Karthago im Ersten Punischen Krieg. Historisch ist an der Episode nichts außer der Gefangennahme des Regulus – dafür bietet sie ein schönes Beispiel für Methodik, wie sie in der römischen Geschichtsschreibung um des patriotischen Anliegens willen nur allzuoft praktiziert wurde.

7. Das Ende des Ersten Punischen Krieges (= „Lutatius-Vertrag")

Die Ereignisse

Noch fast eineinhalb Jahrzehnte zog sich das Ringen um die Stützpunkte im Westen der Insel hin. Erst als die karthagische Flotte im Frühjahr 241 bei dem Versuch, die am Berg Eryx eingesetzten Landstreitkräfte mit Nachschub zu versorgen, eine erneute, schwere Niederlage erlitt, entschloss sich eine Mehrheit des Rates, den Kampf um den Erhalt der sizilischen Positionen aufzugeben. Der Befehlshaber der Truppen am Eryx, Hamilkar Barkas (der „Blitz"), wurde bevollmächtigt, einen Frieden auszuhandeln, und er einigte sich mit dem noch amtierenden Konsul des Vorjahres, C. Lutatius Catulus, auf folgende Bedingungen: Räumung Siziliens sowie Verzicht auf militärisches Vorgehen gegen Syrakus, unentgeltliche Freilassung der römischen Kriegsgefangenen und Reparationszahlungen in Höhe von 2200 Talenten binnen einer Frist von 20 Jahren (Polyb. 1,62,8–9). Eine Auslieferung der Waffen und Überläufer lehnte Hamilkar dagegen ab (Nep. *Hamilcar* 1,5; Diod. 24,13), und Lutatius war klug genug, den Bogen nicht zu überspannen. Schon einmal hatte sich das Blatt überraschend gewendet, nachdem ein Friedensangebot an der Kompromisslosigkeit der römischen Forderungen gescheitert war. Das Schicksal des Regulus mahnte, die nunmehrige Bereitschaft Karthagos zum Verzicht auf Sizilien nicht unnötig aufs Spiel zu setzen.

Q

Der Friedensvertrag zwischen Hamilkar und Lutatius
(Polybios 1,62,8–9 = StV III 493)

Unter diesen Bedingungen soll Freundschaft herrschen zwischen Karthagern und Römern, falls auch das römische Volk zustimmt. Die Karthager sollen ganz Sizilien räumen und weder gegen Hieron Krieg führen noch gegen die Syrakusaner oder deren Bundesgenossen die Waffen ergreifen. Die Karthager sollen den Römern sämtliche Kriegsgefangenen ohne Lösegeld zurückgeben. An Silber sollen die Karthager den Römern in 20 Jahren 2200 euböische Talente zahlen.

a) Die Situation beider Mächte bei Kriegsende

Karthago

Unterschiedlich beantwortet wird in der Forschung die Frage, ob Karthago nach der Niederlage bei den Aegatischen Inseln überhaupt noch die Wahl zwischen Krieg und Frieden hatte. Der Darstellung bei Polybios zufolge war dies nicht der Fall: Eine Versorgung des Heeres auf Sizilien sei infolge der Überlegenheit der römischen Flotte nicht mehr möglich gewesen, und zu einer Fortsetzung des Krieges unter Aufgabe der dortigen Kräfte habe es den Karthagern an Mannschaften und Führern gefehlt (1,62,1–2). Gewiss war der jüngste Aderlass an Menschen und Material (nach Polyb. 1,61,6 waren 120 Schiffe versenkt beziehungsweise gekapert worden) empfindlich, die Lage der verbliebenen sizilischen Stützpunkte prekär. Ein Blick in die Zukunft lässt jedoch Zweifel aufkommen, ob der Historiker die karthagischen Ressourcen zutreffend beurteilt hat: Zusätzliche Reparationsforderungen der Römer in Höhe von 1000 Talenten wurden offenbar umgehend erfüllt; eine Meuterei der Söldner, der sich auch die nordafrikanischen Untertanen der Karthager anschlossen, konnte – wenngleich unter erheblichen Mühen – mit Hilfe neu ausgehobener Truppen niedergeschlagen werden. Wir dürfen annehmen, dass ein zum Äußersten entschlossenes Karthago auch zum Bau einer neuen Flotte und – wenn nötig – zur Aufstellung eines neuen Heeres gegen Rom in der Lage gewesen wäre. Doch der karthagische Staat war nicht in seiner Existenz bedroht; zur Debatte stand lediglich, ob eine Fortsetzung des Kampfes um die sizilische Epikratie auf unbestimmte Zeit und mit ungewissem Ausgang die enormen Rüstungsanstrengungen rechtfertigte, die hierzu erneut notwendig gewesen wären. Und der Mehrzahl der tonangebenden Karthager erschien ein solcher Einsatz zu hoch – man war des langwierigen und erfolglosen Krieges müde.

Rom

Auch an Rom waren indes die Belastungen des über zwei Jahrzehnte dauernden Kampfes nicht spurlos vorübergegangen. Nichts zeigt dies deutlicher als die Tatsache, dass nach den Verlusten des Jahres 249 kein Geld mehr für den Neubau einer Flotte zur Verfügung stand: *Nur mit Hilfe der Freigebigkeit und Hochherzigkeit der führenden Männer dem Staat gegenüber konnten die Mittel aufgebracht werden. Je nach ihrem Vermögen übernahmen sie allein, zu zweit oder zu dritt die Bereitstellung einer ausgerüsteten* ***Pentere****, wofür sie im Falle eines Erfolges die Kosten erstattet bekommen sollten* (Polyb. 1,59,6–7). Der Bau von nicht weniger als 200 Schiffen wurde auf diese Weise privat vorfinanziert; sie stellten mithin die letzte Chance dar, den Seekrieg zugunsten Roms zu entscheiden – eine weitere Niederlage konnte man sich nicht mehr leisten. Doch die Risikobereitschaft der Geldgeber zahlte sich aus: Das Debakel bei den Aegatischen Inseln bewog die karthagische Führung, Rom die Erfüllung seines Kriegszieles – die Räumung Siziliens – anzubieten. Hierauf einzugehen, anstatt den Gegner durch überzogene Forderungen zu provozieren, das Schlachtenglück erneut zu versuchen, war auch in Anbetracht der eigenen wirtschaftlichen Erschöpfung ein Gebot der Vernunft.

E

Pentere („Fünfer")
Kriegsschiff mit fünf Ruderdecks zur Bedienung von drei Ruderreihen auf jeder Schiffsseite (Mehrfachbesetzung der längeren Ruder).

b) Die nachträgliche Korrektur des Vertrages

Die karthagischen Truppen hatten ihre Stellungen kaum verlassen, da bereute man in Rom auch schon, den Frieden nicht teurer verkauft zu haben, und es blieb nicht bei der Reue: Mit dem Argument, das römische Volk habe den Vertrag nicht ratifiziert, erklärte man ihn für ungültig und ersetzte ihn durch einen neuen, der für die vereinbarten Reparationen eine Frist von nur zehn Jahren vorsah und den Karthagern überdies die sofortige Zahlung von 1000 Talenten auferlegte. Einige weitere Zusätze wie die Ausdehnung der karthagischen Verzichtleistung auf die kleineren Inseln zwischen Italien und Sizilien, die Einbeziehung aller Bundesgenossen auf beiden Seiten sowie das Verbot jeglichen Engagements im Gebiet des Partners (Polyb. 1,63,1–3; 3,27,1–6) können kaum darüber hinwegtäuschen, dass die Maßnahme vorrangig dem Zweck diente, Karthago stärker und schneller zur Kasse zu bitten, als ursprünglich vereinbart worden war.

Q

Der endgültige Vertrag
(Polybios 1,63,1–3)

Als dieser Vertrag nach Rom gebracht wurde, nahm das Volk ihn nicht an, sondern entsandte zehn Männer, um die Angelegenheit zu untersuchen. Als diese eingetroffen waren, nahmen sie zwar keine wesentlichen Änderungen mehr vor, verschärften aber die Bedingungen für die Karthager. Die Frist für die Zahlungen reduzierten sie auf die Hälfte, fügten noch 1000 Talente hinzu und befahlen den Karthagern, alle Inseln zu räumen, die zwischen Italien und Sizilien liegen.

(Polybios 3,27,1–6)

Als nun der Krieg um Sizilien beendet war, schlossen sie einen weiteren Vertrag, dessen Hauptpunkte die folgenden waren: Die Karthager sollen (ganz Sizilien und) alle Inseln zwischen Italien und Sizilien räumen. Sicherheit soll von beiden Seiten den Bundesgenossen beider verbürgt sein. Keiner von beiden soll im Hoheitsgebiet des anderen Anordnungen treffen, von Staats wegen bauen, Söldner anwerben oder die Bundesgenossen des anderen in ein Freundschaftsverhältnis aufnehmen. Die Karthager sollen binnen zehn Jahren 2200 Talente zahlen, sofort aber 1000. Alle Kriegsgefangenen sollen die Karthager den Römern ohne Lösegeld zurückgeben.

Welche Interessengruppe hinter der Modifikation des Vertrages durch „das Volk" stand, ist unschwer zu erraten: Den Senatorenfamilien, welche die erfolgreiche Flotte des Lutatius durch Kredite finanziert hatten, musste daran gelegen sein, dem römischen Staat schnellstmöglich zur Liquidität zu verhelfen; die gegenwärtige Chance, dies auf Kosten des einstigen Gegners zu tun, galt es konsequent zu nutzen. Zu prüfen bleibt, wie das römische Vorgehen juristisch zu bewerten ist: Handelte es sich bei dem Abkommen zwischen den beiden Feldherren lediglich um eine Empfehlung an die römische Volksversammlung oder um einen rechtsverbindlichen Vertrag, in den die Römer zu ihrem Vorteil nachträglich eingegriffen haben?

Die Quellenlage

Die spätere Überlieferung beseitigt das Problem, indem sie – sofern sie nicht überhaupt nur einen einzigen Vertrag erwähnt – die erste Übereinkunft als Waffenstillstand interpretiert, der den Karthagern die Aufnahme von Friedensverhandlungen in Rom ermöglicht habe (App. *Sikelike* 2,1; Zon. 8,17). Dies ist jedoch mit Polybios (1,62,7; 63,1; 3,21,2) und Livius (21,18,10; 19,2–3) nicht zu vereinbaren, die mehrfach unmissverständlich von einem Vertrag (*synthekai, foedus*) zwischen Hamilkar und Lutatius sprechen. Allerdings soll dessen Inkrafttreten explizit an die Zustimmung des römischen Volkes gebunden gewesen sein; Ablehnung und Revision wären in diesem Fall rechtlich nicht zu beanstanden.

Die Historizität der Vorbehaltsklausel

Die entscheidende Frage lautet: War ein solcher Vorbehalt tatsächlich Bestandteil des ersten Vertrages? Der Wortlaut bei Polybios (1,62,8; vgl. Liv. 21,19,3) scheint daran auf den ersten Blick keinen Zweifel zu lassen, doch ist zu berücksichtigen, dass sich der Historiker hier nicht – wie beim Überblick über die karthagisch-römischen Beziehungen zu Beginn des dritten Buches – auf archivierte Originaldokumente stützt. Als Quelle diente ihm vielmehr die Darstellung des Annalisten Fabius Pictor, zu dessen Zeit die Verschärfung des Lutatius-Vertrages durch Rom erneut Gegenstand der politischen Diskussion war: Als während des diplomatischen Vorspiels des Zweiten Punischen Krieges eine römische Gesandtschaft in Karthago die Respektierung der 226/25 mit dem iberischen Befehlshaber Hasdrubal vereinbarten Ebrogrenze forderte, soll ein Karthager geantwortet haben: *„Hierauf will ich nichts weiter entgegnen, als was ich von euch gelernt habe. Denn ihr wolltet an den Vertrag, den der Konsul C. Lutatius zuerst mit uns schloss, nicht gebunden sein, weil er weder auf Veranlassung des Senates noch auf Befehl des Volkes zustandegekommen war; also wurde ein anderer, neuer Vertrag mit Zustimmung des Staates geschlossen. Wenn euch eure Verträge nur dann binden, wenn sie auf euren Beschluss oder Auftrag hin eingegangen wurden, dann konnte auch uns der Vertrag des Hasdrubal nicht verpflichten, den dieser ohne unser Wissen schloss"* (Liv. 21,18,10–11; vgl. Polyb. 3,21,1–2). Wann genau und mit welcher Intention die Karthager diesen Gedanken vorbrachten, ist umstritten. Ganz sicher aber – und darauf kommt es in unserem Zusammenhang an – ist der Vorwurf der Spitzfindigkeit im Umgang mit Verträgen, der hier implizit gegen Rom erhoben wird, keine Erfindung eines römischen Annalisten. Es können nur Karthager gewesen sein, die zwei Jahrzehnte später in dieser süffisanten Weise auf Roms Verhalten von 241 anspielten, und sie hätten dazu keinen Anlass gehabt, wäre der vorläufige Charakter der Übereinkunft mit Lutatius seinerzeit tatsächlich so klar formuliert worden, wie

Polybios und Livius glauben machen. Die größere Wahrscheinlichkeit spricht somit dafür, dass die ausdrückliche Einschränkung *falls auch das römische Volk zustimmt* durch Pictor eingefügt wurde, um Roms Rückzieher vor dem Hintergrund der Debatte von 220/19 nachträglich zu rechtfertigen. Dass einmal mehr dem Volk die Verantwortung für eine juristisch und moralisch bedenkliche Maßnahme des Senates zugeschoben wird, passt im Übrigen zu der Tendenz Pictors, die bereits im Zusammenhang mit dem Kriegsbeschluss des Jahres 264 zu beobachten war.

Treffen die vorstehenden Überlegungen das Richtige, so haben Hamilkar und Lutatius einen gültigen Vertrag geschlossen, der von römischer Seite unter Berufung auf einen „Formfehler" annulliert wurde, um die zunächst vereinbarte Reparationssumme nach oben korrigieren zu können. Den Karthagern, die ihre Befestigungen bereits geräumt hatten, blieb nichts anderes übrig, als sich dem Diktat zu beugen. Die Erbitterung, die über das römische Vorgehen geherrscht haben muss, ist in der bei Livius überlieferten Antwort an die römische Gesandtschaft 20 Jahre später schemenhaft erkennbar.

c) Die Auswirkungen des Lutatius-Friedens

Karthago

Karthago hatte Sizilien verloren – genauer gesagt: die Epikratie im Westen der Insel, die seit dem 6. Jahrhundert ununterbrochen unter karthagischer Kontrolle gestanden und in zwei Verträgen mit Rom zur Freihandelszone erklärt worden war. Zweifellos bedeutete diese Entwicklung für die karthagische Wirtschaft einen Rückschlag, doch von einem dramatischen Verlust zu sprechen, wäre kaum gerechtfertigt. Die für die Versorgung der Stadt wichtige Herrschaft über Sardinien und die nordafrikanischen Territorien war in vollem Umfang erhalten geblieben, und auch die finanziellen Verpflichtungen scheinen nicht das Maß dessen überstiegen zu haben, was Karthago zu leisten vermochte. Schwerer wog der Prestigeverlust, der mit dem Ausgang des Krieges einhergegangen war: Karthagos Ansehen als Großmacht war beschädigt, die Vormachtstellung im westlichen Mittelmeer dahin. Und nicht zuletzt mag sich manch ein karthagischer Politiker nach den Erfahrungen von 264 gefragt haben, wie lange man sich in Rom mit den im Lutatius-Vertrag festgeschriebenen Verhältnissen zufriedengeben werde.

Rom

Wenigstens für den Augenblick hatte Rom seine Ziele indes vollständig erreicht: Sizilien, um das der Kampf gegangen war, stand mit Ausnahme des verbündeten Syrakus unter direkter römischer Herrschaft – aus dieser Herrschaft galt es in Zukunft, mit Hilfe geeigneter Verwaltungsstrukturen Nutzen zu ziehen; zur unmittelbaren wirtschaftlichen Erholung trugen die karthagischen Reparationen bei. Durch die wiederholten Siege seiner Flotte hatte Rom sich über die Grenzen Italiens hinaus als Großmacht im westlichen Mittelmeer neben, wenn nicht vor Karthago etabliert. Im Innern war damit ein enormer Prestigezuwachs der für die Kriegführung verantwortlichen Nobilität einhergegangen, der unter anderem in der Selbstdarstellung der senatorischen Familien bei den Leichenfeiern zum Ausdruck kommt. Vor allem aber stellte der Erfolg im Ersten Punischen Krieg die

Feuertaufe der jungen italischen Wehrgemeinschaft dar, die zum ersten Mal geschlossen unter römischer Führung gekämpft hatte. Die Zuverlässigkeit dieses Instrumentes ermöglichte den Römern, den einmal beschrittenen Weg der überseeischen Expansion fortzusetzen.

8. Der Söldnerkrieg und die Annexion Sardiniens

Nur insoweit die karthagisch-römischen Beziehungen hiervon betroffen sind, soll uns der Existenzkampf interessieren, den Karthago im Anschluss an den Ersten Punischen Krieg im eigenen Land zu bestehen hatte: Nach dem Ende der Kampfhandlungen war das sizilische Heer zur Auszahlung und Demobilisierung nach Nordafrika übergesetzt worden, wo es zum Streit zwischen Söldnern und karthagischen Behörden um die Höhe der geschuldeten Zahlungen kam. Rasch eskalierte der Streit zum Krieg, der für Karthago zur tödlichen Bedrohung wurde, als die abhängige Bevölkerung Nordafrikas die Gelegenheit zur Revolte ergriff und sich auf die Seite der Aufständischen schlug. Ohne das Gros seines bisherigen Heeres und ohne die Ressourcen des Hinterlandes sah man sich einem Feind gegenüber, dessen erklärtes Ziel die Vernichtung des karthagischen Staates und die Errichtung eines eigenen „libyschen" Gemeinwesens war. Trotz mancher Rückschläge gelang es den Karthagern unter Anspannung aller Kräfte, der Revolte Herr zu werden. Zu verdanken hatten sie ihre Rettung zum einen der überlegenen Taktik des Hamilkar Barkas, zum anderen der Tatsache, dass die Aufständischen zu keiner Zeit Anstalten machten, ihnen zur See entgegenzutreten und die Stadt von ihren Nachschublinien abzuschneiden. Unter diesen Umständen versprach eine Belagerung ebensowenig Erfolg wie ein Sturm auf die starken Befestigungen, so dass schließlich der längere Atem der Metropole den Ausschlag gab.

Die Beziehungen während des Söldnerkrieges

Bereits in der Anfangsphase des Konfliktes kam es zu einem diplomatischen Zwischenfall, als italische Kaufleute die Rebellen mit Lebensmitteln versorgen wollten. Ihre Schiffe wurden durch karthagische Einheiten aufgebracht und abgeschleppt; an die 500 Mann Besatzung gerieten in Gefangenschaft. Rom reagierte prompt: Eine Gesandtschaft wurde in Karthago vorstellig, worauf man die Italiker wieder auf freien Fuß setzte. Allerdings muss es den karthagischen Ratsherren gelungen sein, die Römer von der Rechtmäßigkeit des eigenen Vorgehens zu überzeugen: Nur so ist zu erklären, dass Rom im Gegenzug die restlichen Gefangenen des Ersten Punischen Krieges freiließ und seinen Kaufleuten ab sofort Geschäftskontakte mit den Aufständischen verbot (Polyb. 1,83,6–10). Für die restliche Dauer des Krieges scheint Rom den Karthagern gegenüber eine Art wohlwollender Neutralität an den Tag gelegt zu haben. Polybios betont zwar die römische Hilfsbereitschaft, kann als Beispiele aber lediglich vertragsgemäße Nichteinmischung sowie die Genehmigung römischen Handels mit Karthago anführen. Annalistischer Tradition zufolge gestattete Rom den Karthagern immerhin, während des Krieges in Italien Truppen anzuwerben (App. *Sikelike* 2,10; *Libyke* 19; Zon. 8,17), was ihnen nach dem Lutatius-Vertrag untersagt war.

Besonderen Eifer soll dagegen Hieron von Syrakus bei der Versorgung der bedrängten Karthager entwickelt haben, *da er überzeugt war, das Überleben Karthagos werde ihm sowohl im Hinblick auf die Herrschaft in Sizilien als auch auf die Freundschaft der Römer von Nutzen sein, damit die Mächtigen ihren Willen nicht gänzlich ungehindert verwirklichen können – eine durchaus vernünftige und kluge Überlegung. Denn niemals darf man dergleichen außer acht lassen und niemandem zu einer solchen Machtfülle verhelfen, gegen die man dann nicht einmal mehr seine verbrieften Rechte behaupten kann* (Polyb. 1,83,3–4). Offenbar verfolgte Hieron nach dem römischen Sieg im Ersten Punischen Krieg ganz bewusst eine Politik des Gleichgewichts zwischen Karthago und Rom, und Polybios nutzt die Gelegenheit, seinem Leser einzuschärfen, dass allein diese Haltung Staaten mittlerer Größenordnung gegenüber benachbarten Großmächten eine Überlebenschance bieten könne. Selten ist in der Antike der Gedanke des *balance of power* so deutlich ausgesprochen.

Die Verselbständigung Sardiniens

Mitten während des Überlebenskampfes im eigenen Land traf die Karthager ein weiterer schwerer Schlag: Die auf Sardinien stationierten Söldnerverbände folgten dem Beispiel ihrer afrikanischen Kommilitonen, beseitigten ihren karthagischen Kommandeur und beanspruchten eine eigene staatliche Identität. Diese Entwicklung stellte für Karthago insofern eine akute Bedrohung dar, als die Lebensmittelversorgung der isolierten Stadt wesentlich auf den Getreidelieferungen von der Insel beruhte. Zur Bereinigung der Lage entsandte man daher ein Expeditionskorps, das jedoch ebenfalls zum Feind überging; um alle Brücken hinter sich abzubrechen, ermordeten die Rebellen nun sämtliche auf Sardinien ansässigen karthagischen Bürger, bemächtigten sich der Küstenstädte und gingen schließlich daran, die ganze Insel systematisch unter ihre Kontrolle zu bringen. Hierbei stießen sie allerdings auf den massiven Widerstand der einheimischen Bevölkerung, die sich offenbar mit Erfolg weigerte, die meuternden Landsknechte als neue Herren zu akzeptieren.

Das römische Eingreifen

Wann genau die Aufständischen den folgenschweren Entschluss fassten, um römische Unterstützung zu ersuchen, wissen wir nicht. Polybios schreibt lediglich, dass Rom während des Söldnerkrieges die Bestimmungen des Lutatius-Friedens gewissenhaft beachtet habe, der jegliches Engagement im Gebiet des Vertragspartners ausschloss: So habe der Senat ein Hilfegesuch der Söldner auf Sardinien ebenso zurückgewiesen wie die *deditio* der in der Nähe Karthagos gelegenen Stadt Utica (Polyb. 1,83,11). Als aber nach dem Ende des Krieges in Nordafrika die bedrängten sardinischen Söldner ein zweites Mal um Hilfe baten, änderte Rom seine Haltung und beschloss die Entsendung von Truppen. Zur Umsetzung des Beschlusses scheint es nicht gekommen zu sein – wir erfahren stattdessen, dass es den Sarden gelang, die Rebellen ganz von der Insel zu vertreiben (Polyb. 1,79,5). Doch als wenig später die Karthager auf ihr Besitzrecht pochten und sich anschickten, ihre Herrschaft über Sardinien wiederherzustellen, erklärten die Römer ihnen mit der Begründung, ihre Rüstungen seien gegen Rom gerichtet, den Krieg und stellten zugleich folgende Friedensbedingungen: die Abtretung Sardiniens und die Zahlung weiterer 1200 Talente. Den durch den Söldnerkrieg erschöpften Karthagern blieb nichts anderes übrig, als die Forderungen zu erfüllen; die neuen Bestimmungen wurden in einem Zusatz zum Lutatius-Vertrag festgehalten.

Q

Der karthagische Verzicht auf Sardinien
(Polybios 1,88,8–12 = StV III 497)

Die Römer aber beschlossen um diese Zeit (nach dem Ende des Söldnerkrieges) auf die Aufforderung von Söldnern hin, die aus Sardinien zu ihnen übergelaufen waren, auf jener Insel einzugreifen. Als die Karthager protestierten, da ihnen vielmehr die Herrschaft über die Sarden zustehe, und sich zur Bestrafung derer rüsteten, die ihnen die Insel abtrünnig gemacht hatten, nahmen die Römer dies zum Anlass, den Krieg gegen die Karthager zu beschließen, indem sie behaupteten, deren Rüstungen seien nicht gegen die Sarden, sondern gegen sie gerichtet. Die Karthager aber, die eben glücklich dem Söldnerkrieg entronnen waren und sich derzeit völlig außerstande sahen, den Kampf gegen die Römer wieder aufzunehmen, fügten sich in die Umstände und verzichteten nicht nur auf Sardinien, sondern zahlten den Römern noch dazu 1200 Talente, um nur nicht zum gegenwärtigen Zeitpunkt einen Krieg führen zu müssen.

Wir wissen nicht, wie die Befürworter einer Annahme des zweiten Hilfegesuchs von 237 im Senat argumentiert haben. Möglicherweise behaupteten sie, dass mit der Verselbständigung des Konfliktes zwischen Söldnern und einheimischen Sarden Sardinien nicht mehr als karthagisches Territorium im Sinne des Lutatius-Vertrages zu betrachten sei. Möglicherweise beschworen sie auch römisches Sicherheitsinteresse an stabilen Verhältnissen auf der benachbarten Insel. Jedenfalls kam es zum Interventionsbeschluss, und von da an betrachtete man Sardinien als römischen Einflussbereich. Vor diesem Hintergrund ist die von Polybios überlieferte Begründung für die Kriegserklärung zu sehen: Aus karthagischer Sicht hatten die Rüstungen gegen die aufständischen Sarden mit Rom nicht das Geringste zu tun. Für die Römer stellten sie hingegen eine Bedrohung des jüngst erwachten Interesses an Sardinien dar, das der Senat nicht mehr aufzugeben bereit war.

Polybios' Urteil und römische Deformationen

Ohne jeden Zweifel handelt es sich bei dem römischen Vorgehen um einen eklatanten Rechtsbruch; sogar der sonst nicht eben romkritische Polybios findet hier deutliche Worte: ... *für den zweiten Krieg, den sie mit dem Vertrag über Sardinien beilegten, kann niemand eine vernünftige Ursache oder Begründung vorbringen, sondern offenkundig wurden die Karthager gegen alles Recht unter Ausnutzung der Situation dazu gezwungen, Sardinien abzutreten und die genannte Summe zu entrichten* (3,28,1–2). Und auch die römischen Senatoren scheinen nicht wirklich davon überzeugt gewesen zu sein, dass die vorübergehende Verselbständigung der Insel gleichbedeutend mit dem Erlöschen der karthagischen Besitzansprüche war. So bemühte man sich schon bald, Roms Verhalten auf anderem Wege zu rechtfertigen: Polybios referiert die These, die Annexion Sardiniens sei eine Reaktion auf die unrechtmäßige Gefangennahme italischer Kaufleute während des Söldnerkrieges gewesen, und widerlegt sie mit dem Hinweis, dass Karthago die Internierten umgehend wieder freigelassen und im Gegenzug die restlichen Gefangenen aus dem Ersten Punischen Krieg zurückerhalten habe (3,28,3). Es dürfte kein Zufall sein, dass nun eine neue Variante auftaucht: Sardinien sei bereits im Lutatius-Vertrag an Rom gefallen – so lesen wir bei Livius (22,54,11 u.ö.) und anderen in spätannalistischer Tradition stehenden Autoren. Um die Widerrechtlichkeit der Aneignung Sardiniens zu verschleiern, scheute man offensichtlich keine Manipulation.

Eine den Interessen des römischen Staates verpflichtete Geschichtsschreibung hatte freilich triftige Gründe zur Korrektur. Dass während des Hannibalischen Krieges der propagandistische Zweck vor der historischen Redlichkeit rangierte, leuchtet ohne weiteres ein – vom unbedingten Glauben aller an die gerechte Sache Roms hing das Überleben ab. Und nach der Vernichtung Karthagos 146 v.Chr. kam es darauf an, der Öffentlichkeit die Punischen Kriege insgesamt als eine im Interesse der Sicherheit Roms notwendige Entwicklung zu präsentieren. Polybios' Darstellung der Sardinienaffäre war mit diesem Anliegen unvereinbar. Denn der Historiker brandmarkt nicht nur das römische Vorgehen als Erpressung, er stellt auch eine direkte kausale Verbindung zum Zweiten Punischen Krieg her: Die Erbitterung der Karthager über den Rechtsbruch sei die Hauptursache des folgenden Krieges gewesen (3,10,4); unter diesem Gesichtspunkt müsse man sogar einräumen, *dass die Karthager den Hannibalischen Krieg völlig zu Recht geführt haben. Denn wie sie sich damals in die Umstände hatten fügen müssen, so rächten sie sich jetzt unter Ausnutzung der Umstände an denen, die ihnen Unrecht getan hatten* (3,30,4). Ob tatsächlich – wie Polybios annimmt – Revanchestreben bestimmend für die karthagische Politik der Zwischenkriegszeit gewesen ist, wird an anderer Stelle zu untersuchen sein. Dass seine Sichtweise der Sardinienaffäre, die den Römern zumindest eine gehörige Portion Mitverantwortung am Hannibalischen Krieg zuweist, nicht ins Konzept späterer römischer Selbstdarstellung passte, versteht sich von selbst.

Gründe für Roms Vorgehen

Weshalb griffen die Römer nach Sardinien? Diese Frage scheint weder Polybios noch irgendeinen anderen unserer Gewährsleute beschäftigt zu haben. Wir hören jedenfalls nichts von politischen Sachzwängen, die Rom zum Handeln veranlasst hätten, und gerade das macht den „Fall Sardinien" für uns zu einem besonders signifikanten Zeugnis für das Phänomen des römischen Imperialismus: Wie nach dem Erreichen der Meerenge von Messina ein Ausgreifen nach Sizilien nahegelegen hatte, so wurden durch dessen Inbesitznahme im Lutatius-Vertrag Sardinien und Korsika zum fehlenden Glied römischer Herrschaft rings um das Tyrrhenische Meer – ein Blick auf die Karte (etwa K. Bringmann, in: Der neue Pauly X, 591f.) genügt, um die Folgerichtigkeit dieser Entwicklung zu erkennen. Und wie 264 bot sich zum rechten Zeitpunkt die Gelegenheit: ein Hilfegesuch bedrängter Söldner, gepaart mit der Schwäche Karthagos, die zu der instabilen Lage auf der Insel geführt hatte. Zunächst freilich demonstrierte der Senat Skrupel. Während Karthago gegen die Söldner kämpfte, verhielt Rom sich passiv – im Falle einer karthagischen Niederlage wäre Sardinien den Römern ganz ohne Gesichtsverlust zugefallen. Als jedoch wider Erwarten (Polyb. 1,88,11) Karthago aus dem Ringen als Sieger hervorging, griff Rom ohne Zögern zu. Die Chance verstreichen zu lassen, indem man die Rückeroberung der Insel durch die Karthager abwartete, war der Senat unter keinen Umständen bereit. Eindeutiger noch als die Ereignisse von 264 zeigt die Annexion Sardiniens, dass Roms Interesse an weiterer Expansion bei politischen Entscheidungen absoluten Vorrang vor internationalem Recht genoss. Wir werden nicht fehlgehen in der Annahme, dass diese Grundhaltung auch während der folgenden Jahrzehnte im Senat bestimmend blieb.

9. Der Ebro-Vertrag

Karthagos Politik der Nachkriegszeit

Innerhalb eines halben Jahrzehntes waren Karthago mit der sizilischen Epikratie und Sardinien seine beiden überseeischen Besitzungen verlorengegangen, die seit Jahrhunderten wesentlich zur Versorgung und zum Wohlstand der Stadt beigetragen hatten. Eine Grundsatzentscheidung stand an, welchen politischen Kurs man in Zukunft einzuschlagen gedachte. Sollte man auf die bisherigen Ambitionen als Großmacht im westlichen Mittelmeer verzichten und sich auf die Herrschaft über die nordafrikanischen Nachbarstämme beschränken? Die Gegner einer solchen Politik werden unter anderem eingewandt haben, dass man sich damit auf Gedeih und Verderb römischer Willkür auslieferte, und eine derartige Argumentation war schwer zu entkräften – wer mochte nach den bisherigen Erfahrungen ausschließen, dass Rom sich eines Tages auch für die Küstenstriche des heutigen Tunesien interessieren und unter irgendeinem Vorwand den karthagischen Handlungsspielraum weiter einengen könnte? Die Alternative war eine Politik der Stärke, die es mittelfristig wieder erlauben würde, eigenständig zu agieren und sich gegen eventuelle römische Übergriffe mit Aussicht auf Erfolg zur Wehr zu setzen. Hierzu galt es, neue Ressourcen zu erschließen, die – zumindest für den Augenblick – außerhalb des Horizontes römischer Interessen lagen. Man entschied sich für letzteren Weg: Hamilkar Barkas, der bewährte Feldherr des Ersten Punischen sowie des Söldnerkrieges, wurde zum Oberbefehlshaber gewählt und an der Spitze eines Expeditionskorps nach Iberien entsandt. Im Süden der Halbinsel, wo Karthago schon zur Zeit des zweiten Vertrages mit Rom (348) über Stützpunkte verfügt zu haben scheint, beabsichtigte man nun, die jüngsten territorialen Verluste durch eine intensive Eroberungspolitik auszugleichen.

Erfolge in Iberien

Die Erfolge ließen nicht auf sich warten. Binnen weniger Jahre unterwarf Hamilkar zahlreiche einheimische Stämme und schuf mit Leuke Akra (= Alicante?) ein politisches Zentrum der neugewonnenen Provinz. Doch schon bald sollte sich zeigen, dass Rom die karthagischen Aktivitäten aufmerksam verfolgte: *Um nach dem Rechten zu sehen*, wie Cassius Dio sich ausdrückt (12 fr. 48), wurde 231/30 eine römische Gesandtschaft bei Hamilkar vorstellig, deren Auftrag nur darin bestanden haben kann, sich nach dem Umfang der Operationen und der weiteren Absicht des Feldherrn zu erkundigen. Die Auskunft des Karthagers – Dios annalistischer Quelle zufolge soll er unter anderem auf die Notwendigkeit hingewiesen haben, die noch ausstehenden Reparationen zu beschaffen – scheint für den Augenblick keinen Anlass zu Beanstandungen geboten zu haben. Bemerkenswert bleibt, zu welch frühem Zeitpunkt die Römer auf die Vorgänge in Iberien reagierten. Der Schluss liegt nahe, dass ein Wiedererstarken des vormaligen Gegners dem politischen Konzept des Senates von Anfang an zuwiderlief.

Zunächst allerdings hatten andere Ziele Vorrang. Wie Polybios berichtet, zwang die Furcht vor Kelteneinfällen die Römer Mitte der 20er Jahre dazu, ihre Aufmerksamkeit auf Oberitalien zu konzentrieren (2,13,5–6; 22,7–11). Wie groß die keltische Bedrohung wirklich war und welche Ursachen sie hatte, soll uns hier nicht beschäftigen. Tatsache ist, dass sich der Umfang der römischen Rüstungen – in Listen hatte man über 770 000 wehrfähige Italiker erfasst; mehr als 200 000 Mann standen unter Waffen, der Großteil davon im Norden des Landes (Polyb. 2,24) – mit defensiven Plänen nicht vereinbaren lässt. Bereits 237/36 hatten konsularische Heere mit mäßigem Erfolg in Ligurien und in der Poebene operiert (Zon. 8,18); in einer militärischen Kraftanstrengung sollten nun offenbar zumindest die Gebiete südlich des Po unter römische Herrschaft gebracht werden (Urban).

Das Abkommen von 226/25

In dieser Situation begaben sich 226/25 abermals römische Gesandte nach Iberien ins karthagische Hauptquartier, das Hamilkars Schwiegersohn und Nachfolger Hasdrubal inzwischen von Leuke Akra nach dem neugegründeten Neu-Karthago (= Cartagena) verlegt hatte. Das Ergebnis der Gespräche ist bei Polybios überliefert: Hasdrubal sicherte den Römern zu, den Ebro nicht in kriegerischer Absicht zu überschreiten. Desungeachtet trug man sich in Rom – wenn die Ausführungen des Historikers das Richtige treffen – bereits mit dem Gedanken, bei nächster Gelegenheit gegen die karthagische Provinz vorzugehen.

Q

Der Ebro-Vertrag
(Polybios 2,13,3–7 = StV III 503)

Als die Römer sahen, dass er (Hasdrubal) eine immer größere und furchteinflößendere Herrschaft zu errichten im Begriff war, erwogen sie, sich in die iberischen Verhältnisse einzumischen. Überzeugt, selbst bislang geschlafen und den Karthagern so den Erwerb großer Macht ermöglicht zu haben, waren sie nun bestrebt, diese Entwicklung nach Kräften zu korrigieren. Im Augenblick freilich wagten sie nicht, den Karthagern Vorschriften zu machen oder den Krieg zu erklären, da die Furcht vor den Kelten ihr Handeln überschattete, deren Einfall sie beinahe täglich erwarteten. So entschlossen sie sich Hasdrubal gegenüber zunächst zu einer Politik der Verständigung, um den Kampf gegen die Kelten aufzunehmen und zu bestehen; denn niemals glaubten sie Italien beherrschen oder auch nur in Sicherheit zu Hause leben zu können, solange ihnen diese Menschen im Nacken säßen. Aus demselben Grund schlossen sie zur gleichen Zeit durch eine Gesandtschaft mit Hasdrubal einen Vertrag, worin von dem übrigen Iberien keine Rede war, während es den Karthagern nicht erlaubt sein sollte, den Fluss Iber in kriegerischer Absicht zu überschreiten. Gleich darauf begannen sie den Krieg gegen die italischen Kelten.

Beabsichtigte Rom bereits 226/25 eine neue Konfrontation?

Bestritten wird allerdings bisweilen, dass Polybios' Darstellung tatsächlich die römischen Überlegungen des Jahres 226/25 wiedergibt. Sein Gewährsmann Pictor schrieb bekanntlich unter dem Eindruck der traumatischen Rückschläge zu Beginn des Zweiten Punischen Krieges; man kann argumentieren, dass der Senator seinen Landsleuten die Vorahnung einer von Iberien ausgehenden Gefahr im Nachhinein unterstellt haben mag und dass der angebliche Vorsatz, Hasdrubal in die Schranken zu weisen, lediglich eine Fortführung dieser Projektion sei. Was gegen eine solche Hypothese spricht, sind die wenigen bekannten Fakten: Fünf Jahre zuvor hatte Rom auf die karthagischen Erfolge bereits sichtlich besorgt reagiert; am Vorabend des Keltenkrieges hielt man es für erforderlich, den karthagischen Aktivitäten eine Grenze zu setzen. Beide Vorfälle lassen erkennen, dass die karthagische Herrschaft über Teile Iberiens durchaus als potentielle Bedrohung wenn nicht Roms, so doch römischer Interessen wahrgenommen wurde. Vor diesem Hintergrund besteht keine Veranlassung, an der Aussage des Polybios zu zweifeln: Allem Anschein nach war eine – notfalls gewaltsame – Beschneidung der karthagischen Macht bereits 226/25 Gegenstand der Senatsdebatten.

Die Ziele, die Rom mit dem Ebro-Vertrag verfolgte, waren mithin kurzfristiger Natur: Es ging nicht darum, eine dauerhafte Interessengrenze zwischen beiden Mächten zu etablieren, sondern für den Augenblick ein weiteres Erstarken des potentiellen Gegners zu verhindern. So erklärt sich, dass Rom nicht mit der karthagischen Regierung, sondern direkt mit dem Feldherrn verhandelte, der für die Operationen in Iberien verantwortlich zeichnete. Was aber bewog den Karthager, auf die römischen Vorschläge einzugehen? Polybios – der allerdings nicht den Wortlaut des Vertrages wiedergibt – scheint davon auszugehen, dass die Römer es im Hinblick auf zukünftige Auseinandersetzungen bewusst vermieden haben, ihrerseits Zugeständnisse zu machen; nach Livius (21,2,7; 34,13,7) und Appian (*Iberike* 27) stellte der Ebro dagegen die verbindliche Grenze auch der römischen Interessen dar. Welche der beiden Varianten verdient den Vorzug? Wieder einmal ist auf die annalistische Tradition bei Livius und Appian nicht allzuviel zu geben: Beide Autoren erwähnen eine Unabhängigkeitsgarantie für Sagunt, die zu Polybios' dezidierter Aussage, in dem Vertrag sei *von dem übrigen Iberien keine Rede* gewesen, in unvereinbarem Gegensatz steht. Offensichtlich wurde die „Saguntklausel" aus den Ereignissen herausgesponnen, die später zum Ausbruch des Hannibalischen Krieges geführt haben; einer Überlieferung, die derartige Manipulationen aufweist, ist mit Skepsis zu begegnen. Halten wir uns daher im Folgenden an die Darstellung des Ebro-Vertrages bei Polybios.

Das Zugeständnis einer karthagischen Interessensphäre südlich des Ebro

Gute Gründe sprechen andererseits gegen eine einseitige Bindung der Karthager, wie der Historiker sie anzunehmen scheint: Dass Hasdrubal nur darauf wartete, ohne jede Gegenleistung die römischen Wünsche zu erfüllen, ist wenig wahrscheinlich. Da die Römer etwas erreichen wollten, müssen sie dafür irgendetwas geboten haben, und bei genauem Hinsehen lässt auch der Polybiostext erkennen, worin das römische Angebot bestand: Wenn man sich mit dem karthagischen Befehlshaber in Iberien vertraglich darauf einigte, dass dieser den Ebro nicht überschritt, so gewährte man ihm für Unternehmungen südlich des Flusses freie Hand; ausgesprochen oder unausgesprochen signalisierten die Römer damit ihrerseits Verzicht auf Optionen in diesem Gebiet. Und wenn laut Polybios in dem Pakt *von dem übrigen Iberien keine Rede war*, so bestätigt dies nur, was ohnehin auf der Hand liegt: dass Rom der iberischen Vormacht südlich der festgesetzten Grenze keine Auflagen machte. Nur so ergeben die vorhandenen Hinweise einen befriedigenden und der Realität des Jahres 226/25 entsprechenden Sinn. An dem Zugeständnis einer karthagischen Interessensphäre südlich des Ebro durch Rom besteht demnach in der Sache kein Zweifel.

Offenbleiben muss lediglich, welche Formulierung die Vertragspartner hierfür ursprünglich gebrauchten: War schon im Originaltext – wie bei Polybios – der römische Verzicht eher zwischen den Zeilen verborgen? Dies würde zu der Nachricht passen, dass man in Rom 226/25 bereits mit dem Gedanken einer Intervention in Iberien spielte. Allerdings deutet nichts darauf hin, dass die Römer sich später zur Rechtfertigung ihrer Saguntpolitik einer solchen „Hintertür" in der Formulierung des Ebro-Vertrages bedient hätten. Oder verbot der Vertragstext den Römern ein Vorgehen südlich des Ebro ebenso explizit wie den Karthagern ein Überschreiten des Flusses nach Norden? In diesem Fall mag Pictor die Beiderseitigkeit der Bindung dezent in den Hintergrund gerückt haben, da Roms Engagement südlich des Ebro wenige Jahre später hierzu in unübersehbarem Widerspruch stand; andere Annalisten behielten die beiderseitige Geltung der Ebrogrenze bei und bereinigten den Widerspruch durch die „Saguntklausel" (Livius, Appian). So oder so bleibt festzuhalten, dass die Römer Hasdrubal für sein Entgegenkommen in Aussicht stellten, sich aus den Verhältnissen in Iberien künftig herauszuhalten. Und eine Einigung auf dieser Grundlage erschien offensichtlich auch dem Karthager vorteilhaft.

Antike und auch moderne Historiker wurden nicht müde, das Revanchestreben der karthagischen Iberienpolitik zu betonen. Der Ebro-Vertrag bezeugt, soweit wir sehen, noch kurz vor Ausbruch des Zweiten Punischen Krieges das Gegenteil. Ohne Not akzeptierte Hasdrubal die Ebrogrenze und gab damit zu verstehen, dass er an einer weiteren Expansion nach Norden ebensowenig interessiert war wie an einer Unterstützung der Gegner Roms im bevorstehenden Keltenkrieg. Inwieweit man sich im karthagischen Lager der Hoffnung hingab, Rom damit für einige Zeit zufriedengestellt zu haben, entzieht sich unserer Kenntnis. Was Hasdrubal in der gegenwärtigen Situation tun konnte, um sich der römischen Politik als berechenbarer Partner zu empfehlen, hatte er getan.

10. Der Ausbruch des Zweiten Punischen Krieges

Kein Jahrzehnt später befanden sich Karthago und Rom erneut miteinander im Krieg. Dies überrascht nicht, wenn wir uns an die Notiz im Zusammenhang mit dem Ebro-Vertrag erinnern, wonach die Römer bereits 226/25 entschlossen waren, die karthagische Macht in Iberien zurückzudrängen (Polyb. 2,13,3–4). Indes stimmen alle antiken Quellen darin überein, dass die Krise, die den Zweiten Punischen Krieg auslöste, nicht von römischer, sondern von karthagischer Seite herbeigeführt worden ist, und zwar ganz bewusst in der Absicht, einen Krieg mit Rom vom Zaun zu brechen. Unterschiedlich beurteilt werden lediglich die Motive für dieses Handeln: Während Fabius Pictor allein die Anmaßung und Herrschsucht des Hasdrubal und seines Nachfolgers Hannibal für den karthagischen Konfrontationskurs in Iberien verantwortlich macht (Polyb. 3,8,1–7), sieht Polybios hierin eine in der Sache nicht unberechtigte Reaktion auf die Annexion Sardiniens durch Rom (3,10,1–4). Der naheliegende Gedanke, dass auch die Römer mit der Eskalation in Iberien Interessen verfolgt haben könnten, begegnet bei keinem unserer Gewährsleute. Wir werden also im Folgenden zweierlei zu überprüfen haben: erstens, inwieweit tatsächlich Karthago in den Ereignissen bis zum Ausbruch des Konfliktes als die zum Krieg treibende Kraft erscheint, und zweitens, in welchem Maße die hierfür genannten Begründungen überzeugen.

Die Ereignisse

Werfen wir zunächst einen Blick auf die Fakten: Hannibal, der Sohn Hamilkars des „Blitzes" und Nachfolger des 221 ermordeten Hasdrubal, hatte im Zuge der Niederwerfung mehrerer Aufstände zu Beginn seiner Amtszeit das karthagische Territorium beträchtlich erweitert, wodurch sich die zwischen Ebro und Júcar gelegene iberische Stadt Sagunt in ihrer Unabhängigkeit bedroht sah und Rom um Hilfe anrief. Bald kam es zu Zusammenstößen zwischen den Saguntinern und einem benachbarten Stamm unter karthagischer Herrschaft. Als Hannibal daraufhin eine drohende Haltung einnahm, warnten im Winter 220/19 römische Gesandte in Hannibals Hauptquartier sowie in Karthago vor einem Angriff auf Sagunt, da die Stadt unter römischem Schutz stehe. Doch weder Hannibal noch der karthagische Rat zeigten sich hierdurch beeindruckt; vielmehr wurde Sagunt im Laufe des Jahres 219 durch Hannibal belagert, erobert und zerstört. Nach dem Fall der Stadt forderte Rom in Karthago ultimativ die Auslieferung der Schuldigen (Hannibals und seiner Berater); auf die Weigerung des Rates antworteten die römischen Gesandten mit der Kriegserklärung.

Q

Der Weg in den Zweiten Punischen Krieg
(Polybios 3,13,1–33,4)

Denn die Karthager litten schwer unter dem verlorenen Krieg um Sizilien, und die Sardinienaffäre sowie die Höhe der zuletzt festgesetzten Tribute hatten – wie oben erwähnt – ihre Erbitterung noch gesteigert. Sowie sie daher den Großteil Iberiens unter ihre Herrschaft gebracht hatten, waren sie zu jedem Vorgehen gegen die Römer geneigt … (*Tod Hasdrubals und Wahl Hannibals durch Heer und Volk; Unterwerfung der Olkaden im Spätjahr 221*).

([14] *Unterwerfung der Vaccaeer und der Karpesier 220*) … Nach deren (der Karpesier) Niederlage wagte es diesseits des Ebro niemand mehr ohne weiteres, ihnen (den Karthagern) Widerstand zu leisten, mit Ausnahme der Saguntiner. Von dieser Stadt aber suchte er (Hannibal) sich nach Möglichkeit fernzuhalten, da er den Römern so lange keinen offenbaren Anlass zum Krieg bieten wollte, bis er – gemäß den Lehren und Ratschlägen seines Vaters Hamilkar – alles Übrige fest in seine Hand gebracht hätte.

(15) Die Saguntiner sandten fortwährend nach Rom, und zwar zugleich aus Sorge um sich selbst und in Voraussicht des Kommenden wie in der Absicht, die Römer über die Erfolge der Karthager in Iberien nicht in Unkenntnis zu lassen. Nachdem die Römer ihre Appelle mehrmals ignoriert hatten, schickten sie nun Gesandte, um die Vorfälle zu untersuchen. Um dieselbe Zeit war Hannibal … mit seinen Truppen nach Neu-Karthago ins Winterlager zurückgekehrt … Dort traf er auf die Gesandtschaft der Römer, gewährte ihnen eine Unterredung und hörte sich ihre Ausführungen an. Die Römer beschworen ihn also, sich von den Saguntinern fernzuhalten – diese stünden nämlich unter ihrem Schutz – und gemäß der unter Hasdrubal getroffenen Vereinbarung den Ebro nicht zu überschreiten. Hannibal aber, jung wie er war und voller Kampfeslust, erfolgreich in seinen Vorhaben und schon lange zu Feindseligkeiten gegen die Römer aufgelegt, erhob jenen (den Gesandten) gegenüber – als ob ihm die Saguntiner am Herzen lägen – Beschwerde, die Römer hätten kurz zuvor bei Streitigkeiten innerhalb der Stadt als Schiedsrichter widerrechtlich einige der führenden Männer beseitigt: ein Vertragsbruch, über den er nicht hinwegsehen könne. Es sei nämlich alter Brauch bei den Karthagern, allen Unrecht Leidenden beizustehen. Nach Karthago aber schickte er, um zu fragen, was er tun solle, da die Saguntiner im Vertrauen auf römische Waffenhilfe gegen einige der karthagischen Untertanen vorgingen. Überhaupt war er voller Unvernunft und heftiger Leiden-

schaft, weshalb er sich auch nicht der wahren Gründe bediente, sondern zu haltlosen Vorwänden Zuflucht nahm, wie es jene zu tun pflegen, die – von ihren Begierden beherrscht – Recht und Gebühr verachten. Wieviel besser wäre es doch gewesen, von den Römern die Rückgabe Sardiniens und der zugleich auferlegten Tribute zu fordern, die sie ihnen (den Karthagern) in Ausnutzung der Umstände seinerzeit zu Unrecht abgenommen hatten, anderenfalls aber mit Krieg zu drohen? Indem er nun aber den vorhandenen, wahren Grund verschwieg und stattdessen einen nicht vorhandenen in Bezug auf Sagunt konstruierte, schien er nicht nur wider die Vernunft, sondern mehr noch wider das Recht den Krieg zu beginnen. Die römischen Gesandten aber, wohl wissend, dass Krieg bevorstand, fuhren weiter nach Karthago, um die dortige Führung in ähnlicher Weise zu beschwören. Sie gedachten freilich nicht in Italien, sondern in Iberien Krieg zu führen und hierfür Sagunt als Operationsbasis zu nutzen.

([16] *Roms Beschluss, in Illyrien zu intervenieren*; [17] *Hannibal erobert Sagunt*; [18–19] *Verlauf des Zweiten Illyrischen Krieges 219*)

(20) … Die Römer aber ernannten, sobald ihnen das Unglück der Saguntiner bekannt geworden war, Gesandte und schickten sie auf schnellstem Wege nach Karthago, um dort zweierlei zur Auswahl zu stellen, wovon das eine den Karthagern, wenn sie es akzeptierten, zugleich Schande und Schaden zu bringen versprach, das andere den Anfang großer Mühen und Gefahren. Entweder nämlich, so ordneten sie an, würden der Feldherr Hannibal und seine Ratgeber den Römern ausgeliefert, oder aber sie erklärten den Krieg. Als die Römer dies nach ihrer Ankunft vor dem Rat verkündeten, waren die Karthager über den ultimativen Charakter der Forderung empört. Dennoch bestimmten sie den Fähigsten aus ihrer Mitte zum Wortführer und begannen, ihren Rechtsstandpunkt darzulegen.

(21) Die Vereinbarungen mit Hasdrubal übergingen sie allerdings mit Stillschweigen, als existierten sie nicht oder – wenn doch – als wären sie für sie selbst irrelevant, da sie ohne ihr Einverständnis getroffen worden seien. Und hierfür beriefen sie sich auf das Beispiel der Römer selbst. Den unter Lutatius im Krieg um Sizilien geschlossenen Frieden habe nämlich, wie sie sagten, obwohl er durch Lutatius bereits unterzeichnet war, das römische Volk nachträglich für ungültig erklärt, da er ohne seine Einwilligung zustande gekommen sei. Dagegen stützten sie sich bei ihrer Rechtfertigung ganz und gar auf den Friedensvertrag vom Ende des Krieges um Sizilien, in dem, wie sie sagten, über Iberien nichts geschrieben stehe, während er hinsichtlich der Unverletzlichkeit der beiderseitigen Bundesgenossen ausdrückliche Bestimmungen enthalte. Die Saguntiner aber seien damals keine Bundesgenossen der Römer gewesen, so führten sie weiter aus und lasen dazu den Vertragstext mehrmals vor. Die Römer indes wiesen jede Rechtfertigung zurück und erklärten, wenn Sagunt noch unversehrt stünde, so ließe die Situation einen Rechtsstreit zu und wäre eine Erörterung der strittigen Punkte möglich; nach dem an der Stadt begangenen Vertragsbruch jedoch müssten ihnen entweder die Schuldigen ausgeliefert werden, wodurch aller Welt offenbar würde, dass sie (die Karthager) an dem Unrecht keinen Anteil gehabt hätten, sondern dass dieser Frevel ohne ihre Billigung geschehen sei, oder aber sie müssten – wenn sie dies ablehnten – ihre Mittäterschaft bekennen (und den Krieg auf sich nehmen …).

([22–27] *Exkurs über die karthagisch-römischen Verträge*; [28] *Rechtfertigung des Ersten Punischen Krieges, Verurteilung der Annexion Sardiniens*)

(29) Was also von den Karthagern seinerzeit geltend gemacht wurde, haben wir dargelegt; was dagegen die Römer vorbringen, wollen wir nun berichten – in ihrer Erregung über den Untergang Sagunts bedienten sie sich damals dieser Argumente nicht, doch werden sie bei ihnen oft und von vielen genannt. Erstens sei die mit Hasdrubal getroffene Vereinbarung nicht zu annullieren, wie die Kar-

thager zu behaupten gewagt hätten; es fehle nämlich ein Zusatz wie beim Lutatius-Vertrag: 'dies soll gültig sein, wenn auch das römische Volk zustimmt'; vielmehr habe Hasdrubal ohne Vorbehalt die Übereinkunft abgeschlossen, in der festgelegt war: 'die Karthager sollen den Fluss Iber nicht in feindlicher Absicht überschreiten'. Sodann stehe in dem Vertrag über Sizilien, wie auch jene (die Karthager) einräumen: 'den Bundesgenossen beider soll von beiden Seiten Sicherheit verbürgt sein', nicht nur denen, die damals Bundesgenossen waren, wie die Karthager es auslegten; denn gewiss wäre sonst hinzugefügt worden, dass man zu den bisherigen Bundesgenossen keine weiteren aufnehmen dürfe oder dass die später Aufgenommenen nicht den Schutz dieses Vertrages genießen sollten. Da aber keines von beiden festgehalten wurde, sei offenkundig, dass die gegenseitige Unverletzlichkeitsgarantie sich für alle Zeit auf alle Verbündeten beider Parteien – sowohl auf die damaligen wie auf die später hinzukommenden – erstrecken müsse. Und dies sei ja auch völlig normal. Denn sie hätten wohl kaum einen Vertrag geschlossen, durch den sie sich selbst der Möglichkeit beraubten, je nach Lage der Dinge als Freund und Bundesgenossen aufzunehmen, wer ihnen hierfür geeignet erschien, und ebensowenig konnten sie dulden, dass ihre neugewonnenen Schutzbefohlenen durch andere Unrecht litten; vielmehr waren sich beide in ihrem Verständnis des Vertrages darin einig, dass man gegenseitig die damaligen Bundesgenossen respektieren und keinesfalls die des anderen in ein Bündnis aufnehmen wollte, was aber die später Hinzukommenden betrifft, dass im Herrschafts- und Bundesgenossengebiet des anderen keiner von beiden Söldner anwerben oder Anordnungen treffen sollte und dass die Sicherheit von beiden Seiten für alle galt.

(30) So also steht es hiermit; unstrittig ist ferner, dass sich die Saguntiner schon mehrere Jahre vor Hannibals Zeit in den Schutz der Römer begeben hatten. Der stärkste und auch von den Karthagern selbst anerkannte Beweis besteht darin, dass die Saguntiner in ihren inneren Zwistigkeiten nicht die Karthager anriefen, obwohl diese sich doch in ihrer Nähe befanden und in Iberien bereits aktiv waren, sondern die Römer, und dass sie mit deren Hilfe die Ordnung in ihrem Staat wiederherstellten ... (*Fazit: Wenn man Sagunt als Kriegsgrund ansieht, waren die Karthager im Unrecht, wenn die römische Annexion Sardiniens, waren sie im Recht*).

([31–32] *Vom Nutzen der Beschäftigung mit Geschichte*)

(33) Die Gesandten der Römer aber – denn von dort hatte der Exkurs seinen Ausgang genommen – erwiderten auf die Ausführungen der Karthager weiter nichts, sondern der älteste von ihnen zeigte den Ratsmitgliedern den Bausch seines Gewandes und sagte, er bringe ihnen darin sowohl den Krieg als auch den Frieden; welches von beiden sie haben wollten, das werde er ausschütten und dalassen. Der Sufet der Karthager forderte sie auf auszuschütten, was ihnen selbst gut erschien. Als der Römer erklärte, er schütte den Krieg aus, da riefen mehrere der Ratsherren zugleich, sie nähmen ihn an. Darauf trennten sich die Gesandten und der Rat.

Zweifel an Polybios' Darstellung

Ausgangspunkt unserer Betrachtung muss auch in diesem Fall die Darstellung des Polybios sein, der – zur Erinnerung sei es gesagt – etwa zwei Generationen nach den Ereignissen schrieb und zeitgenössische Quellen (vor allem das Werk des Senators Fabius Pictor) benutzt hat. Diversen Attacken gegen seine Vorgänger (3,8,1–9,5; 20,1–5) dürfen wir entnehmen, dass der Historiker um quellenkritische Arbeitsweise bemüht war; seine Bewunderung für die römischen Erfolge hinderte ihn nicht, die Annexion Sardiniens mit deutlichen Worten als Rechtsbruch anzuprangern. Andere Beispiele (Philinos-Vertrag, Vorgeschichte des Ersten Punischen Krieges) haben gezeigt, dass der bisweilen in der Forschung zu beobachtende Glaube in die Unfehlbarkeit des Polybios trügerisch sein kann. Nicht immer war der einstige Staatsmann und Offizier willens oder in der Lage, die Positionen seiner römischen Gewährsleute grundsätzlich zu hinterfragen. Entsprechende Vorsicht ist bei der Rekonstruktion der Vorgänge vor Ausbruch des Krieges geboten.

a) Roms Freundschaftsverhältnis zu Sagunt

Die Einnahme von Sagunt war nach Polybios der *casus belli*, den Hannibal den Römern bewusst lieferte, nachdem eine römische Gesandtschaft ihn vor diesem Schritt ausdrücklich gewarnt hatte. Nur beiläufig behandelt der Historiker die Frage, wann und wie Sagunt in den Genuss der römischen Freundschaft gelangt ist; auf welcher Rechtsgrundlage dies geschah, scheint ihn überhaupt nicht interessiert zu haben. Nichtsdestoweniger müssen wir, um zu einer treffenden Beurteilung des karthagischen Verhaltens zu gelangen, zunächst die Umstände der römisch-saguntinischen Annäherung in Augenschein nehmen.

Der Beginn der römisch-saguntinischen Beziehungen

Ein genaues Datum für deren Beginn nennt Polybios nicht, doch enthält seine Darstellung einen eindeutigen *terminus post quem*: Im Ebro-Vertrag des Jahres 226/25 hatte Rom sich mit Hasdrubal darauf geeinigt, dass die Gebiete nördlich des Ebro für karthagische Heere tabu sein sollten, womit für das übrige Iberien das Gegenteil wenn nicht ausgesprochen, so doch impliziert ist. Hätte Rom sich zu dieser Zeit für das südlich des Ebro gelegene Sagunt bereits verantwortlich gefühlt, so wäre eine entsprechende Ausnahmeklausel im Vertrag unbedingt zu erwarten, und Pictor beziehungsweise Polybios hätten es kaum versäumt, durch einen Hinweis hierauf die Rechtmäßigkeit des römischen Vorgehens gegen Hannibal zu unterstreichen. Nun ist aber im Zusammenhang mit dem Ebro-Vertrag bei Polybios von Sagunt keine Rede; ja der Historiker verneint *expressis verbis*, dass bezüglich des übrigen Iberien irgendwelche Absprachen getroffen worden seien (Polyb. 2,13,7). Dieses Zeugnis zu entkräften fällt schwer. Wenn spätere Quellen behaupten, der Ebro-Vertrag habe die Freiheit Sagunts garantiert (Liv. 21,2,7; App. *Iberike* 27), so wird man darin den Versuch eines Annalisten sehen, die heikle Frage nach der Legitimität des römischen Eingreifens nachträglich im Sinne Roms zu beantworten. Den Vorzug verdient die Aussage des Polybios: Das Freundschaftsverhältnis zu Sagunt, auf das die römischen Gesandten Hannibal 220/19 aufmerksam machten, kann demnach zur Zeit des Ebro-Vertrages (226/25) noch nicht bestanden haben.

Die Umstände nach Polyb. 3,15

Auch wie es zu der Annäherung zwischen den beiden Staaten kam, beschäftigte Polybios nur am Rande, doch lässt sich der Vorgang anhand einiger Nachrichten über die gegenseitigen Beziehungen vor der Eskalation des Konfliktes einigermaßen schlüssig rekonstruieren: Wir erfahren zunächst, dass die Saguntiner mehrfach – und anfangs vergeblich – Gesandte nach Rom schickten, da sie nach Hannibals Siegen über Olkaden, Vaccaeer und Karpesier (221/20) um ihre Unabhängigkeit fürchteten (Polyb. 3,15,1–2). Von Interesse ist sodann Hannibals Vorwurf gegenüber der Gesandtschaft von 220/19, Rom habe *kurz zuvor bei Streitigkeiten innerhalb der Stadt als Schiedsrichter widerrechtlich einige der führenden Männer beseitigt* (3,15,7). Und schließlich wirft die beiläufige Notiz, Hannibal habe nach der Unterredung mit den römischen Gesandten in Karthago angefragt, wie er sich verhalten solle, *da die Saguntiner im Vertrauen auf römische Waffenhilfe gegen einige der karthagischen Untertanen vorgingen* (3,15,8), ein bezeichnendes Licht auf die politischen Intentionen der iberischen Stadt. Fügt man die genannten Details zu einem Bild zusammen, so muss dieses etwa folgendermaßen aussehen: Die karthagische Expansion war für die Saguntiner der Anlass, sich an jene überseeische Großmacht zu wenden, von der man nach Lage der Dinge eine Intervention erhoffen durfte: an Rom. Die Tatsache, dass man dort die Hilferufe zunächst unbeachtet ließ, spricht gegen die Annahme älterer Beziehungen; mit hoher Wahrscheinlichkeit kam es erst jetzt (221/20) zu der schicksalhaften Allianz. In Sagunt selbst war der neue politische Kurs allerdings keineswegs unumstritten. Aus der Antwort Hannibals an die römischen Gesandten erfahren wir von inneren Auseinandersetzungen, in die Rom schlichtend eingriff, wobei einige missliebige Personen gewaltsam aus dem Wege geräumt wurden. Man wird nicht fehlgehen in der Annahme, dass es sich bei den streitenden „Parteien" um die Befürworter einer Verständigung mit Hannibal und um jene eines auf Rom gestützten Konfrontationskurses handelte. Letztere sehen wir jedenfalls am Werk, wenn Hannibal nach Karthago meldet, dass die Saguntiner sich Übergriffe gegen Nachbarstämme unter karthagischer Herrschaft erlaubten: Die Urheber dieser Politik spekulierten offenbar darauf, durch Provokation Hannibals die Römer zu einer Intensivierung ihres Engagements zu zwingen – ein Kalkül, das sich als fataler Irrtum erweisen sollte.

Die Behauptung „alter" Beziehungen bei Polyb. 3,30

Deutet nach den bisherigen Ausführungen alles darauf hin, dass das Freundschaftsverhältnis zwischen Rom und Sagunt erst unter dem unmittelbaren Eindruck der Erfolge Hannibals 221/20 entstanden ist, so behauptet Polybios an späterer Stelle das genaue Gegenteil: Schon mehrere Jahre vor der Zeit Hannibals müsse sich Sagunt unter den Schutz der Römer begeben haben, wie man insbesondere daraus ersehen könne, dass die Stadt sich zur Schlichtung ihrer innenpolitischen Streitigkeiten an Rom und nicht an Karthago gewandt habe (Polyb. 3,30,1–2). Die Schwäche der Argumentation liegt auf der Hand: Beruhten die Meinungsverschiedenheiten auf unterschiedlichen Vorstellungen, wie man sich angesichts des Ausgreifens der karthagischen Herrschaft verhalten solle, so war nur logisch, dass die Vertreter einer antikarthagischen Politik als Vermittler nicht die Karthager, sondern die Römer anriefen – ob zu diesen bereits Beziehungen bestanden oder nicht. Auch die vage Zeitangabe „mehrere Jahre" erweckt eher den Anschein einer Hypothese denn konkreten Wissens. Insgesamt trägt die Passage deutliche Züge einer – wohl von Pictor übernommenen – Schutzbehauptung, die Roms rechtliche und moralische Verpflichtung zum Eingreifen unterstreichen und so den Eindruck verhindern sollte, man habe im eigenen Interesse eine Gelegenheit ergriffen, der karthagischen Macht in Iberien entgegenzutreten. Weit höheren Quellenwert können die gleichsam beiläufigen Sachinformationen des 15. Kapitels beanspruchen, auf denen obige Rekonstruktion beruht.

Halten wir also fest, dass Sagunt mit Sicherheit nach dem Ebro-Vertrag, wahrscheinlich aber erst 221/20 bei den Römern Schutz gegen die aufstrebende karthagische Vormacht in Iberien suchte, dass Rom daraufhin an der Ausschaltung einer innerstädtischen Opposition maßgeblich beteiligt war, um sodann Hannibal über die Allianz in Kenntnis zu setzen, und dass die Saguntiner ganz offensichtlich von einer Eskalation des Konfliktes zu profitieren hofften. Als Nächstes gilt es zu prüfen, wie das römische Vorgehen juristisch zu beurteilen ist.

b) Die Rechtslage

Als Grundlage der Rechtsbeziehungen zwischen Karthago und Rom vor Beginn des Zweiten Punischen Krieges kommen zwei Verträge in Frage: der Friedensschluss vom Ende des Ersten Punischen Krieges (Lutatius-Vertrag) einschließlich des Zusatzes über die Abtretung Sardiniens und der Ebro-Vertrag von 226/25. Offenbar spielten beide Abkommen in den Gesprächen vor beziehungsweise nach der Eroberung Sagunts eine nicht unwesentliche Rolle; wie Römer und vor allem Karthager argumentiert haben, geht indes aus unserer Überlieferung nicht immer mit wünschenswerter Klarheit hervor. Eine kritische Überprüfung der relevanten Textpassagen soll uns im Folgenden helfen, die Vertragslage sowie die groben Linien der Debatte zu rekonstruieren.

Der Lutatius-Vertrag: Argumentation der Karthager

Verhältnismäßig gut sind wir über die Positionen beider Parteien hinsichtlich des Lutatius-Vertrages informiert. Als römische Gesandte im Jahre 218 Hannibals Auslieferung – und damit das Eingeständnis eines karthagischen Rechtsbruches – forderten, bestritten die Karthager, dass ihr Feldherr gegen die Bestimmungen von 241 verstoßen habe: Denn weder sei darin von Iberien die Rede gewesen, noch habe sich seinerzeit Sagunt unter den römischen Bundesgenossen befunden, deren Sicherheit der Lutatius-Friede garantierte (Polyb. 3,21,4–5). Die moderne Streitfrage, ob dem Vertrag ein Verzeichnis der Bundesgenossen beigefügt war, wie manche Forscher aufgrund des Wortlautes bei Polybios annehmen (*die Saguntiner seien damals keine Bundesgenossen der Römer gewesen, so führten sie* [die Karthager] *weiter aus und lasen dazu den Vertragstext mehrmals vor*), kann in unserem Zusammenhang unberücksichtigt bleiben; entscheidend ist, dass die Römer damals wie später keiner von beiden Aussagen widersprachen.

Der Lutatius-Vertrag: Argumentation der Römer

Die römische Argumentation beruhte dagegen auf der Feststellung, dass der Lutatius-Vertrag weder für die Zukunft die Aufnahme neuer Bundesgenossen untersagte noch diese von der vereinbarten Unverletzlichkeit ausnahm (Polyb. 3,29,4–10). Römern wie Karthagern sei es somit erlaubt gewesen, mit jedem beliebigen Staat ein Bündnis einzugehen, sofern es sich nicht um Untertanen oder Verbündete des anderen handelte. Sagunt aber war zu Beginn der Beziehungen zu Rom von Karthago unabhängig, seine Aufnahme in die Freundschaft des römischen Volkes somit rechtens, wodurch die Stadt in den Genuss der Sicherheitsgarantie für alle Bundesgenossen gelangt sei. Indem Hannibal Sagunt dennoch angriff, habe er – so die römische Rechtsauffassung – gegen eben jene Klausel des Lutatius-Vertrages verstoßen.

Während also die Karthager ihre Iberienpolitik im Allgemeinen und ihr Vorgehen gegen Sagunt im Besonderen damit rechtfertigten, dass die Römer im letzten Friedensvertrag keinerlei Interesse an dieser Region gezeigt hatten, pochten Letztere auf ihre Freiheit, zu Bundesgenossen zu erwählen, wen sie wollten – ein Argument, das im Hinblick auf Sagunt etwas fadenscheinig wirkt. Wie wir gesehen haben, kam die saguntinisch-römische Allianz höchstwahrscheinlich erst unter dem Eindruck der Erfolge Hannibals zustande. Mit anderen Worten: die Römer waren nicht einem bedrohten Verbündeten verpflichtet, sondern sie nahmen einen Staat, der gegen Karthagos Anspruch als Vormacht Iberiens opponierte, angesichts des bevorstehenden Konfliktes in ihre Freundschaft auf – so sehr unsere Überlieferung auch bemüht ist, diesen Sachverhalt zu kaschieren (Polyb. 3,30,1–2). Ganz offenkundig benutzte Rom das Hilfegesuch der Saguntiner, um den karthagischen Interessen in Iberien entgegenzuarbeiten. Man darf bezweifeln, dass eine solche Vorgehensweise im Sinne der Sicherheitsgarantie war, die der Lutatius-Friede den beiderseitigen Bundesgenossen bot. Doch nach dem Buchstaben des Vertrages – und darauf musste es den römischen Juristen ankommen – war die bei Polybios referierte Position kaum zu beanstanden.

Der Ebro-Vertrag

Alles hängt unter diesen Umständen davon ab, inwieweit Karthago seit dem Lutatius-Vertrag berechtigte Ansprüche auf Iberien als Interessensphäre erworben hatte. Dem Ebro-Vertrag und seiner Auslegung durch die beiden Konfliktparteien kommt mithin größte Bedeutung zu. Leider sind jedoch diesbezüglich schon die bei Polybios erhaltenen Nachrichten lückenhaft und widersprüchlich. Rufen wir uns die betreffenden Angaben zu den Gesandtschaften der Jahre 220/19 und 218 zunächst der Reihe nach ins Gedächtnis: Als die Römer Hannibal in Neu-Karthago über ihr Freundschaftsverhältnis mit den Saguntinern in Kenntnis setzten, verbanden sie mit der Warnung vor einem Angriff auf die Stadt den Appell, *gemäß der unter Hasdrubal getroffenen Vereinbarung den Ebro nicht zu überschreiten,* worauf Hannibal in jugendlichem Ungestüm und leidenschaftlichem Römerhass lediglich entgegnet habe, dass er die widerrechtliche Beseitigung saguntinischer Politiker durch Rom nicht hinnehmen könne, *da es alter Brauch bei den Karthagern sei, allen Unrecht Leidenden beizustehen* (Polyb. 3,15,5–7). Die römischen Gesandten reisten daraufhin – *wohl wissend, dass Krieg bevorstand – nach Karthago weiter, um die dortige Führung in ähnlicher Weise zu beschwören* (3,15,12). Mangels präziserer Informationen müssen wir annehmen, dass auch hier der Hinweis auf Roms Freundschaft mit Sagunt, die Warnung vor einem Angriff auf die Stadt und vielleicht eine Mahnung, die Ebrogrenze zu respektieren, Gegenstand der Gespräche gewesen sind; über die Reaktion der Karthager erfahren wir nichts. Als ein Jahr später nach der Eroberung Sagunts eine erneute Gesandtschaft den karthagischen Rat vor die Wahl zwischen einer Auslieferung Hannibals und einem Krieg gegen Rom stellte, kam es zu dem erwähnten Rechtfertigungsversuch, bei dem sich die Karthager angeblich ganz auf die Bestimmungen des Lutatius-Vertrages stützten (3,21,3). Die Vereinbarungen mit Hasdrubal sollen sie dagegen als Rechtsgrundlage abgelehnt haben, wofür sie sich auf den Präzedenzfall des in Rom nachträglich annullierten Lutatius-Vertrages beriefen (3,21,1–2). Dem wäre zu entnehmen – obwohl Polybios dies nicht ausdrücklich sagt –, dass die römischen Gesandten in Karthago auch den Ebro-Vertrag erneut zur Sprache brachten.

Der Widerspruch: Angesichts der Saguntkrise pochen die Römer auf den Ebro-Vertrag; die Karthager lehnen ihn ab

Das wesentliche Problem besteht darin zu erklären, warum den Karthagern, die den Ebro vor der römischen Kriegserklärung im Frühjahr 218 anscheinend nicht überschritten hatten (Polyb. 3,35,2), daran gelegen gewesen sein sollte, den Ebro-Vertrag zu eliminieren, und warum andererseits die Römer, die seit ihrem Engagement in Sagunt allen Grund gehabt hätten, nicht an den Ebro-Vertrag zu erinnern, von den Karthagern ohne akuten Anlass dessen Einhaltung forderten. Zu erwarten wäre allenfalls das Gegenteil, dass nämlich Hannibal beziehungsweise der karthagische Rat angesichts der römischen Vorhaltungen auf die Handlungsfreiheit hinwiesen, die ihnen der Ebro-Vertrag südlich des Flusses zugestand, und dass Rom sich daraufhin möglicherweise bemühte, die Verbindlichkeit der einst mit Hasdrubal getroffenen Übereinkunft anzufechten. Solange die Verhandlungen um Sagunt gingen und Hannibal südlich des Ebro operierte, mussten nicht die Römer, sondern die Karthager an der Rechtskraft des Vertrages interessiert sein – und dennoch wären sie es gewesen, die ihn unter den Teppich zu kehren versuchten? Irgendetwas stimmt hier nicht – die Frage ist, an welcher Stelle wir mit einem Versehen oder mit bewusster Manipulation zu rechnen haben.

Hoffmanns Lösungsvorschlag

Durch eine Korrektur der Ereignisabfolge versuchte vor einem guten halben Jahrhundert Wilhelm Hoffmann, den Widerspruch zu beheben: Hannibal habe in Wirklichkeit den Ebro überschritten, noch bevor die zweite römische Gesandtschaft nach Karthago abreiste. Dort hätten die Gesandten folglich wegen der Zerstörung Sagunts *und* der Verletzung des Ebro-Vertrages Klage erhoben, worauf die Karthager die Gültigkeit des Ebro-Vertrages bestritten und ihr Vorgehen gegen Sagunt mit dem Lutatius-Vertrag rechtfertigten. Doch so plausibel dieser Lösungsvorschlag auf den ersten Blick erscheint, er findet keinen Rückhalt am Text des Polybios. Verschiedentlich bezeichnet der Historiker die Kriegsgesandtschaft von 218 als Reaktion auf die Eroberung Sagunts, ohne den Ebroübergang zu erwähnen (3,20,1–2. 6; 61,8); Letzterer erfolgte nach dem Zeugnis zweier anderer Passagen aus karthagischer (3,34,7–35,2) wie aus römischer Quelle (3,40,2) *nach* den Gesprächen in Karthago. Die Angaben sind in sich stimmig und inhaltlich glaubwürdig: Hätte Hannibal tatsächlich im Frieden vertragswidrig den Ebro überschritten, so wäre dieser wichtige, da die Karthager mit der Kriegsschuld belastende Umstand in der frühesten römischen Überlieferung und bei Polybios kaum unterschlagen, sondern im Gegenteil gebührend hervorgehoben worden. Nichts berechtigt uns unter den gegebenen Umständen, die polybianische Chronologie zu korrigieren; der Widerspruch im angeblichen Umgang beider Seiten mit dem Ebro-Vertrag muss einen anderen Grund haben.

Unstimmigkeiten der Berichterstattung zu den Gesprächen von 220/19

Den Schlüssel zur Lösung des Problems liefert eine Reihe von Unstimmigkeiten in der Darstellung der Gespräche zwischen römischen Gesandtschaften und Hannibal beziehungsweise dem karthagischen Rat. Beginnen wir mit der Begegnung des Jahres 220/19 in Neu-Karthago, als römische

Gesandte von Hannibal zum einen den Verzicht auf Feindseligkeiten gegen die Saguntiner, zum anderen die Einhaltung des Ebro-Vertrages forderten (Polyb. 3,15,5): Auf die Warnung vor einem Angriff auf Sagunt habe der Karthager entgegnet, er könne die unrechtmäßige Beseitigung saguntinischer Politiker durch die Römer nicht hinnehmen. Doch anstatt zu erläutern, inwiefern er das römische Engagement für rechtswidrig hielt, soll er lediglich etwas von alten Bräuchen gefaselt haben, stets den Unterdrückten beizustehen (3,15,7); es folgen einige unkonkrete Bemerkungen des Polybios zu der Unvernunft und Leidenschaft, mit der Hannibal „überhaupt" auf den Krieg hingearbeitet habe (3,15,9). Der Bruch zwischen vertrauenswürdiger Berichterstattung und wertlosen Allgemeinplätzen ist deutlich erkennbar. Die einzige brauchbare Information besteht darin, dass Hannibal gegen Roms Intervention in Sagunt Protest erhob und Gegenmaßnahmen ankündigte; die Notiz dürfte aus Senatorenkreisen stammen, welche durch die Gesandten über den Verlauf der Mission bestens unterrichtet waren. Umso mehr befremdet, dass wir gerade das Wesentliche nicht erfahren: Wenn Hannibal die römische Aufforderung, sich von Sagunt fernzuhalten, mit dem Hinweis auf einen römischen Rechtsbruch zurückwies, so wird er es ganz sicher nicht versäumt haben, diese Auffassung zu begründen. Welcher Argumentation er sich dabei bediente, ist für die Beurteilung seines weiteren Vorgehens gegen Sagunt von entscheidender Bedeutung. Und ausgerechnet hier lässt uns die senatorische Überlieferung im Stich.

Ebenso merkwürdig ist das völlige Fehlen von Angaben bezüglich einer Reaktion Hannibals auf die Ermahnung, den Ebro-Vertrag zu respektieren. Wenn Rom tatsächlich die Gelegenheit zu nutzen gedachte, den neuen karthagischen Befehlshaber auf die mit dessen Vorgänger getroffene Vereinbarung zu verpflichten – was grundsätzlich nicht auszuschließen ist –, dann werden die Gesandten auf einer Antwort bestanden haben: Hannibal hätte also entweder – ähnlich wie nach Polybios (3,21,1–2) ein Jahr später die Ratsherren in der Heimat – zu erkennen geben müssen, dass er sich an die Zusage Hasdrubals nicht mehr gebunden fühlte; dies als Rechtsbruch zu dokumentieren, hätte die römische Überlieferung gewiss nicht versäumt. Oder er signalisierte, dass er gewillt war, sich an das Abkommen zu halten und auf Aktionen nördlich des Ebro wie bisher zu verzichten. Auch in diesem Fall wäre zu fragen, weshalb die Quellen uns einen solchen diplomatischen Erfolg der Römer vorenthalten. Passte ein konzilianter Hannibal nicht zu dem Bild des unerbittlichen Kriegstreibers, das unsere Geschichtsschreibung zu zeichnen bestrebt ist? Sollte Hannibal an seine Zusage, den Ebro-Vertrag zu beachten, die Aufforderung geknüpft haben, die Römer möchten dies ebenfalls tun und die Finger von dem südlich des Ebro gelegenen Sagunt lassen? Oder ist schon der römische Appell unhistorisch? Abermals sind wir auf Spekulation angewiesen, da die Überlieferung in dem entscheidenden Punkt schweigt. Nur eines geht aus dem Gesamtbefund deutlich hervor: Offensichtlich ist unsere Kenntnis der Verhandlungen in Neu-Karthago lückenhaft; vieles spricht dafür, dass die zeitgenössische Geschichtsschreibung, aus der Polybios schöpft (Pictor), selektierend beziehungsweise korrigierend eingegriffen hat. In welcher Form und Absicht dies erfolgt sein könnte, wird noch zu prüfen sein.

Unstimmigkeiten der Berichterstattung zu den Gesprächen von 218

Ähnliche Ungereimtheiten enthält die Überlieferung zur römischen

Kriegsgesandtschaft von 218. Zum einen stellt sich hier das Problem, dass die Karthager in ihrer Verteidigungsrede die Ungültigkeit des Ebro-Vertrages hervorgehoben haben sollen (Polyb. 3,21,1–2), der doch für die beanstandete Eroberung Sagunts durch Hannibal keinerlei Relevanz besaß. Zum anderen fällt auf, dass beide angeblichen Argumente der Karthager (Ungültigkeit des Ebro-Vertrages, Fehlen einer Erwähnung Iberiens im Lutatius-Vertrag [3,21,4–5]) im Rahmen späterer Kriegsschulddiskussionen römischerseits mit geradezu banalen Einwänden widerlegt werden (3,29, 1–10), während die Gesandten vor dem karthagischen Rat eine Erörterung der Rechtsfrage offenbar vermieden und sich stattdessen hinter dem Ultimatum des Senates verschanzten (3,21,6–8) – ein Verhalten, das nicht eben für die Überlegenheit der römischen Positionen spricht. War etwa die wirkliche Argumentation der Karthager von 218 nicht so einfach zu entkräften, wie ihre im Rom des 2. Jahrhunderts kursierende Variante? Dass den Gesandten seinerzeit vor Rührung über das Schicksal der Saguntiner die Worte gefehlt hätten, wie Polybios ohne erkennbare Zeichen von Skepsis referiert (3,29,1), ist jedenfalls die denkbar unwahrscheinlichste Erklärung für ihr bemerkenswertes Schweigen. Auch hier haben wir von Deformationen des historischen Sachverhalts durch die römische Tradition auszugehen.

Ausgangspunkt unserer Rekonstruktion muss der Ebro-Vertrag sein

Stellen wir den Versuch, die konstatierten Widersprüche aufzulösen, noch einen Augenblick zurück und halten wir lediglich fest, dass unsere Berichterstattung zu beiden Zusammenkünften der Jahre 220/19 und 218 deutliche Anzeichen von Manipulation aufweist, in ihrem Quellenwert also stark eingeschränkt ist. Für unser weiteres Vorgehen bedeutet dies, dass wir nicht die Vertragslage aus den Nachrichten über die Gespräche, sondern den wahrscheinlichen Gesprächsverlauf aufgrund dessen zu rekonstruieren haben, was wir über die Vertragslage wissen: Wie im vorigen Kapitel behandelt, hatte sich Hasdrubal nach dem Zeugnis des Polybios 226/25 verpflichtet, auf militärische Unternehmungen nördlich des Ebro zu verzichten, wobei *von dem übrigen Iberien keine Rede war* (2,13,7). Leider ist der Wortlaut des Abkommens nicht überliefert, die Frage, ob auch den Römern ein Engagement jenseits dieser Grenze ausdrücklich untersagt war, infolgedessen umstritten. Doch selbst wenn dem nicht so war, konnten Hasdrubal und sein Nachfolger die Gebiete bis zum Ebro seitdem als verbriefte Interessensphäre der Karthager betrachten: Indem der Vertrag ihnen Operationen nördlich des Flusses untersagte, gestand er ihnen südlich dieser Grenze politische und militärische Handlungsfreiheit zu, und zwar – nachdem *von dem übrigen Iberien keine Rede war* – offenbar ohne Einschränkungen durch römische Vorbehalte.

Roms Vertragsbruch wurde durch die Überlieferung kaschiert

Hieraus ergeben sich für die Rechtslage vor Ausbruch des Krieges beträchtliche Konsequenzen: Schon Roms Einmischung in die politischen Verhältnisse des südlich des Ebro gelegenen Sagunt stellt vor diesem Hintergrund einen eklatanten Verstoß wenn nicht gegen den Buchstaben, so zumindest gegen den Geist des Ebro-Vertrages dar. Vollends rechtswidrig war sodann die Aufnahme der Saguntiner in ein Freundschaftsverhältnis, auf das sich die römische Warnung vor einem Angriff auf die Stadt sowie später die Forderung nach Auslieferung Hannibals und die Kriegserklärung stützten. Wir dürfen annehmen, dass Hannibal beziehungsweise der karthagische Rat den römischen Gesandten diesen Standpunkt mit allem Nachdruck dargelegt haben. Stattdessen präsentieren offensichtlich lückenhafte Berichte unbeholfen ausweichende Rechtfertigungsansätze auf karthagischer und widersprüchliches Verhalten auf römischer Seite. Es ist an der Zeit, eins und eins zusammenzuzählen. Wenn wir nicht die Überlieferung zum Ebro-Vertrag wider alle Wahrscheinlichkeit verbiegen wollen, so bleibt nur eine Lösung: Die 226/25 von Hasdrubal mit Rom getroffene Vereinbarung war in Wirklichkeit – wie nach ihrem Inhalt zu erwarten – das Hauptargument der Karthager in den Gesprächen, dessen Überzeugungskraft der römischen Überlieferung keine andere Wahl als die Verfälschung ließ.

Rekonstruktion der Gespräche von 220/19

Überprüfen wir diese Arbeitshypothese, indem wir sie auf die beiden Begegnungen anwenden: Als die Römer Hannibal vor einem Vorgehen gegen die Saguntiner warnten, gab der Feldherr zu verstehen, dass er die widerrechtliche Einflussnahme Roms auf die inneren Angelegenheiten der Stadt nicht hinzunehmen gedachte. Plausibel wird diese Haltung vor dem Hintergrund des Ebro-Vertrages, in dem die Römer – explizit oder implizit – auf Interventionen südlich des Flusses verzichtet hatten. Dies und nichts anderes wird Hannibal den römischen Gesandten deutlich gesagt haben; Letztere wussten darauf vermutlich wenig Substantielles zu entgegnen. Für die Senatspropaganda war eine Darstellung, die Roms Intervention in Iberien von Anfang an als rechtswidrig charakterisierte, freilich indiskutabel, und so kam es zur „Korrektur“: Der unbequeme Hinweis Hannibals auf den Ebro-Vertrag wurde zum Argument der Römer umfunktioniert; die Gesandten seien es gewesen, die den Karthager zur Einhaltung des Vertrages mahnten. Dass dies zu der politischen Situation des Jahres 220 nicht recht passte, störte den durchschnittlichen Leser kaum. Polybios allerdings muss sich einmal mehr den Vorwurf gefallen lassen, an entscheidender Stelle unkritisch der römischen Selbstdarstellung gefolgt zu sein.

Rekonstruktion der Gespräche von 218

In ähnlicher Weise dürfte die Überlieferung zur römischen Kriegsgesandtschaft von 218 deformiert worden sein. Anstelle einer unnötigen und unsinnigen Distanzierung vom Ebro-Vertrag werden die Karthager noch einmal vehement auf die Übereinkunft verwiesen haben, in der ihnen wenige Jahre zuvor das strittige Gebiet als Interessensphäre zugestanden worden war. Dann wird verständlich, weshalb die Gesandten einer Erörterung der Rechtslage auswichen – ihr bei Polybios (3,21,6–8) geschildertes Verhalten ergibt nur Sinn, wenn sie nach Lage der Dinge befürchten mussten, den Kürzeren zu ziehen. Die Überlieferung scheint auch hier das entscheidende Argument der Karthager unterschlagen zu haben: Die Konfrontation mit dem Inhalt des Ebro-Vertrages wurde durch eine fiktive Kontroverse über dessen Verbindlichkeit ersetzt; erhalten blieb die einigermaßen angreifbare karthagische Argumentation bezüglich des Lutatius-Vertrages. Nun war der römische Rechtsstandpunkt vermittelbar (Polyb. 3,29,2–10) – allerdings stellte sich die Frage, warum man ihn dann seinerzeit vor dem karthagischen Rat nicht vertreten hatte. So kam es zu der albernen Behauptung, die Erregung über den Untergang Sagunts habe den Gesandten die Sprache verschlagen (3,29,1). Es fällt schwer, dem Historiker die Naivität zu unterstellen, deren es bedurfte, um sich mit dieser Erklärung zufriedenzugeben.

Fassen wir bis hierher zusammen: Ausgangspunkt unserer Überlegungen war ein unüberbrückbarer Widerspruch zwischen dem Inhalt des Ebro-Vertrages und der Art und Weise, wie angeblich Karthager und Römer in den Gesprächen vor Ausbruch des Krieges mit diesem Abkommen argumentierten. Eine der methodischen Todsünden des Historikers ist es zu versuchen, unvereinbare Informationen in den Quellen mehr schlecht als recht miteinander in Einklang zu bringen, anstatt sich zu entscheiden, welche von beiden die zuverlässigere ist, die andere dagegen zu verwerfen. Wir haben festgestellt, dass bei näherem Hinsehen die Überlieferung zu beiden römischen Gesandtschaften deutliche Spuren von Manipulation aufweist; also ist bei der Lösung des Problems nicht von den Nachrichten zu den Verhandlungen als vielmehr vom Inhalt des Ebro-Vertrages auszugehen. Beide Mächte waren wenige Jahre zuvor übereingekommen, dass Hasdrubal auf Vorstöße über den Ebro verzichtete, ansonsten aber in Iberien tun und lassen konnte, was er wollte. Und genau dies tat sein Nachfolger Hannibal, als er 220/19 mit einem Freundschaftsverhältnis zwischen Rom und Sagunt konfrontiert wurde. Die römischen Gesandten in dieser Sache dürften einen ebenso schweren Stand gehabt haben wie ihre Landsleute, die ein Jahr später die Kriegserklärung überbrachten: Ohne Zweifel wiesen die Karthager beide Male nachdrücklich auf den Ebro-Vertrag hin. Wenn wir hiervon nichts erfahren, so mit an Sicherheit grenzender Wahrscheinlichkeit deshalb, weil genau dies der wunde Punkt der römischen Argumentation war, der durch die senatorische Geschichtsschreibung gezielt retuschiert worden ist: Nur so sind die Ungereimtheiten innerhalb der Überlieferung zu den Begegnungen befriedigend zu erklären.

Grenzen der Rekonstruktion

Im Detail muss freilich manches hypothetisch bleiben: Eine Art „Flucht nach vorne" wird man darin zu sehen haben, dass die Römer den belastenden Vertrag nicht einfach mit Stillschweigen übergingen, sondern für ihre eigene Darstellung vereinnahmten. Doch wie kamen sie dazu, den Karthagern die spitzfindige Ablehnung des Ebro-Vertrages zu unterstellen? War die Diskussion des Jahres 218 um die Gültigkeit des Abkommens schlicht aus der Luft gegriffen? Oder gibt es einen „wahren Kern" – war etwa im Zusammenhang mit der Saguntaffäre im römischen Senat die Meinung laut geworden, man sei gegenüber dem Nachfolger Hasdrubals nicht mehr an die mit jenem vereinbarte Ebrogrenze gebunden? Aus karthagischem Mund muss jedenfalls der Hinweis auf den „Präzedenzfall" für die Annullierung von Übereinkünften stammen (Polyb. 3,21,2): Die kaum verhohlene Kritik an der Rücknahme des Lutatius-Vertrages durch das römische Volk hat gewiss kein Senator erfunden. Stand am Beginn der Deformation die süffisante Bemerkung eines karthagischen Ratsherrn, es sei ja nicht das erste Mal, dass die Römer einen Ausweg aus Verträgen fänden, die ihnen nicht mehr vorteilhaft erschienen?

Annalistische Geschichtsfälschungen

Mit letzteren Überlegungen bewegen wir uns – wie gesagt – jenseits der Grenze dessen, was sich mit einiger Sicherheit rekonstruieren lässt. Fest steht lediglich, dass die römische Geschichtsschreibung seit dem Hannibalischen Krieg auch vor gröbsten Deformationen auf Kosten des überwundenen Gegners nicht zurückschreckte; als Beispiel mag die – leider nicht im Kontext überlieferte – Aussage des älteren **Cato** genügen, mit dem Angriff auf Sagunt *hätten die Karthager ihren sechsten Vertragsbruch begangen* (*origines* 4, fr. 84 [HRR I, p. 81]): An die Stelle einer ernsthaften Auseinandersetzung mit den Etappen der karthagisch-römischen Geschichte scheint hier die schematische Vorstellung getreten zu sein, jedes bisherige Vertragsverhältnis zwischen den beiden Mächten sei notwendigerweise durch karthagische *perfidia* beendet worden. Angesichts solcher Tendenzen kann nicht verwundern, dass Polybios in seinen Quellen zur Saguntkrise weder die wirklichen Argumente der Karthager – schon gar nicht die überzeugenderen – noch die unverfälschten Reaktionen der Römer vorfand. Schwer nachzuvollziehen ist indes, mit welcher Arglosigkeit der Historiker seiner römischen Vorlage trotz offenkundiger Widersprüche und Ungereimtheiten gefolgt ist. Bemerkte er wirklich nicht, dass Roms Saguntpolitik vor dem Hintergrund des Ebro-Vertrages alles andere als unproblematisch war? Oder bewogen ihn politische Vernunft beziehungsweise persönliche Verpflichtungen, derartige Gedanken nicht weiterzuverfolgen, sondern sich an die „offizielle" Version zu halten? Die Frage, ob Polybios die karthagisch-römischen Beziehungen nach bestem Wissen oder wider besseres Wissen behandelt hat, stellt sich hier mit besonderem Nachdruck.

E

M. Porcius Cato Censorius (234–149 v. Chr.)
Veteran des Zweiten Punischen Krieges, Politiker und Verfasser diverser Schriften. Sein Hauptwerk (*origines*) behandelte – erstmals in lateinischer Sprache – die römische Geschichte von den Anfängen bis auf seine Zeit. Die Überlieferung kennt C. als kompromisslosen Vertreter altrömischer Ideale. Sprichwörtlich wurde sein leidenschaftliches Eintreten für die Zerstörung Karthagos im Vorfeld des Dritten Punischen Krieges (Plut. *Cato maior* 27,2; die bekannte lateinische Form *ceterum censeo Carthaginem esse delendam* stammt aus dem 19. Jahrhundert).

c) Rom als Schutzmacht der Saguntiner

Die Terminologie bei Polybios: *pístis* und *symmachía*

Auch der staatsrechtliche Charakter der Beziehungen zwischen Rom und Sagunt wird in der Forschung seit langem kontrovers diskutiert. Die Stadt *stehe unter römischem Schutz* (*pístis*), so sollen sich nach Polybios die Gesandten in Neu-Karthago ausgedrückt haben (3,15,5; vgl. 3,30,1); bei ihren Übergriffen gegen karthagische Untertanen ließen sich die Saguntiner von dem Vertrauen auf das Bündnis (*symmachía*) mit Rom leiten (3,15,8). Als Terminus technicus kann das griechische Wort *pístis* den Schutz bezeichnen, der nach römischem Staatsrecht in Kraft trat, wenn ein unabhängiges Gemeinwesen sich bedingungslos der Verfügungsgewalt des römischen Volkes unterwarf (*deditio in fidem*) und Rom die Unterwerfung annahm. Ein Bundesverhältnis (lat. *foedus*, gr. *symmachía*) regelte nicht selten die weiteren zwischenstaatlichen Beziehungen. Fraglich ist allerdings zum einen, ob Polybios die Begriffe *pístis* und *symmachía* tatsächlich als Termini technici für *fides* und *foedus* gebraucht, zum anderen, wie zuverlässig seine Informationen über den Charakter des „Bündnisses" waren: Um die Unrechtmäßigkeit des karthagischen Vorgehens und die Notwendigkeit einer Reaktion zu betonen, mag die römische Überlieferung von Bundesgenossen (lat. *socii*, gr. *sýmmachoi*) gesprochen haben, ohne das Wort auf die Goldwaage zu legen. Anhand der verwendeten Begriffe ist also kaum zu entscheiden, welcher Art das römisch-saguntinische Verhältnis gewesen ist.

Zu Recht wird gelegentlich darauf hingewiesen, dass ein förmliches Bündnis zwischen beiden Staaten mit dem Ebro-Vertrag unvereinbar war: Galt die mit Hasdrubal ausgehandelte Interessengrenze für Karthager wie für Römer – und davon haben wir auszugehen –, so wäre ein Pakt, der römische Hilfeleistung südlich des Ebro vorsah, von vornherein unwirksam, eine *deditio* ebenso wie ein *foedus* juristisch gegenstandslos gewesen. Im Rahmen der bestehenden Rechtslage war demnach streng genommen nur das unverbindliche Freundschaftsverhältnis (*amicitia*) möglich, über dessen Kompatibilität mit dem Ebro-Vertrag sich streiten ließ. Allerdings ist fraglich, ob sich die römische Diplomatie bei der Gestaltung der Beziehungen zu Sagunt den Vorgaben des Ebro-Vertrages verpflichtet fühlte: Gerade Roms Verhalten in der Saguntkrise zeigt ja deutlich, dass der Senat zur Abkehr von der Nichteinmischungszusage des Ebro-Vertrages entschlossen war; wie man den neuen Kurs rechtfertigte, erfahren wir bezeichnenderweise nirgends. Kaum etwas berechtigt unter diesen Umständen zu der Annahme, der Ebro-Vertrag habe die Römer an einem Bündnis mit Sagunt gehindert. Römische Interessen und nichts anderes dürften das Verhältnis zwischen Rom und der iberischen Stadt bestimmt haben. Doch welche Interessen verfolgte Rom in Sagunt?

Roms Untätigkeit während der Belagerung Sagunts

Diese Frage ist nicht ohne einen Blick auf die weitere Entwicklung der Lage zu beantworten, bei der die Schutzmacht Rom eine alles andere als überzeugende Figur abgibt: Hatten sie sich kurz zuvor Hannibal gegenüber noch als Garanten saguntinischer Unversehrtheit gebärdet, so rührten die Römer während der immerhin achtmonatigen Belagerung zur Rettung ihrer Schutzbefohlenen buchstäblich keinen Finger. Erst als die Nachricht vom Fall der Stadt eintraf, wurden sie erneut aktiv, indem sie die Karthager vor die Wahl zwischen Krieg und der Auslieferung Hannibals stellten. Wie ist dieses auf den ersten Blick widersprüchliche Verhalten zu erklären?

Überprüfen wir zunächst, ob Roms Kräfte im betreffenden Zeitraum durch andere militärische Aufgaben in Anspruch genommen waren. Polybios erwähnt in diesem Zusammenhang den Frontenwechsel des illyrischen Dynasten Demetrios von Pharos, der sich als einstiger römischer Verbündeter dem aufstrebenden Makedonien angeschlossen hatte und nun mit seiner Piraterie die Adria unsicher machte. Angesichts des bevorstehenden Krieges gegen Hannibal hätten sich die Römer gezwungen gesehen, zunächst die Situation im Osten zu bereinigen; danach gedachten sie in Iberien – mit Sagunt als Operationsbasis – gegen die Karthager vorzugehen, doch sei Hannibal ihren Plänen mit der überraschenden Einnahme Sagunts zuvorgekommen (Polyb. 3,15,13–16,6). Richtig ist, dass die römische Strafexpedition gegen Demetrios im Sommer 219 – also während der Belagerung Sagunts – stattfand. Allerdings kann der Feldzug nach Polybios' eigener Darstellung (3,18–19) kaum mehr als einige Wochen gedauert haben. Die These des Historikers, Hannibal habe mit seinem „Blitzkrieg" gegen Sagunt die römischen Pläne durchkreuzt, ist damit hinfällig; vermutlich handelt es sich um einen Versuch seiner römischen Quelle, die Untätigkeit in Iberien mit dem Hinweis auf das gleichzeitige Engagement in Illyrien zu rechtfertigen. Als ernstzunehmende Begründung für die römische Passivität kommt der so genannte Zweite Illyrische Krieg nicht in Betracht; andere Konflikte, die während des Jahres 219 römische Kräfte banden, sind uns nicht bekannt.

Scheiden außenpolitische Sachzwänge aus, so bleibt die Suche nach innenpolitischen Gründen, die Rom daran gehindert haben könnten, den Saguntinern beizustehen. Der Widerstand einer Senatsfraktion, die jeder außeritalischen Aktivität ablehnend gegenüberstand, habe – so meinen namhafte Forscher – Roms Handlungsunfähigkeit während der entscheidenden Monate bewirkt. Das Problem dieses Erklärungsansatzes besteht zum einen darin, Hinweise auf eine solche Tendenz in der römischen Führungsschicht beizubringen: Wo immer wir von Kontroversen hören, geht es um unterschiedliche Ansichten im Detail, niemals dagegen um die grundsätzliche Frage, ob Rom „Weltpolitik" betreiben solle oder nicht. Selbst ein so exponierter Gegner fremder Einflüsse wie der ältere Cato redete keineswegs einer Beschränkung römischer Interessen auf Italien das Wort – im Gegenteil! Zum anderen steht die Annahme, eine Hilfsexpedition nach Sagunt sei durch grundsätzliche Gegner einer expansiven Außenpolitik vereitelt worden, in krassem Widerspruch zu der sonstigen römischen Diplomatie dieser Zeit: Für die Aufnahme freundschaftlicher Beziehungen zu Sagunt und die Warnung Hannibals vor einem Angriff auf die Stadt hatte sich ohne weiteres eine Mehrheit gefunden; nach ihrer Eroberung scheint der Senat keinen Augenblick gezögert zu haben, aus der Drohung des Vorjahres die Konsequenz zu ziehen. Uneinigkeit in der Frage, ob Rom in Iberien intervenieren sollte, ist vor diesem Hintergrund ebenfalls mit Sicherheit auszuschließen.

Der Fall Sagunts sollte den angestrebten Krieg gegen Karthago rechtfertigen

Wenn aber weder Roms Legionen anderweitig gebunden noch die römischen Politiker durch Meinungsverschiedenheiten paralysiert waren, so lassen die Ereignisse des Jahres 219 nur einen Schluss zu: Rom war unter den gegebenen Umständen am Überleben der Saguntiner nicht interessiert. Damit bestätigt sich zunächst einmal die Vermutung, dass es den Römern von Anfang an nicht um Sagunt, sondern um die Gelegenheit zur Intervention in Iberien zu tun gewesen war. Doch man kann noch einen Schritt weitergehen: Angesichts der Zielstrebigkeit, mit der Rom auf die Zerstörung Sagunts reagierte, ist die monatelange Passivität während der Belagerung schwerlich mit Nachlässigkeit oder Desinteresse zu erklären. Hier wie sonst haben wir davon auszugehen, dass der Senat nichts dem Zufall überließ, sondern gute Gründe für sein Verhalten besaß. Zu fragen ist also, welche Überlegungen die Römer dazu bewogen haben können, der Belagerung und Eroberung Sagunts tatenlos zuzusehen. Offenbar erwarteten sie sich von einer Zerstörung der Stadt einen anderen und größeren Nutzen, als ihnen ein intaktes Sagunt als Stützpunkt gegen das karthagische Iberien bieten konnte. Welcher Art dieser Nutzen war, erhellt aus dem weiteren römischen Vorgehen: Indem die Gesandten als einzige Alternative zum Krieg die unerfüllbare Forderung stellten, Hannibal mitsamt seinem Stab auszuliefern, indem sie ferner jede Diskussion mit dem Hinweis auf die Irreversibilität des von Hannibal begangenen Unrechts abblockten, bezeugen sie Roms unbedingten Willen zum Konflikt. Und die Zerstörung Sagunts lieferte hierzu das entscheidende Argument: Der Fall der Stadt und die Versklavung ihrer Einwohner konnten weder durch die Karthager rückgängig gemacht noch – nach den Verlautbarungen des Vorjahres – durch die Römer hingenommen werden. Der Krieg war unvermeidlich geworden, und er konnte als *bellum iustum* gelten. Genau diese Situation muss der Senat angestrebt haben, indem er Hannibal gewähren ließ (Hampl).

Sagunt war gewissermaßen das „Bauernopfer", das Rom dazu verhalf, sein strategisches Ziel – den gerechten Krieg gegen Karthago – zu erreichen. Trifft diese Deutung der römischen Politik von 219/18 zu, so ergibt sich daraus zum einen, dass Rom an der Auseinandersetzung der folgenden Jahre ein massives Interesse hatte. Unsere gesamte Überlieferung, die allein in den Karthagern die zum Krieg treibende Kraft sieht, ist in diesem Punkt zu korrigieren; inwiefern überhaupt auf karthagischer Seite der Wille zum Bruch erkennbar ist, wird uns in einem nächsten Abschnitt beschäftigen. Doch zugleich erhalten wir auch einen entscheidenden Hinweis auf die Ziele, um derentwillen Rom den Krieg zu führen gedachte: Ein begrenzter Konflikt, um Sagunt als römischen Klientelstaat zu behaupten und die karthagische Herrschaft in Iberien hinter eine weiter südlich gelegene Linie zurückzudrängen, war offenkundig nicht, was Rom wollte. Wenn man stattdessen abwartete, bis man den Karthagern aufgrund vollendeter Tatsachen das Messer auf die Brust setzen konnte, so müssen die Ambitionen weiter gereicht haben. Dass Rom es zu diesem Zeitpunkt bereits auf die karthagische Herrschaft in Iberien abgesehen hatte, dürfte keine allzu kühne Spekulation sein.

Die Antwort auf die oben gestellte Frage, welche Interessen Rom in Sagunt verfolgt hat, lässt sich wie folgt zusammenfassen: In einer ersten Phase bot das Hilfegesuch der Saguntiner dem Senat die Gelegenheit, jenseits der Interessengrenze des Ebro-Vertrages „einen Fuß in die Tür zu stellen" – das Verfahren ist uns von dem Hilfegesuch der Mamertiner in Erinnerung, das den Römern in ähnlicher Weise dazu gedient hatte, die beengende Interessengrenze des Philinos-Vertrages aufzubrechen. Hierüber mochten es die Karthager zu einem Krieg kommen lassen oder nicht; auch in letzterem Fall stand zu erwarten, dass sich alsbald die Gelegenheit zur weiteren Einflussnahme auf die Verhältnisse in Iberien ergeben würde. Hannibals Entscheidung, das Problem Sagunt gewaltsam zu lösen, führte in Rom zu einer konkreteren Planung, deren Grundlage nicht mehr die Unterstützung, sondern die Zerstörung der Stadt war: Sie sollte die rechtliche und moralische Handhabe zu einem Krieg liefern, den Rom aus noch zu untersuchenden Gründen gegen Karthago zu führen entschlossen war. Freundschaftliche Beziehungen zu Sagunt können in beiden Phasen keine Rolle gespielt haben; die Stadt war Mittel zum Zweck römischer Politik – auch insofern ist Sagunt mit Messana im Jahre 264 vergleichbar.

Unverbindliche Freundschaft ist wahrscheinlicher als ein förmliches Bündnis

Kehren wir schließlich zu der Ausgangsfrage zurück, in welchem staatsrechtlichen Verhältnis Rom und Sagunt zueinander standen. Zugunsten Roms möchte man unterstellen, dass es keine *socii populi Romani* waren, die der Senat um der eigenen politischen Interessen willen am ausgestreckten Arm verhungern ließ. Und in der Tat ist zu bezweifeln, dass die Römer gegenüber ihren italischen Bundesgenossen einen solchen Gesichtsverlust riskiert hätten. Eine gewisse Wahrscheinlichkeit spricht mithin gegen das von Polybios und anderen suggerierte förmliche Bündnis. Die römischen

Politiker werden es verstanden haben, der *fides* eine Form zu geben, die ihnen die Möglichkeit zum Eingreifen bot, ohne sie zur Hilfeleistung zu verpflichten.

d) Die Kriegspolitik Karthagos beziehungsweise der Barkiden

Die bisherigen Ausführungen haben gezeigt, dass die Römer an einem erneuten Machtkampf mit Karthago lebhaft interessiert waren und dass sie diesen Krieg durch ihr anfängliches politisches Engagement in Sagunt, dann durch ihre abwartende Haltung während der saguntinisch-karthagischen Auseinandersetzung und schließlich durch das unerfüllbare Ultimatum an den karthagischen Rat systematisch herbeigeführt haben. Gewonnen wurde diese Erkenntnis durch Interpretation der überlieferten Fakten; wenn keiner unserer Gewährsleute derartige Gedanken äußert, so offensichtlich deshalb, weil bereits die zeitgenössische Berichterstattung darauf bedacht war, die aktive Rolle Roms soweit als möglich in den Hintergrund zu rücken. Die in den Quellen anzutreffende Vorstellung, *allein* die Karthager – namentlich die in Iberien tonangebenden Angehörigen der Familie des Hamilkar Barkas („Barkiden") – seien auf den Konflikt erpicht gewesen, geht also in die Irre. Damit ist freilich noch nicht gesagt, dass diese Beurteilung der karthagischen Politik unzutreffend sein muss. Der Frage, ob *auch* die Karthager zum Krieg geneigt waren, soll im Folgenden nachgegangen werden – da keine unabhängige Parallelüberlieferung zur Verfügung steht, bleibt wiederum nur die Möglichkeit, die Glaubwürdigkeit entsprechender Aussagen in unseren Quellen sowie ihre Übereinstimmung mit den bekannten historischen Tatsachen zu überprüfen.

Eigenmächtiges Handeln Hasdrubals und Hannibals bei Fabius Pictor

Die Ursachen des Zweiten Punischen Krieges sind eines der wenigen Themen, bei deren Behandlung Polybios sich mit seiner Vorlage Fabius Pictor explizit auseinandersetzt. Habgier und Herrschsucht Hasdrubals hätten nach Ansicht des Senators mittelbar zum Krieg geführt; aufgrund dieser Eigenschaften des iberischen Oberbefehlshabers sei es nach einem missglückten Putschversuch in Karthago zu einer Verselbständigung der Provinz von der karthagischen Zentrale gekommen; Hannibal habe dann die eigenmächtige Politik seines Vorgängers fortgesetzt und schließlich mit dem Angriff auf Sagunt gegen den mehrheitlichen Willen der karthagischen Führung den Krieg mit Rom begonnen (Polyb. 3,8,1–7).

Mag Pictors Argumentation auch verkürzt wiedergegeben sein, so ist doch soviel zu erkennen, dass das Urteil des Römers auf grundfalschen Vorstellungen von der Politik der Barkiden beruhte: Nichts in unserer Überlieferung zur Zwischenkriegszeit deutet auf eine Entfremdung zwischen Hasdrubal und der karthagischen Regierung. In Iberien scheint unter seiner Amtszeit eine Phase der Ruhe und Konsolidierung eingetreten zu sein; dies sowie der Verzicht auf Aktivitäten nördlich des Ebro lassen den historischen Hasdrubal eher als besonnenen Realpolitiker denn als den machtbesessenen Egozentriker erscheinen, den Pictor offenbar zu zeichnen bemüht war. Und seinem Nachfolger eine eigenmächtige, gar den Interessen des karthagischen Staates zuwiderlaufende Politik zu unterstellen, haben wir ebenfalls keine Veranlassung: Die Vorgänge vor Ausbruch des Krieges zeigen vielmehr, dass Hannibal – wie zu erwarten – in der wichtigen Frage des Vorgehens gegen Sagunt mit der Zentrale Rücksprache hielt (Polyb. 3,15,8) und dass der karthagische Rat hinter den Maßnahmen seines Feldherrn stand.

Allem Anschein nach stammt der Vorwurf monarchischer Bestrebungen, der in der Behauptung eines Umsturzversuches Hasdrubals gipfelt (Polyb. 3,8,2–4), ebenso wie die These, niemand habe Hannibals Vorgehen gegen Sagunt gebilligt, aus dem Karthago der Nachkriegszeit, als nach dem Verlust des Krieges und Iberiens die diskreditierten Barkiden ihren politischen Gegnern als Sündenböcke für die Rückschläge der Vergangenheit dienten. Weder die politischen Extravaganzen der Barkiden noch eine oppositionelle Haltung der karthagischen Führung in der Saguntkrise sind also glaubwürdig – Letzteres fiel auch Polybios auf (3,8,9–11). Was dieser bei Pictor vorfand, war keine Sachinformation über das tatsächliche Verhältnis zwischen iberischen Befehlshabern und karthagischem Rat während der Zwischenkriegszeit, sondern der Reflex späterer Kritik an den Barkiden aus Opportunismus gegenüber einer veränderten politischen Situation. Als Indiz für aggressive Pläne beider Politiker gegenüber Rom sind diese Nachrichten offenkundig ungeeignet.

Hamilkars Römerhass

Biographisch argumentiert zunächst auch Polybios, wenn er als erste Ursache des Hannibalischen Krieges den Groll nennt, den der im Ersten Punischen Krieg unbesiegte Hamilkar Barkas gegen Rom gehegt habe: Nur dem dazwischengekommenen Söldnerkrieg sei es zu verdanken, dass der „Blitz" nicht sofort wieder aufgerüstet und die erste Gelegenheit zum Losschlagen ergriffen habe (3,9,6–8); sein Übergang nach Iberien nach dem Ende des Söldnerkrieges habe allein dazu gedient, dort die personelle und materielle Grundlage für einen Revanchekrieg zu schaffen (3,10,5). Kurz, sein ganzes Tun und Streben sei auf Rache an Rom ausgerichtet gewesen – eine Einstellung, die er seinen beiden Nachfolgern hinterlassen und so zum Ausbruch des Zweiten Punischen Krieges entscheidenden Grund gelegt habe (3,12,2–4). Als Beweis hierfür führt der Historiker eine Episode an, die Hannibal nach seiner Verbannung am Hofe des Königs Antiochos III. zum Besten gegeben haben soll: den Eid, *niemals ein Freund der Römer zu werden*, den Hamilkar seinem damals neunjährigen Sohn angeblich als Bedingung für die Teilnahme an der iberischen Expedition abverlangt hatte (3,11,5–7).

Hannibals Eid

Die Historizität dieser Begebenheit ist weder zu beweisen noch zu widerlegen. Sowohl Hannibal selbst, der sich dem misstrauischen Antiochos als zuverlässiger Feind der Römer zu empfehlen suchte, als auch eventuelle romfreundliche Mittlerquellen hatten gute Gründe, Hannibals Römerhass in den leuchtendsten Farben auszumalen; es fehlt also nicht an plausiblen Motiven für eine Konstruktion. Andererseits bereitet die Annahme, Hamilkar habe seinen Sohn aufgrund der Erfahrungen der Vergangenheit darauf eingeschworen, vor den Römern stets auf der Hut zu sein, inhaltlich so wenig Schwierigkeiten, dass kein zwingender Anlass besteht, an einem historischen Kern der Erzählung zu zweifeln. Eine andere Frage ist, ob der Vorfall – seine Historizität vorausgesetzt – Hamilkars Entschlossenheit zu einem neuen Krieg beweist. Dass der Feldherr nach dem Ende des

Ersten Punischen Krieges und erst recht nach der Sardinienaffäre keine innige Freundschaft zu Rom empfand, dürfen wir auch ohne die Geschichte von Hannibals Eid getrost annehmen; dass er seine Erfahrungen als politisches Erbe an die nächste Generation weitergab, versteht sich von selbst. Doch um in ihm den geistigen Vater des Zweiten Punischen Krieges zu sehen, bedürfte es substantiellerer Hinweise, die weder den *Historien* noch den bekannten Fakten zu entnehmen sind – eher im Gegenteil: Wenn Polybios das Verhalten des Feldherrn bei den Friedensverhandlungen am Ende des Krieges um Sizilien als Beispiel für nüchternen Realismus lobt (1,62, 3–6), so passt dies nicht recht zu dem Hamilkar vom Beginn des dritten Buches, dessen Römerhass noch die Politik zweier Nachfolger bestimmt haben soll. Und die einzige weitere diplomatische Begegnung im Jahr 231/230 zeigt, dass Rom die Entwicklung in Iberien aufmerksam verfolgte, am Verhalten des karthagischen Befehlshabers jedoch nichts auszusetzen fand.

Das Bild des Kriegstreibers Hamilkar ist also ebenso mit Vorsicht zu genießen wie jenes des herrschsüchtigen Hasdrubal bei Pictor. Beides sind leicht durchschaubare Versuche, für die angebliche Kriegsursache – Hannibals Aggression – historische Begründungen beizubringen: dort die Maßlosigkeit Hasdrubals, die sich auf Hannibal vererbte und jenen ohne Rücksicht auf die von Rom gesetzten Schranken zur Eroberung Sagunts trieb, hier Hamilkars Hass gegen die Römer, der seit dem Ende des Ersten Punischen Krieges gewissermaßen als Familientradition alle Barkiden beherrscht habe, umständehalber jedoch verborgen blieb, bis sich Hannibal die lang ersehnte Gelegenheit zur Rache bot. Die Frage, auf wen letztere Vorstellung zurückgeht, ist schwer zu beantworten. Zu Pictors Zeit scheint sie noch nicht existiert zu haben; Polybios identifiziert sich mit ihr, dürfte allerdings kaum ihr Urheber sein. Man könnte an den älteren Cato denken, dessen Neigung zur Klischeebildung uns bereits aus den sechs Vertragsbrüchen der Karthager bekannt ist.

Polybios

Polybios gebührt in jedem Fall das Verdienst, gesehen zu haben, dass die personalisierenden Erklärungsversuche seiner römischen Gewährsleute allein nicht überzeugten. Weder von Hasdrubals Machtgier noch von Hamilkars Römerhass geleitet hätte Hannibal einen Krieg herbeiführen können, den außer ihm niemand wollte. Diese richtige Einsicht brachte den Historiker zu der Annahme zweier weiterer Kriegsursachen: Zum einen habe die widerrechtliche Annexion Sardiniens in Karthago allgemeine Empörung hervorgerufen, die Hamilkars Revancheplänen eine breite Akzeptanz verschaffte (3,10,1–5); zum anderen seien die Erfolge der Karthager in Iberien für den Konflikt verantwortlich gewesen, *denn im Vertrauen auf die dortige Machtbasis gingen sie zuversichtlich in den bevorstehenden Krieg* (3,10,6). Der Fortschritt im historischen Denken gegenüber den Vorgängern ist nicht zu übersehen. Zweifellos hatten sich die Römer mit der Sardinienaffäre in Karthago keine Freunde geschaffen, und ebenso zweifellos hätten die Karthager den Zweiten Punischen Krieg ohne die materiellen und personellen Ressourcen Iberiens nicht führen können. Zu prüfen bleibt, inwieweit beide Faktoren als Ursachen des Krieges in Frage kommen.

Die Annexion Sardiniens

Durchaus plausibel erscheint auf den ersten Blick der Kausalzusammenhang, den Polybios zwischen der römischen Annexion Sardiniens und dem Ausbruch des Zweiten Punischen Krieges annimmt. Erst bei näherem Hinsehen stellen sich Zweifel ein, ob seine Vorstellung von einem Revanchekrieg um den Besitz der Insel das Richtige trifft. Ausgangspunkt seiner Überlegungen ist die Erkenntnis, dass es sich bei der erzwungenen Abtretung Sardiniens – entgegen der Darstellung der römischen Historiker – um einen klaren Rechtsbruch handelte. Unter diesem Aspekt, so lautet Polybios' Folgerung, sei Hannibals Krieg gegen Rom moralisch nicht zu beanstanden (3,30,4). Der methodische Fehler besteht darin, im Umkehrschluss den Verlust Sardiniens für den eigentlichen karthagischen Kriegsgrund zu halten – dass dies keineswegs zwingend ist, scheint der Historiker übersehen zu haben. Aus der Ansicht, die Karthager hätten den Krieg vor dem Hintergrund der Vorgänge von 237 zu Recht geführt, wird so die Überzeugung, Hannibal habe *deswegen* einen Krieg angestrebt. Der Umstand, dass die Quellen zu der Begegnung von 220/19 in eine andere Richtung wiesen, konnte Polybios von seiner These nicht abbringen: Indem Hannibal den römischen Gesandten die widerrechtliche Intervention in Sagunt vorhielt, habe er vielmehr den „wahren" Kriegsgrund verschwiegen und stattdessen einen vorgeschobenen ins Feld geführt, wodurch er sich und die karthagische Sache ins Unrecht setzte (3,15,9–11). Wo ohne Angabe guter Gründe so argumentiert wird, ist Vorsicht geboten. Wie wir oben festgestellt haben, war die Belagerung Sagunts durch Feindseligkeiten der Saguntiner provoziert worden (3,15,8); Karthago reagierte darauf mit militärischer Gewalt, ohne sich durch die römische Intervention einschüchtern zu lassen; der Gegensatz eskalierte zum Krieg. Die Entwicklung ist in sich schlüssig; darüber hinaus nach einem „wahren" Grund für Hannibals Vorgehen zu suchen, besteht keine Veranlassung. Ganz sicher trug die Erinnerung an die Ereignisse von 237 nicht dazu bei, die Karthager angesichts des neuerlichen römischen Vorstoßes in ihre Interessensphäre versöhnlich zu stimmen. Polybios' Spekulation, karthagisches Revanchestreben habe zu Krise und Krieg geführt, entbehrt indes jeder überzeugenden Grundlage.

Die karthagischen Erfolge in Iberien

Zutreffend ist ohne Frage die Beobachtung, Karthago sei im Vertrauen auf seine Erfolge in Iberien zuversichtlich in den Krieg gegangen (Polyb. 3,10,6). In der Tat befähigte die dort errungene Position die Karthager überhaupt erst, es in der Saguntkrise auf einen Bruch mit Rom ankommen zu lassen; anderenfalls wäre ihnen erneut nichts anderes übriggeblieben, als klein beizugeben. Allerdings wird man die iberische Expansion deshalb nicht als Kriegsursache ansehen – sie stellte lediglich die Voraussetzung dafür dar, dass die Dinge sich so entwickeln konnten, wie sie sich entwickelt haben. Die entscheidende Frage lautet, ob die karthagische Führung mit ihrer iberischen Politik revanchistische Ziele gegenüber Rom verfolgt hat. Aus den beiden zuvor genannten Kriegsgründen ergibt sich, dass Polybios hiervon fest überzeugt war: Hamilkars Römerhass sei die treibende Kraft hinter den neuen Aktivitäten gewesen; der Verlust Sardiniens habe bei einer breiten karthagischen Öffentlichkeit den Wunsch nach gewaltsamer Revision der Verhältnisse geweckt. Träfen diese beiden Annahmen zu, so ergäbe sich zwingend, dass Iberien von Anfang an die Rolle der künftigen Operationsbasis gegen Rom zugedacht war. Wir haben jedoch gesehen, dass es sich sowohl beim Hass der Barkiden als auch beim Willen zur Revanche für Sardinien eher um gelehrte Spekulation als um vertrauenswürdige Information handelt. Offensichtlich war die karthagische Führung bestrebt, nach dem Verlust Siziliens und Sardiniens eine neue Machtgrundlage zu schaffen, die der Heimat neben materieller Versorgung auch politische Handlungsfreiheit garantieren sollte. Dass man dabei die Vorbereitung eines neuen Krieges gegen Rom im Auge hatte, ist dagegen eine durch nichts gestützte Hypothese.

Sämtliche bisher in Augenschein genommenen Versuche unserer Quellen, den Zweiten Punischen Krieg auf karthagische Initiative zurückzuführen, sind mithin auf Sand gebaut. Sie alle – mögen sie auf Wesenszüge führender karthagischer Politiker (Hamilkars Hass, Hasdrubals Herrschsucht) oder auf Fakten der karthagischen Geschichte (Verlust Sardiniens, Erfolge in Iberien) abzielen – kennzeichnet dasselbe zwanghafte Bemühen, Gründe zu finden, welche die Karthager dazu bewogen haben *könnten*, die Auseinandersetzung zu suchen. Dass der Krieg nicht von Rom ausging, ist der Dreh- und Angelpunkt all dieser Überlegungen; auf soliden Argumenten beruht keine von ihnen. Man wird nicht umhinkönnen, die angebliche Kriegspolitik der Karthager bei Polybios und späteren Autoren als ein Konstrukt zu begreifen, zu dem die römische beziehungsweise in römischer Tradition stehende Geschichtsschreibung sich gezwungen sah, um nicht ebendiese Haltung auf römischer Seite konstatieren zu müssen.

Das Verhalten der karthagischen Feldherren gegenüber Rom

Zur Beantwortung der eingangs gestellten Frage, ob auch die Karthager auf einen Krieg hingearbeitet haben, bleibt also lediglich der Blick auf die wenigen, bereits mehrfach erwähnten historischen Tatsachen: Im Jahre 231/30 gelang es Hamilkar, zumindest für den Augenblick die Bedenken zu zerstreuen, die Rom zu einer Gesandtschaft in die karthagische Provinz veranlasst hatten; 226/25 war Hasdrubal mit dem Verzicht auf Aktivitäten nördlich des Ebro den römischen Wünschen entgegengekommen; und noch Hannibal scheint auf das römische Engagement in Sagunt zunächst mit Zurückhaltung gegenüber der iberischen Stadt reagiert zu haben (Polyb. 3,14,10): Polybios' Bemerkung, er habe dies lediglich getan, *um den Römern so lange keinen offenbaren Anlass zum Krieg zu bieten, bis er – gemäß den Lehren und Ratschlägen seines Vaters Hamilkar – alles Übrige fest in seine Hand gebracht hätte*, lässt erkennen, wie seine Gewährsleute das Klischee des kriegslüsternen Hannibal nötigenfalls auch mit entgegengesetzten Fakten zu vereinbaren wussten.

Hannibals Angriff auf Sagunt

Das einzige Argument für den karthagischen Kriegswillen besteht in der Tatsache, dass Hannibal Sagunt angegriffen hat, obwohl die römischen Gesandten für diesen Fall mit Krieg gedroht hatten. Damit nahm nicht nur Hannibal selbst, sondern auch der karthagische Rat, bei dem er sich zuvor rückversichert hatte, den Konflikt mit Rom in Kauf. Aber ergibt sich daraus, dass Karthago den Krieg wollte? Um dies zu beurteilen, müssen wir nach der Alternative fragen: Ein Verzicht, gegen Sagunt vorzugehen, hätte bedeutet, dass die Saguntiner im Vertrauen auf den „großen Bruder" für die Zukunft keine Konflikte mit den unter karthagischer Herrschaft stehenden Nachbarn mehr zu scheuen brauchten. Damit aber wäre zwangsläufig eine Destabilisierung der iberischen Provinz einhergegangen: Auch andere Stämme hätten versucht, aus der Konkurrenz der beiden Großmächte ihren Vorteil zu ziehen, und es stand nicht zu erwarten, dass der Senat, nachdem er den Saguntinern ein offenes Ohr geliehen hatte, dem nächsten Bittsteller die kalte Schulter zeigen würde. Den Römern hätte ein Einlenken der Karthager jedenfalls signalisiert, dass man derartige Einmischungen auch in Zukunft mehr oder weniger laut murrend hinzunehmen gedachte. Wollten die Karthager nicht die schrittweise Demontage ihrer Herrschaft in Iberien riskieren, so hatten sie kaum eine andere Wahl, als den Anfängen zu wehren, solange das Recht auf ihrer Seite war und ihr militärisches Potential eine unnachgiebige Haltung erlaubte.

Während wir also für Roms Willen zum Krieg handfeste Hinweise besitzen, ist eine entsprechende Politik der Karthager nirgends zu beobachten. Es scheint, als haben Letztere zum Ausbruch des Zweiten Punischen Krieges lediglich insoweit beigetragen, als sie es 220/19 ablehnten, einen rechtswidrigen Eingriff in ihre Belange hinzunehmen, um ihn für den Augenblick zu vermeiden. Und als ein Jahr später römische Gesandte die Auslieferung Hannibals forderten, waren die Würfel längst gefallen: Ein Rückzieher zu diesem Zeitpunkt, der die eigene Entscheidung des Vorjahres desavouierte, den einfluss- und erfolgreichen Hannibal fallenließ und eine nicht vorhandene Schuld eingestand, wäre einer Selbstaufgabe gleichgekommen. Dies war selbstverständlich auch den Römern klar: Was 218 in Karthago stattfand, ist ein schönes, doch keineswegs das einzige Beispiel für die Kunst römischer Diplomatie, den Gegner dazu zu bringen, den Krieg zu „wählen".

e) Die römischen Motive

Römisches Sicherheitsbedürfnis und römischer Imperialismus

Dass Rom, nicht Karthago die zum Krieg treibende Kraft gewesen ist, geht aus den bisherigen Ausführungen zweifelsfrei hervor. Die letzte Frage muss also lauten: Was veranlasste die Römer, erneut den Konflikt mit Karthago zu suchen? Da die Überlieferung übereinstimmend in den Karthagern die Initiatoren des Krieges sieht, sind wir hierbei im Wesentlichen auf eigene Überlegungen angewiesen. Den einzigen brauchbaren Hinweis liefert Polybios, wenn er an anderer Stelle im Zusammenhang mit dem Ebro-Vertrag erwähnt, die Römer hätten bereits damals erwogen, der karthagischen Macht in Iberien entgegenzutreten, da diese unter Hasdrubal *immer größere und furchteinflößendere* Ausmaße annahm (2,13,3–4; Kap. II 9). Argwöhnte man in Rom, ein wiedererstarktes Karthago könnte eines Tages versuchen, die Ergebnisse des Ersten Punischen Krieges und der Sardinienaffäre gewaltsam zu revidieren? Zwar hatten die Karthager während der Zwischenkriegszeit zu derartigen Befürchtungen kaum Anlass gegeben. Doch den von Roms politischen Grundsätzen geprägten Senatoren mag das Revanchebedürfnis eines unterlegenen Gegners selbstverständlich erschienen sein. Was wir für die Intervention in Messana ausschließen konnten, ist mithin für die Saguntkrise durchaus einzukalkulieren: römisches Sicherheitsbedürfnis, freilich als unmittelbares Produkt der vorangegangenen Eroberungen. Wer einmal römischer Gewalt hatte weichen müssen, durfte nicht wieder zu Kräften kommen, so mag die Devise gelautet haben; die Existenz einer Machtbasis, wie sie sich die Karthager in Iberien geschaffen hatten, war – so gesehen – Grund genug für einen Präventivkrieg. Nach wie vor gilt ferner, was zum Phänomen des römischen Imperialismus im Jahre 264 gesagt wurde (Kap. II 5 e) und was wir mit besonderer Deutlichkeit bei der Annexion Sardiniens beobachten konnten (Kap. II 8): Das jenseits der vereinnahmten Inseln gelegene Iberien war – geographisch betrachtet – der nächste Schritt; die florierende karthagische Provinz weckte in Rom gewiss nicht nur Besorgnis, sondern auch Begehrlichkeiten, und das saguntinische Hilfegesuch bot eine unverhoffte Gelegenheit, die juristische Barriere des Ebro-Vertrages beiseite zu schieben. Im Kontext römischer Politik der vergangenen Jahrzehnte bereitet das Verständnis der Intervention von 220/19 keine größeren Schwierigkeiten.

Das „Schuldbewusstsein" der römischen Geschichtsschreibung

Halten wir noch fest, dass Roms Verhalten jedenfalls durch Motive bestimmt war, die beim Namen zu nennen den ersten Berichterstattern der Ereignisse nicht opportun erschien. Nicht selten haftet moralischen Bewertungen antiker Politik durch den modernen Historiker etwas peinlich Irrelevantes an, wenn sie auf Rechts- und Moralvorstellungen unserer eigenen Zeit statt auf denen der untersuchten Epoche beruhen. Nur wenn es gelingt, den Wertmaßstab der betreffenden Gesellschaft anzulegen, sind derartige Aussagen gerechtfertigt und sinnvoll. In unserem Fall lassen die Zeitzeugnisse an Deutlichkeit nicht zu wünschen übrig: Vom ersten Augenblick an war die senatorische Selbstdarstellung bemüht, durch Scheingründe wie das Freundschaftsverhältnis mit Sagunt oder Hannibals Kriegslust die tatsächlichen Beweggründe für das römische Vorgehen zu verdunkeln. Spätere Generationen setzten die Arbeit an Roms Unschuld fort, indem sie Hannibals Ebroübergang zum Kriegsgrund erklärten, schließlich gar Sagunt nördlich des Ebro lokalisierten, wodurch der karthagische Angriff auf die Stadt zum Bruch des Ebro-Vertrages wurde. Wer immer an diesen Entstellungen aktiv mitgewirkt hat, muss von der Fragwürdigkeit des römischen Tuns überzeugt gewesen sein und griff bewusst ein, um der Nachwelt die Geschichte Roms in einem anderen, vorteilhafteren Licht zu präsentieren.

11. Hannibals Friedensangebot von 216

Nach der fast vollständigen Vernichtung des in Italien stehenden römischen Heeres bei Cannae hielt Hannibal den Zeitpunkt für gekommen, dem Senat einen Friedensvorschlag zu unterbreiten. Gemeinsam mit zehn vornehmen Römern, die für eine Auslösung der Kriegsgefangenen werben sollten, entsandte er einen seiner Offiziere namens Karthalo, *der, falls man* (in Rom) *zum Frieden geneigt sei, die Bedingungen überbringen sollte* (Liv. 22,58,7). Wie diese Bedingungen lauteten, erfahren wir leider nicht, da der römische Diktator Karthalo per Boten mitteilen ließ, er habe das römische Staatsgebiet vor Einbruch der Nacht zu verlassen (22,58,9). So können wir nur die Tatsache des Angebotes und seiner Ablehnung zu interpretieren versuchen: Hannibals Kriegsziel war offenbar nicht – wie auch dem Vertrag mit Philipp V. zu entnehmen ist – die Vernichtung des römischen Staates, sondern seine Schwächung. Der Senat wiederum brauchte Karthalo nicht anzuhören, um zu wissen, dass mit einem Eingehen auf die Forderungen des Karthagers jedenfalls eine Abkehr von Roms Großmachtpolitik – Verzicht auf die Inseln, Verzicht auf das keltische Oberitalien – verbunden war. Und hierzu war man auch nach Cannae nicht bereit. So nutzte man die Gelegenheit für eine Geste der Kompromisslosigkeit, indem man nicht nur den karthagischen Parlamentär des Landes verwies, sondern auch den Freikauf der Gefangenen ablehnte.

12. Die Rolle auswärtiger Mächte

Auf den ersten Blick unterscheidet sich der Zweite Punische Krieg von allen bisherigen Auseinandersetzungen durch die Anzahl der Kriegsschauplätze und der beteiligten Mächte. Schon mit der Nutzung Iberiens als Operationsbasis und Hannibals Zug nach Oberitalien war – einschließlich des karthagischen Nordafrika – das westliche Mittelmeer nahezu vollständig in den Krieg involviert. Mittelmächte wie Syrakus und Numidien reagierten auf die Wechselfälle des Ringens der Großen mit eigenständiger Interessenpolitik. Auf der Höhe seines Erfolges gelang es Hannibal, auch eine der hellenistischen Mächte des Ostens zu mobilisieren, so dass man mit einiger Berechtigung von einem ersten „Weltkrieg" der Antike sprechen kann. Das Verhalten jener Mächte, die hierbei gewissermaßen die Nebenrollen spielten, soll Gegenstand der folgenden Betrachtungen sein.

a) Der Vertrag zwischen Hannibal und Philipp V. von Makedonien

Wohl auf Initiative Hannibals kam es im Winter 216/15 zur Aufnahme von Gesprächen mit dem Makedonenkönig Philipp V., die zum Abschluss eines Bündnisses führten. Ein Athener namens Xenophanes reiste zu diesem Zweck im Frühjahr oder Sommer 215 als Bevollmächtigter Philipps zu Hannibal nach Capua, fiel jedoch auf dem Rückweg mitsamt der karthagischen Gegengesandtschaft und den diplomatischen Schriftstücken in die Hände der Römer. Diesem unglücklichen Umstand haben wir die Kenntnis des Vertrages im Wortlaut zu verdanken: Der Text wurde im römischen Staatsarchiv aufbewahrt, wo ihn Polybios bei seinen Recherchen fand und abschrieb – zahlreiche Semitismen lassen erkennen, dass es sich bei dem in den *Historien* (7,9 = StV III 528) überlieferten Text um die griechische Übersetzung eines phoinikischen Originals handelt.

Der Inhalt

Vereinbart wurde zunächst allgemein gegenseitiger Beistand im Kriegsfall unter Einbeziehung der derzeitigen und der zukünftigen Bundesgenossen, unbeschadet bereits bestehender Vertragsverpflichtungen (Polyb. 7,9,5–9). In dem gegenwärtigen Krieg gegen Rom sollte Philipp seinen Verbündeten *je nach Bedarf gemäß Absprache* unterstützen (7,9,11), ein eventueller Friedensvertrag mit Rom nach einem karthagischen Sieg sollte auch die Makedonen einschließen, die Römer sollten ihre kürzlich gewonnenen Stützpunkte jenseits der Adria verlieren (7,9,12–14). Für den Fall, dass die Römer irgendwann erneut gegen eine der beiden vertragschließenden

Mächte Krieg anfingen, sicherte man einander wiederum Beistand je nach Bedarf zu (7,9,15).

Bemerkenswerterweise ist von einer konkreten Zusammenarbeit in dem Dokument nirgends die Rede. Beiden Partnern ging es offenbar weniger um unmittelbare Unterstützung als vielmehr darum, den anderen im Kampf gegen Rom auf seiner Seite zu wissen. Hannibal hoffte darauf, dass Philipp unverzüglich mit dem Angriff auf die römischen Positionen in Illyrien beginnen und so die Römer zum Abzug von Truppen aus Italien zwingen würde. Auch das Kalkül, sich durch den Schulterschluss mit einer hellenistischen Macht den Griechen Unteritaliens und Siziliens zu empfehlen, mag eine Rolle gespielt haben. Und Philipp hielt einen karthagischen Sieg für wahrscheinlich genug, um im Vertrauen auf das Bündnis den Kampf um seine Interessengebiete in Illyrien aufzunehmen.

Das Scheitern der Kooperation

Die Auswirkungen des Vertrages waren eher bescheiden. Hannibals Absicht, durch die Eröffnung einer neuen Front Kräfte des Gegners zu binden, erfüllte sich nur für kurze Zeit. Zwar sahen sich die Römer 214 tatsächlich gezwungen, ein Heer auf die Balkanhalbinsel zu entsenden, um einem Eingreifen Philipps in Italien vorzubeugen, doch gelang ihnen schon bald der Abschluss eines Bündnisses mit den Aitolern, den traditionellen Gegnern Makedoniens, die fortan die Hauptlast des Krieges gegen Philipp trugen. Erst 206 konnte der Makedone die Aitoler zum Frieden zwingen. Die karthagischen Gesandten, die Philipp im folgenden Jahr für einen Entlastungsangriff auf Sizilien oder Italien zu gewinnen suchten (Liv. 29,4,4), mussten gleichwohl ohne eine Zusage heimkehren. Stattdessen fand sich der König zu einem Frieden mit Rom bereit und brach damit den zehn Jahre zuvor geschlossenen Beistandspakt mit Hannibal *bis die Götter uns und euch den Sieg gewähren* (Polyb. 7,9,10) – er hatte die Hoffnung auf einen karthagischen Sieg aufgegeben. Dass sein Kurswechsel den Römern lediglich die Möglichkeit bot, die Abrechnung mit Makedonien auf die Zeit nach der Niederwerfung des Gegners im Westen zu verschieben, musste Philipp zu spät erkennen. Zwei Jahre nach dem römischen Sieg über die Karthager gaben Philipps Aktivitäten in Kleinasien dem Senat den Anlass zu einem Ultimatum, das einem souveränen Herrscher – ähnlich wie 218 den Karthagern – keine andere Wahl ließ, als den Krieg zu „beginnen". Doch dies ist Thema eines anderen Bandes.

Hannibals Kriegsziele

Ungeachtet seines Scheiterns ist das Bündnis zwischen Hannibal und Philipp historisch von außerordentlicher Bedeutung, denn es stellt das einzige authentische Zeugnis zu den Zielen dar, die Hannibal im Zweiten Punischen Krieg verfolgte. Halten wir zunächst fest, dass der Vertrag an der weiteren Existenz eines römischen Staatswesens keinen Zweifel lässt: *Wenn, nachdem die Götter uns den Sieg gewährt haben in dem Krieg gegen die Römer und deren Bundesgenossen, die Römer um Frieden bitten, dann werden wir ihn unter der Bedingung schließen, dass …* (Polyb. 7,9,12) – so beginnen die Vereinbarungen für den Fall des Sieges; im Folgenden behandelt der Text unter anderem die Möglichkeit eines erneuten römischen Angriffs auf Karthago oder Makedonien (7,9,15). Der Gedanke, Rom zu zerstören und den römischen Staat zu beseitigen, lag Hannibal offensichtlich fern.

Was der Karthager tatsächlich beabsichtigte, zeigt zum einen die Klausel, die auf karthagischer Seite *alle Städte und Völker, mit denen wir Freundschaft haben in Italien, im Keltenland und in Ligurien und mit denen wir dort noch Freundschaft und Bündnis schließen werden* (7,9,6) in den Vertrag einbezieht: Die noch nicht romanisierte Bevölkerung im Norden und Süden Italiens sollte von der römischen Herrschaft befreit und durch Bündnisse mit Karthago künftigem römischen Zugriff entzogen, die italische Wehrgemeinschaft als Machtinstrument Roms zerschlagen werden. Zum anderen lässt Hannibals Zugeständnis an Philipp, *die Römer sollen nicht über Korkyra, Apollonia, Epidamnos, Pharos, Dimale, die Parthiner und die Atintanen herrschen* (7,9,13), den Willen erkennen, Roms Einfluss auf das italische Festland zu beschränken; Gleiches galt mit Sicherheit für den Westen, wo Karthago die verlorenen Positionen auf Sizilien und Sardinien beansprucht haben wird. Rom sollte innerhalb eines Gleichgewichtes der Kräfte als Regionalmacht Mittelitaliens fortbestehen, ohne durch seinen Expansionsdrang weiterhin Unruhe stiften zu können – so oder ähnlich sahen Hannibals Pläne für eine politische Zukunft aus.

Die römische Version bei Livius

Natürlich interessierten sich auch die römischen Historiker für das karthagisch-makedonische Abkommen aus dem Jahr nach Cannae. Die bei Livius überlieferte annalistische Darstellung unterscheidet sich allerdings diametral von dem Vertragstext bei Polybios: *König Philipp sollte mit einer möglichst großen Flotte – angeblich konnte er 200 Schiffe aufbieten – nach Italien hinüberfahren, die Küste verheeren und nach Kräften zu Land und zu Wasser Krieg führen. Sobald der Krieg beendet sei, sollte ganz Italien mitsamt der Stadt Rom den Karthagern und Hannibal gehören und die gesamte Beute Hannibal zufallen. Nach der Unterwerfung Italiens hatten sie vor, nach Griechenland zu fahren und Krieg zu führen, mit wem der König es wünschte; alle Städte des Festlandes und die Inseln im Einzugsbereich Makedoniens sollten Philipp und seinem Reich gehören* (Liv. 23,33,10–12). Nicht weniger als eine Aufteilung der Mittelmeerwelt zwischen Karthago und Makedonien entlang der Adria unter Liquidierung des römischen Staates wäre demnach Gegenstand des Vertrages gewesen. Wie ist eine derart phantasievolle Entstellung der Realität – die doch im römischen Staatsarchiv und später im Werk des Polybios nachzulesen war – zu erklären?

Die Antwort liegt im Wesen der annalistischen Geschichtsschreibung, der es weniger um korrekte Überlieferung historischer Sachverhalte als um Befriedigung patriotischer Bedürfnisse einer römischen Oberschicht und um Rechtfertigung von deren Politik geht. Das Schreckensszenario eines eroberten, geplünderten und dem karthagischen Staat eingegliederten Italien bildete eine effektvolle Antithese zu dem letztendlichen Sieg; je unversöhnlicher und unersättlicher man die Gegner Hannibal und Philipp zeichnete, in desto hellerem Licht erstrahlte die Leistung des römischen Volkes und seiner Elite – und desto berechtigter erschienen die planmäßigen Vernichtungskriege, die Rom einige Jahrzehnte später gegen Makedonien und Karthago geführt hat. Dank des bei Polybios erhaltenen Originaltextes ist in diesem Fall die Geschichtsfälschung mit seltener Eindeutigkeit nachzuweisen. Überall dort, wo uns keine unabhängige Parallelüberlieferung zur Verfügung steht, bleibt gegenüber dem senatorischen Propagandaschrifttum ein gesundes Misstrauen das einzige Korrektiv.

b) Hieronymos von Syrakus

Verhandlungen und Bündnis mit Hieronymos

Fast 50 Jahre lang war Syrakus unter Hieron II. treu auf Seiten der Römer gestanden, als Gelon, der Sohn und Mitherrscher Hierons, unter dem Eindruck der Schlacht von Cannae 216 ein erstes Mal eine Annäherung an Karthago in Erwägung zog. Sein Tod machte wenig später diese Absicht zunichte, doch als im folgenden Jahr auch Hieron starb, griff Hieronymos, Hierons 15jähriger Enkel und Nachfolger, den Gedanken seines verstorbenen Vaters auf und bot Hannibal ein Bündnis an. Die diplomatischen Erfolge des Karthagers in Unteritalien seit Cannae, aber auch das Bündnis mit Philipp V. schienen dafür zu sprechen, das sinkende römische Schiff rechtzeitig vor einem endgültigen Sieg der Karthager zu verlassen. Hannibal konnte diese Entwicklung natürlich nur recht sein; anders als im Falle der Vereinbarungen mit Philipp wollte der Feldherr allerdings eine Entscheidung über die politische Zukunft Siziliens nicht allein treffen. Die Gespräche mit syrakusanischen Gesandten fanden – in Anwesenheit eines Vertrauensmannes Hannibals – in Karthago statt. Hieronymos' Vorschlag lautete zunächst, Sizilien nach der gemeinsamen Vertreibung der Römer aufzuteilen: Der Westen der Insel bis zum Himeras sollte den Karthagern, der Osten Hieronymos gehören. Doch während man noch verhandelte, traf eine weitere Gesandtschaft aus Syrakus ein. Unter dem Einfluss seiner Berater hatte der Herrscher es sich anders überlegt und forderte nun ganz Sizilien; als Gegenleistung für karthagische Hilfe beim Kampf um die Insel versprach er, die Operationen der Karthager in Italien zu unterstützen. Trotz dieses unseriösen Verhandlungsgebarens gingen die Karthager auf die Wünsche des Königs ein – der Nutzen einer Allianz mit Syrakus für den weiteren Krieg gegen Rom wog schwerer als der Verzicht auf die Wiederherstellung der einstigen Epikratie; das Bündnis kam zustande (Polyb. 7,2–5 = StV III 529).

Kämpfe nach Hieronymos' Tod

Hieronymos' Ermordung durch innenpolitische Gegner im Jahre 214 stellte für die Karthager einen schweren Rückschlag dar. Anstatt zielstrebig gegen die römischen Kräfte auf Sizilien vorzugehen, versank die Stadt in Parteikämpfen zwischen den Vertretern eines prokarthagischen und jenen eines prorömischen Kurses. Aus diesen Auseinandersetzungen gingen zunächst die prorömischen Oligarchen als Sieger hervor, die sich sogleich um eine Erneuerung des Bündnisses mit Rom bemühten (Liv. 24,29,7–12 = StV III 530). Gestützt auf das Heer konnten sich schließlich jedoch mit den Brüdern Hippokrates und Epikydes zwei Vertraute Hannibals und Befürworter der Zusammenarbeit mit Karthago durchsetzen. Im Laufe des Jahres 213 errangen Karthager und Syrakusaner gemeinsam beachtliche Erfolge. Viele prokarthagisch eingestellte Städte – darunter das bedeutende Akragas – traten nun offen auf die Seite der Alliierten über; das stark befestigte und von See her versorgte Syrakus trotzte allen Angriffen der römischen Belagerer. Erst 212 wandte sich das Blatt: Nachlässigkeit der Verteidiger, der Ausbruch einer Seuche bei dem karthagischen Entsatzheer sowie Verrat führten zur Eroberung der Stadt durch die Römer und zum Ende der syrakusanisch-karthagischen Kooperation.

c) Die Politik der Numider Syphax und Massinissa

Syphax' Bündnis mit Rom; Massinissa auf karthagischer Seite

Expansionsbestrebungen des westnumidischen Masaisylierkönigs Syphax zwangen Karthago im Jahre 214 zum Abzug von Truppen aus Iberien; ein Jahr später boten die dort operierenden Scipionen Syphax ein Bündnis an, um ihn zu einer Intensivierung seines Engagements zu veranlassen. Der König sagte zu und erbat sich von den Römern militärische Beratung. Die Reaktion der Karthager bestand in einem Bündnis mit dem ostnumidischen König Gaia, an dessen Zustandekommen Gaias in Karthago erzogener Sohn **Massinissa** maßgeblich beteiligt war. Die Verbündeten konnten Syphax eine eindeutige Niederlage zufügen; weitere Pläne des Königs, mit einem neuen Heer nach Iberien überzusetzen, wurden von Massinissa vereitelt. Erst 210 erfahren wir erneut von Aktivitäten des Syphax: Nach dem Tod der Scipionen war dem Numider offenbar daran gelegen, nun auch dem römischen Volk seine Freundschaft zu versichern; eine Gesandtschaft reiste hierzu nach Rom und berichtete bei dieser Gelegenheit von militärischen Erfolgen des Königs gegen Karthago. Von besonderer Bedeutung waren diese Kämpfe kaum – einige karthagische Truppen werden sie immerhin gebunden haben.

E

Massinissa (nach 240–148 v. Chr.)
Sohn des ostnumidischen Massylierkönigs Gaia, kämpfte 213 auf karthagischer Seite gegen den mit Rom verbündeten Westnumider Syphax und leistete den Karthagern seit 212 in Iberien als Kavalleriekommandeur hervorragende Dienste. Nach der Niederlage bei Ilipa 206 gab M. die karthagische Sache verloren und ging ein Bündnis mit Rom ein, worauf Syphax sich auf die Seite der Karthager schlug. An den römischen Erfolgen der Jahre 204–202 in Afrika war M. maßgeblich beteiligt; als Lohn erhielt er zu seinem ostnumidischen auch das westnumidische Reich seines Rivalen. M.s wiederholte Expansion auf Kosten der Karthager führte schließlich zu deren vertragswidriger Notwehr, die den Römern den Grund zur Zerstörung der Stadt lieferte. Während des Dritten Punischen Krieges (149–146) starb M., nachdem er die Nachfolgeregelung in die Hände des Scipio Aemilianus gelegt hatte.

Konferenz von Siga; nach Massinissas Frontenwechsel schließt Syphax ein Defensivbündnis mit Karthago ab

Brisant wurde die Frage nach dem politischen Bekenntnis der nordafrikanischen Mächte in dem Moment, als der Krieg in Iberien zu Ende ging und eine Invasion Afrikas ins Blickfeld der römischen Führung rückte. Nach seinem Sieg bei Ilipa (206) sandte Scipio daher zunächst C. Laelius zu Syphax; als Letzterer auf einer persönlichen Unterredung mit dem römischen Feldherrn bestand, begab sich Scipio selbst nach Siga – ein deutliches Zeichen, welche Bedeutung der Römer einem Bündnis mit Syphax beimaß. Angeblich soll er gleichzeitig mit Hasdrubal, dem vormaligen karthagischen Befehlshaber in Iberien, in der westnumidischen Residenzstadt eingetroffen sein und gemeinsam mit seinem Gegner bei Syphax diniert haben (Liv. 28,17,13–18,12). Sicher ist, dass beide Mächte sich bemühten, den König für die bevorstehenden Auseinandersetzungen auf afrikanischem Boden auf ihre Seite zu ziehen. Und ebenso sicher ist, dass Syphax – obwohl er zunächst Scipio favorisierte – 205/04 das Bündnis mit dem Karthager wählte (StV III 546). Unsere Überlieferung macht für diese Kehrtwendung neben der notorischen Unzuverlässigkeit der „Barbaren" Amors Pfeile verantwortlich: Hasdrubal habe den heißblütigen Numider geködert, indem er ihm seine Tochter Sophoniba versprach (Polyb. 14,1,4; Liv. 29,23,3–5). In Wirklichkeit dürfte es wohl eher die Nachricht vom Übertritt seines Gegenspielers Massinissa auf die Seite Roms gewesen sein, die Syphax dazu veranlasste, für den weiteren Kampf um ein gesamtnumidisches Reich den Anschluss an Karthago zu suchen. Binnen kurzem konnte Syphax den Rivalen militärisch niederwerfen und die Herrschaft über Ostnumidien an sich reißen. Mit wenigen Getreuen musste sich Massinissa bis zur Landung der Römer 204 durchschlagen. Die nunmehrige Bündniskonstellation – Syphax auf Seiten Karthagos, Massinissa auf Seiten Roms – sollte bis zum Ende des Krieges bestehenbleiben.

Syphax' Vermittlungsversuche

Während Scipio 204 in Syrakus die Invasion vorbereitete, unternahm Syphax einen bemerkenswerten diplomatischen Versuch, den Krieg von Afrika abzuwenden. Auf Initiative Hasdrubals schickte der König Gesandte zu Scipio, um die Römer von seiner Bündnisverpflichtung gegenüber den Karthagern in Kenntnis zu setzen. Solange die Auseinandersetzungen, wie bisher, auf anderen Schauplätzen ausgetragen würden, wolle er – gemäß der Freundschaft, die ihn mit beiden Parteien verbinde – neutral bleiben. Sollte Scipio aber nach Afrika übersetzen und Karthago angreifen, *so sei er gezwungen, für Afrika, das Land, in dem er geboren sei, und für die Heimat seiner Frau und für deren Vater und Hausgötter zu den Waffen zu greifen* (Liv. 29,23,10). Offenbar war der Vertrag mit Karthago als Defensivbündnis für den Fall eines Angriffs auf das nordafrikanische Territorium eines der Partner konzipiert. Vielleicht hat hierbei – neben handfesten politischen Interessen – tatsächlich auch ein „panafrikanischer" Gedanke eine Rolle gespielt, wie er in Syphax' Argumentation bei Livius aufscheint (Huß). Scipio ließ sich durch diese Nachricht freilich nicht von seinen ehrgeizigen Plänen abbringen – im Gegenteil: Um seinen innenpolitischen Gegnern keine Gelegenheit zur erneuten Debatte zu geben (Kap. III 2 h), verschwieg er die ungünstige Entwicklung und beschleunigte seine Vorbereitungen für die Überfahrt.

Zu seinem Schaden versuchte Syphax in der Winterpause 204/03 vor Utica noch einmal, zwischen den Gegnern zu vermitteln. Während Scipio ihn wiederholt zum Frontenwechsel animieren wollte, schlug er einen Frieden auf der Grundlage des Status quo unter Abzug Hannibals aus Italien und Scipios aus Afrika vor (Polyb. 14,1,9). Die Karthager waren hierzu bereit; Scipio wies das Ansinnen dagegen zunächst schroff zurück – er wollte keinen Frieden, sondern einen Sieg (vgl. Liv. 30,16,8) –, und wir dürfen annehmen, dass er damit auch im Sinne einer Senatsmehrheit handelte, die den Krieg zu Siegerbedingungen, nicht mit einem Kompromiss beenden wollte. Nur zum Schein gab Scipio sich wenig später friedensbereit, um durch den ständigen Verkehr von Boten – nebst als Sklaven verkleideten höheren Offizieren – einen Überfall auf die feindlichen Winterquartiere zu erkunden (Kap. III 2 h). Im Brand seines Lagers dürfte Syphax die Neigung zu weiteren Friedensinitiativen vergangen sein. Der karthagischen Sache blieb der König trotz der furchtbaren Verluste treu, bis er nach zwei weiteren Niederlagen in die Hände des Gegners fiel.

13. Das Ende des Zweiten Punischen Krieges

Mehrfach auf afrikanischem Boden geschlagen, baten die Karthager Scipio auf die Nachricht von der Gefangennahme ihres Verbündeten Syphax um Friedensverhandlungen. Der römische Feldherr nannte seine Bedingungen – neben dem Verzicht auf Iberien und alle Inseln sowie dem Abzug der Heere aus Italien vor allem Abrüstung der Flotte und Reparationszahlungen – und gewährte einen Waffenstillstand; Gesandtschaften beider Parteien reisten nach Rom, um den Entwurf durch Senat und Volk genehmigen zu lassen. Während indes die Verhandlungen noch andauerten, schlug in Karthago – nachdem Hannibal mit seinen Truppen eingetroffen war – die Stimmung um. Im Vertrauen auf ihren unbesiegten Feldherrn brachen die Karthager den Waffenstillstand, indem sie sich einer in der Nähe der Stadt gestrandeten Versorgungsflotte der Römer bemächtigten; eine römische Protestgesandtschaft blieb unbeantwortet und soll auf dem Rückweg gar heimtückisch überfallen worden sein. Der zwischenzeitlich in Rom abgesegnete Friede war dadurch hinfällig geworden; der Krieg ging weiter.

Als am Vorabend der Schlacht von Zama Hannibal seinem Gegner lediglich die Abtretung aller Inseln und Iberiens anbot, lehnte Scipio entrüstet ab: Nachdem die Karthager den bereits vom römischen Volk genehmigten Vertrag gebrochen hätten, könne man allenfalls über härtere, nicht aber über mildere Bedingungen verhandeln. Es kam zur letzten Kraftprobe, in der Hannibal unterlag; den Karthagern blieb nun nichts anderes mehr übrig, als Roms Friedensdiktat entgegenzunehmen, das ihre außenpolitische Eigenständigkeit stark einschränkte, ihnen jedoch immerhin die staatliche Existenz beließ – eine nach ihrem Treubruch unverdiente Gnade, wie unsere Hauptquellen Polybios (15,17) und Livius (30,36,9–37,1) betonen. So präsentiert – mit Variationen – die römisch geprägte Überlieferung die Ereignisse der Jahre 203 bis 201.

a) Der Waffenstillstand des Jahres 203

Der Inhalt nach Livius

Da der erhaltene Polybiostext erst mit dem karthagischen Bruch des Waffenstillstandes einsetzt, sind wir für die Bedingungen, die Scipio den Karthagern in Aussicht stellte, auf Livius angewiesen: *Sie* (die Karthager) *sollten die Gefangenen, die Überläufer und die entlaufenen Sklaven herausgeben, ihre Heere aus Italien und Gallien abziehen, Spanien aufgeben, alle zwischen Italien und Afrika gelegenen Inseln abtreten, alle Kriegsschiffe bis auf 20 ausliefern sowie 500000 Scheffel Weizen und 300000 Scheffel Gerste bereitstellen. Über die Höhe der Geldsumme, die er* (Scipio) *forderte, herrscht Uneinigkeit; bald ist von 5000 Talenten, bald von 5000 Pfund Silber, bald von dem doppelten Sold für die Soldaten die Rede* (30,16, 10–12). Nach dreitägiger Bedenkzeit erklärten die Karthager sich mit den Bedingungen einverstanden; der Waffenstillstand für die Verhandlungen in Rom kam zustande, die Gesandtschaften brachen auf.

Absicht der Karthager

Folgen wir Livius (30,16,14), so hätten die Karthager lediglich aus taktischen Erwägungen um Frieden ersucht; Zweck des Manövers sei es gewesen, Zeit zu gewinnen, bis Hannibal mit seinem Heer nach Afrika gelangte. Wir wissen nicht, ob Livius' Aussage auf konkreten Hinweisen oder allein auf Vermutungen zeitgenössischer Senatoren (vgl. 30,23,7) beziehungsweise späterer Historiker beruht. Abwegig ist der Gedanke auf keinen Fall: Wenn der karthagische Rat zunächst Hannibals Rückberufung beschloss, sodann Friedensverhandlungen aufnahm, diese nach Hannibals Ankunft jedoch ergebnislos abbrach, so spricht eine gewisse innere Wahrscheinlichkeit dafür, dass nicht wenige Ratsherren den Waffenstillstand als Mittel ansahen, die prekäre Situation bis zum Eintreffen ihres Hoffnungsträgers zu überbrücken. Und man wird hinzufügen, dass nach dem durch Scipios „Friedensboten" erkundeten Überfall auf das karthagisch-numidische Winterlager bei Utica im Frühjahr 203 wohl kaum ein Karthager Skrupel hatte, Friedensgespräche zur Verbesserung der eigenen militärischen Position zu nutzen. Ob die Wiederaufnahme der Feindseligkeiten von Anfang an beschlossene Sache war, ist eine andere Frage. Im Vordergrund dürfte zunächst das Bestreben gestanden sein, die unmittelbare Bedrohung abzuwenden; alles Weitere konnte man zu gegebener Zeit entscheiden.

Absicht Scipios

Unbrauchbar ist dagegen Livius' Äußerung zu den Motiven Scipios. Dass der Feldherr *in der Hoffnung nach Afrika gekommen sei, einen Sieg, nicht einen Frieden nach Hause zu bringen* (30,16,8), wie er zu Beginn seiner Antwort an die karthagischen Gesandten gesagt haben soll, entspricht ohne Zweifel den Tatsachen. Die Begründung, er lehne trotz der guten Aussichten auf einen Sieg den Frieden nicht ab, *damit alle Welt erführe, dass das römische Volk Kriege auf gerechte Weise unternehme und beende* (30,16,9), ist indes übliche annalistische Phrasendrescherei, die uns im Hinblick auf die wirklichen Überlegungen des Römers keinen Deut weiterhilft. Der Feldherr muss gute Gründe dafür gehabt haben, auf eine Fortführung des Kampfes zu verzichten; welche Gründe dies waren, können wir nur aus der militärischen und politischen Lage im Spätjahr 203 zu erschließen versuchen.

Scipios ambitiöser Wunsch war es, als Sieger im Krieg gegen Hannibal in die Annalen einzugehen. In der Überzeugung, der Krieg müsse im Land des Feindes entschieden werden, hatte er gegen die Widerstände im Senat sein afrikanisches Kommando durchgesetzt und im Laufe des Jahres 203 bedeutende Erfolge errungen. Der krönende Abschluss fehlte freilich noch: ein Sieg über Hannibal selbst. Doch der karthagische Feldherr hatte Italien bislang nicht verlassen; Scipio konnte für den Augenblick wenig tun, und sein Kommando neigte sich dem Ende zu. Dauerte der Krieg an, so stand zu befürchten, dass einer der Konsuln des Jahres 202 Scipio im Frühjahr ablösen und – mit oder ohne Sieg über Hannibal – den Ruhm ernten würde, den Krieg beendet zu haben (es gab während der Jahre 203 bis 201 offenbar kaum einen Konsul, der nicht von diesem Wunsch gepeinigt war: vgl. Liv. 30,24,1–3; 27,1–2; 40,7–8). Nur wenn es noch 203 zur Aufnahme von Friedensverhandlungen kam, konnte Scipio mit einiger Sicherheit auf Verlängerung seines Mandats bis zu deren Abschluss und auf den begehrten Triumph hoffen. Persönlicher Ehrgeiz sowie die Gegebenheiten des Systems bestimmten demnach das Verhalten des Feldherrn angesichts der karthagischen Initiative.

Die Ablehnung des Senates und die Annahme durch das Volk

Nicht überraschen kann vor diesem Hintergrund die Reaktion des Senates, der den Friedensvorschlag Scipios und der Karthager zunächst rundweg ablehnte (Liv. 30,23,8). Eine Mehrheit der Senatoren war der Ansicht, dass man den Krieg gegen den soeben aus Italien abgesegelten Hannibal in Afrika fortsetzen solle. Dass der Friede schließlich dennoch genehmigt wurde, lässt nur eine Erklärung zu: Scipios Anhänger hatten zum letzten Mittel gegriffen und sich direkt an die Volksversammlung gewandt. Mit Hilfe des Volkes, das Scipio zu Füßen lag und wohl auch an einem Frieden größeres Interesse besaß als die Angehörigen des Senatsadels, gelang es dem Feldherrn, sein Anliegen durchzusetzen. So lesen wir bei Polybios (15,1,3) von einer ersten Nachricht an Scipio, *das römische Volk habe den Friedensvertrag bestätigt,* die etwa zeitgleich mit dem Schiffbruch der Versorgungsflotte im römischen Lager bei Utica eintraf. Erst später brachten Gesandte aus Rom die offizielle Antwort, *Senat und Volk hätten bereitwillig seinem Vertrag mit den Karthagern zugestimmt* (15,4,8) – der Senat scheint auf eine Zerreißprobe verzichtet zu haben.

b) Der Bruch des Waffenstillstandes durch die Karthager

Fest steht, dass der von Scipio durchgesetzte Friede in Karthago nicht unterzeichnet wurde; weniger klar ist, aus welchen Gründen und auf welche Weise die Karthager den Friedensprozess beendeten. Beseitigen wir zunächst das Missverständnis bei Polybios (15,1,2), die Karthager hätten einen Vertrag gebrochen: Nachdem Senat und Volk den Frieden in seiner endgültigen Form genehmigt hatten, beschworen in Rom die Repräsentanten des römischen Staates den Vertrag; anschließend sollten römische Gesandte in Karthago die Eidesleistung der dortigen Regierung entgegennehmen. Dazu ist es jedoch nie gekommen; von einem Vertragsbruch kann also keine Rede sein. Was die Karthager – nach der Darstellung unserer Hauptquellen – allerdings verletzt haben, ist der Waffenstillstand, den sie mit Scipio für die Dauer der Verhandlungen geschlossen hatten. Die Überlieferung zu diesen Ereignissen soll uns als Nächstes beschäftigen.

Die Karthager bemächtigen sich einer gestrandeten römischen Transportflotte

Während Freund und Feind auf eine Nachricht aus Rom warteten, wurde eine römische Transportflotte bei der Überfahrt nach Afrika in den Golf von Tunis abgetrieben; 200 Frachtschiffe strandeten teils an der Insel Aigimuros, teils an der Karthago gegenüberliegenden Festlandsküste. In einer tumultuarischen Versammlung beschlossen Rat und Volk von Karthago, die Beute einzufahren; nur beiläufig erfahren wir, dass die Schiffe von ihren Besatzungen verlassen worden waren (Liv. 30,24,12), was für die Beurteilung des Zwischenfalles nicht ohne Belang ist: Die Bergung herrenlosen Strandgutes besitzt einen anderen rechtlichen Stellenwert als die gewaltsame Aufbringung fremden Eigentums (Seibert). Eine Provokation war das karthagische Vorgehen in unmittelbarer Nähe des römischen Lagers auf jeden Fall.

Der angebliche Überfall auf Scipios Protestgesandtschaft

Scipios Reaktion bestand darin, Gesandte nach Karthago zu schicken, die Beschwerde erheben und angeblich zugleich die Annahme des Friedens durch das römische Volk bekanntgeben sollten. Doch die Karthager lehnten die Herausgabe des Beutegutes und anscheinend auch die Bedingungen des Vertrages ab (Polyb. 15,2,2). Ausführlich erfahren wir sodann von einem Anschlag auf die Gesandtschaft während ihrer Rückkehr ins römische Lager: Karthagische Kriegsschiffe sollen das römische Fahrzeug angegriffen und beschossen haben; die Angaben weichen indes auffällig voneinander ab. Nach Polybios *fiel ein Großteil der an Deck befindlichen römischen Besatzung, nur die drei Gesandten kamen wie durch ein Wunder mit dem Leben davon* (15,2,15) – man fragt sich unweigerlich, ob die Gesandten deshalb als einzige „entkommen" mussten, weil sie namentlich bekannt und nachweislich am Leben waren –; Livius' Bericht zufolge erlitten die Römer dank beherzter Abwehr keine Verluste (30,25,7–8). Beide stimmen darin überein, dass die Besatzung das Schiff in der Nähe des römischen Lagers auf den Strand setzte; bei Appian verfolgten die Karthager das römische Schiff dagegen bis in den Hafen, wo sich die überlebende Besatzung über Bord rettete (*Libyke* 146). Nach Cassius Dio schließlich habe ein zur rechten Zeit aufkommender Wind das Schiff der Gesandten vor dem feindlichen Zugriff bewahrt; den Waffenstillstand hätten die Karthager zuvor durch einen Angriff *zu Land und zu Wasser* gebrochen (17 fr. 57,75). Was gegenüber all diesen Darstellungen zur Vorsicht mahnt, ist ihre Vielfalt. Die römische Geschichtsschreibung scheint einigen Aufwand betrieben zu haben, um das Scheitern der Friedensverhandlungen mit möglichst mehreren eklatanten Völkerrechtsverstößen seitens der Karthager in Verbindung zu bringen. Der Verdacht liegt nahe, dass die Realität anders ausgesehen hat.

Die Darstellung des P. Rylands III 491

Eine von Polybios und der annalistischen Tradition unabhängige Darstellung der Ereignisse aus der Feder eines unbekannten griechischen Historikers verdanken wir einem 1938 veröffentlichten Papyrusfragment der J. Rylands Library in Manchester (P. Rylands III 491). So verstümmelt der etwa zur Zeit des Polybios entstandene Text ist, an seinem inhaltlichen Bezug auf die Friedensverhandlungen von 203 besteht kein Zweifel. Wir erfahren, dass die karthagischen Gesandten aus Rom in die Heimat zurückkehrten und über die Gespräche berichteten, dass die Karthager daraufhin den Waffenstillstand beendeten und Gesandte (nach Rom?) schickten, die *statt des Friedens den Krieg brachten*, und dass beide Heere – gemeint sind offenbar Scipio und Hannibal – von dem Beschluss in Kenntnis gesetzt wurden. Von einer widerrechtlichen Aneignung gestrandeter römischer Frachtschiffe durch die Karthager scheint in diesem Zusammenhang ebensowenig die Rede gewesen zu sein wie von einem Überfall auf römische Gesandte. Die Ablehnung des Friedens erfolgte auf diplomatisch korrektem Wege; über die Gründe erfahren wir – möglicherweise aufgrund der Lückenhaftigkeit des Textes – nichts. Welche der beiden Versionen verdient den Vorzug?

Eine Entscheidung für die eine und gegen die andere Variante fällt schwer. Die direkte Rückkehr der karthagischen Gesandten nach Karthago (so der Papyrus) ist deutlich wahrscheinlicher als ihr Umweg über Scipios Lager (Polyb. 15,4,6; Liv. 30,25,9), der in erster Linie dazu gedient haben dürfte, einen wirkungsvollen Kontrast zwischen dem karthagischen Überfall auf die römischen Diplomaten und der tadellosen Behandlung der Karthager durch den römischen Feldherrn herzustellen. Dass die Karthager zunächst den Bericht ihrer Gesandten abwarteten und sich dann nach Abwägung der Alternativen zur Fortsetzung des Krieges entschieden, wie aus dem Papyrus hervorgeht, besitzt ein höheres Maß an Plausibilität als der ominöse Anschlag auf die römischen Parlamentäre nach dem Zwischenfall im Golf von Tunis. Andererseits kann das karthagische Vorgehen gegen eine gestrandete römische Transportflotte nicht völlig aus der Luft gegriffen sein, da die Friedensverhandlungen von 201 darauf Bezug nehmen: Den Karthagern wurde auferlegt, für die während des Waffenstillstandes beschlagnahmten Schiffe und Güter Ersatz zu leisten. Der Vorfall muss also einen historischen Kern haben; ob er sich so abgespielt hat, wie Polybios/Livius berichten, und ob er in ursächlichem Zusammenhang mit dem Scheitern des Friedens stand, ist eine andere Frage.

Gründe für die Ablehnung des Friedens durch die Karthager: die Verschärfung der Friedensbedingungen in Rom

Die Karthager schlugen den Frieden aus; wie sie dies taten und inwiefern sie damit gegen bestehende Abmachungen verstießen, muss nach derzeitigem Stand unseres Wissens offenbleiben. Gern wüssten wir allerdings, welche Motive sie zu diesem Schritt bewogen: Waren die Ratsherren von vornherein dazu entschlossen gewesen, unter der Führung Hannibals noch einmal das Kriegsglück zu versuchen? Oder hatten die Römer Scipios Friedensvorschlag verschärft und dadurch den Stimmungsumschwung in Karthago provoziert? Da unsere Quellen keinen direkten Vergleich zwischen den in Rom gebilligten Bestimmungen und Scipios vorläufigen Vereinbarungen mit den Karthagern bieten, sind wir einmal mehr auf die Auswertung von Indizien angewiesen. Polybios nennt als Grund für das Scheitern der Gespräche neben der karthagischen Siegeszuversicht den Umstand, die führenden Politiker seien *über die Auflagen des Vertrages erbittert* gewesen (15,2,2), was wenig Sinn ergäbe, wenn es sich um den unveränderten Inhalt ihrer früheren Übereinkunft mit Scipio gehandelt hätte. Sodann lassen sich die unterschiedlichen Angaben, die Livius zur Höhe der römischen Reparationsforderungen vorfand (30,16,12; Kap. II 13 a), am besten dadurch erklären, dass Volk beziehungsweise Senat eine ursprünglich niedrigere Summe nach oben korrigiert haben – wir kennen das Verfahren vom Ende des Ersten Punischen Krieges (Kap. II 7 b). Bei den 5000 Talenten, die Scipio in der Unterredung mit Hannibal genannt haben soll (15,8,7) und die Livius als höchste Variante erwähnt, handelt es sich offenbar um die endgültige Forderung; ein Vergleich mit dem Lutatius-Vertrag – damals hatten die Römer zunächst 2200, dann 3200 Talente verlangt – lässt erkennen, dass die römischen Vorstellungen sich nicht durch Bescheidenheit auszeichneten. Und eine weitere Bedingung des gescheiterten Friedens nach Polybios taucht in Livius' Bericht über die Gespräche zwischen Scipio und den Karthagern noch nicht auf: die Stellung von Geiseln, welche die Erfüllung der Forderungen und das politische Wohlverhalten der Karthager für die Zukunft garantieren sollten (Polyb. 15,8,7). Einiges deutet also darauf hin, dass die Römer die von Karthago akzeptierten Bedingungen Scipios in der Tat spürbar verschärft hatten; dieser Umstand dürfte – neben der Landung Hannibals in Afrika – wesentlich zum Entschluss der Karthager beigetragen haben, noch einmal zu den Waffen zu greifen.

c) Die Unterredung zwischen Hannibal und Scipio

Bevor es im Herbst 202 zur Begegnung der beiden großen Feldherren auf dem Schlachtfeld kam, bemühte sich Hannibal selbst um eine diplomatische Lösung, indem er seinen Gegner um eine Unterredung bat. Scipio willigte ein – allerdings wohl in erster Linie deshalb, weil ihm der Aufschub die Möglichkeit zur gefahrlosen Vereinigung mit Massinissas Truppen bot. An einer friedlichen Einigung war dem Römer ganz offensichtlich nicht gelegen: Polybios zufolge soll er die Zusammenkunft mit der Bemerkung beendet haben, die Karthager müssten entweder ihr Schicksal in die Hände der Römer legen oder im Kampf siegen (15,8,14). Ist diese Aussage im Kern historisch, so verlangte Scipio nicht weniger als die bedingungslose Kapitulation (*deditio*) – mit anderen Worten: er stellte bewusst eine Forderung, auf die Hannibal nicht eingehen konnte, und schloss so einen Erfolg der Initiative aus.

Auf den überlieferten Gesprächsverlauf im Einzelnen ist schwerlich Verlass; die Positionen der Verhandlungspartner liegen gleichwohl auf der Hand: Hannibal versuchte, zu einem Frieden zu gelangen, der aus dem verlorenen Krieg die Konsequenz zog und zugleich beiden Parteien das Risiko einer Niederlage ersparte. Scipio indes dachte nicht im Traum daran, auf die Chance zu verzichten, seine Karriere mit einem Sieg über Hannibal zu krönen. Eben noch zur rechten Zeit – gegen Ende der Saison, kurz vor Ablauf seines Kommandos – bot sich ihm die ersehnte Gelegenheit zum Waffengang mit dem langjährigen Angstgegner Roms. Dies war keine Situation, in der ein römischer Feldherr sich auf Friedensverhandlungen einließ.

d) Der endgültige Friedensvertrag des Jahres 201

Nachdem das Schlachtenglück bei Zama gegen ihn entschieden hatte, riet Hannibal seinen Landsleuten zur Kapitulation. Mochte die gut befestigte Stadt auch in der Lage sein, einer römischen Belagerung geraume Zeit zu trotzen, so war doch an eine Wende des Krieges unter den gegebenen Umständen nicht mehr zu denken. Ein Schiff mit zehn Friedensgesandten an Bord fuhr dem Sieger entgegen, der mit der Flotte Kurs auf Karthago genommen hatte; zur Bekanntgabe seiner Bedingungen bestellte Scipio die Karthager nach Tynes. Mehrere Autoren (Polybios, Livius, Appian, Cassius Dio, Zonaras) geben den Inhalt des römischen Diktates zum Teil unterschiedlich wieder. Grundlage einer Rekonstruktion muss der Text des Polybios sein, der allerdings nach den eigenen Worten des Historikers nur die Hauptpunkte – gegliedert nach Zugeständnissen und Auflagen – nennt. Ergänzen wir seine Angaben durch einige plausible Details der Parallelüberlieferung und sortieren wir sie nach Bestimmungen des eigentlichen Friedensvertrages (der wiederum erst in Rom genehmigt werden musste) und Bedingungen Scipios für einen Waffenstillstand, so ergibt sich folgendes Bild:

Scipios Friedensbedingungen

Die Karthager sollten Freunde und Bundesgenossen der Römer sein (App. *Libyke* 237); sie behielten die Autonomie und brauchten keine römische Besatzung aufzunehmen. Garantiert wurde ihnen ihr Besitzstand in Afrika bei Ausbruch des Krieges; abtreten mussten sie indes jene noch zu bezeichnenden Gebiete, die einst Massinissa oder dessen Vorfahren gehört hatten. Kriegführung jenseits ihrer Grenzen war den Karthagern außerhalb Afrikas grundsätzlich untersagt, innerhalb Afrikas nur mit römischer Einwilligung gestattet. Ihre Flotte mussten sie bis auf zehn Trieren, ihre Elefantentruppe vollständig ausliefern; bei den Kelten und Ligurern durften sie künftig keine Söldner mehr werben (App. *Libyke* 236). Alle Kriegsgefangenen, Überläufer und flüchtigen Sklaven (Liv. 30,37,3) waren den Römern zu übergeben. Die geforderte Kriegskostenentschädigung belief sich auf 10000 Talente Silber – über einen Zeitraum von 50 Jahren hatten die Karthager jährlich 200 Talente zu bezahlen. Für die Erfüllung dieser Verpflichtung und für die Bündnistreue der Karthager sollte bis zum Ende der Frist eine gleichbleibende Zahl von hundert Geiseln aus der adeligen Jugend Karthagos bürgen.

Zusätzliche Bedingungen für den Waffenstillstand

Falls die Karthager einen Frieden zu diesen Konditionen akzeptierten, bot Scipio ihnen für die Dauer des Verfahrens in Rom (Liv. 30,38,2: für drei Monate) einen Waffenstillstand an, der an zusätzliche Bedingungen geknüpft war: Erstens mussten die Karthager sich verpflichten, den Römern den während des letzten Waffenstillstandes zugefügten Schaden zu ersetzen – Livius präzisiert, dass es um die beschlagnahmten Frachtschiffe und die darauf befindlichen Güter ging (30,37,6). Ferner hatten sie die Versorgung des römischen Heeres für die kommenden drei Monate und seine Besoldung bis zum Eintreffen einer Antwort aus Rom zu übernehmen. Gesandte durften die Karthager während der Zeit des Waffenstillstandes nirgendwohin als nach Rom schicken; Gesandtschaften anderer Staaten nach Karthago waren dem römischen Feldherrn zu melden (Liv. 30,38,3). Appian berichtet zudem von 150 Geiseln, die sofort zu stellen und nach Abschluss des Friedensvertrages zurückzugeben waren (*Libyke* 238); trifft diese Angabe zu, so wollte Scipio einem erneuten Rückzieher der Karthager vorbeugen. Die Römer stellten im Gegenzug das sofortige Ende aller Feindseligkeiten in Aussicht.

Q

Die Friedensbedingungen des Jahres 202/01
(Polybios 15,18 = StV III 548)

Die Hauptpunkte der Vorschläge waren folgende: Sie (die Karthager) dürften die Städte in Libyen behalten, die sie schon besaßen, bevor sie den letzten Krieg gegen die Römer begonnen hatten, und das Land, das ihnen von alters her gehörte, das Vieh, die Sklaven und das sonstige Eigentum. Von jenem Tag an sollten die Karthager vor Kampfhandlungen sicher sein; sie sollten nach ihren eigenen Sitten und Gesetzen leben und keine Besatzung erhalten. Dies waren die Zugeständnisse, denen folgende Auflagen gegenüberstanden: Allen während des Waffenstillstandes zugefügten Schaden sollten die Karthager den Römern ersetzen, die Gefangenen und Überläufer aus der gesamten Zeit (des Krieges) zurückgeben und alle Kriegsschiffe mit Ausnahme von zehn Trieren sowie alle Elefanten ausliefern. Offensiv Krieg führen sollten sie außerhalb Libyens überhaupt nicht, innerhalb Libyens nicht ohne römische Genehmigung; Häuser, Land und Städte und was sonst König Massinissa oder dessen Vorfahren gehört habe, sollten sie innerhalb noch zu bezeichnender Grenzen vollständig Massinissa aushändigen. Dem Heer (der Römer) sollten sie für drei Monate Proviant liefern und ihm Sold zahlen, bis aus Rom Antwort bezüglich des Vertrages vorliege. An Silber sollten die Karthager 10000 Talente in 50 Jahren zahlen, indem sie jedes Jahr 200 euböische Talente abführten. Als Bürgschaft sollten sie 100 Geiseln stellen, die der römische Feldherr aus der Jugend bestimmen werde, nicht jünger als 14 und nicht älter als 30 Jahre.

Karthago verliert seine Unabhängigkeit

Gegenüber den römischen Bedingungen von 203/02 fällt zunächst auf, dass nicht die Abtretungen (Iberien und alle Inseln), sondern die den Karthagern verbleibenden Gebiete in Afrika bezeichnet werden – ein formaler Unterschied, hinter dem deutlich ein verändertes Selbstverständnis der Siegermacht zu erkennen ist: Römer und Karthager stehen einander nicht mehr als gleichberechtigte Vertragspartner gegenüber, die nach einem entschiedenen Krieg ihre Herrschafts- und Interessengrenzen neu aushandeln. Der Entwurf impliziert vielmehr die Verfügungsgewalt Roms über den besiegten Gegner, dem nach Gutdünken sein künftiger Rechtsstatus (Besitz, Autonomie, Besatzungsfreiheit) zugewiesen wird. Denkmuster des römischen Klientelwesens stehen unverkennbar im Hintergrund. Indem die Karthager ihre weitere staatliche Existenz wohldosiert aus den Händen des Siegers empfingen, verloren sie ihre politische Unabhängigkeit – dass die römischen Zugeständnisse jederzeit reversibel waren, wenn man dem Senat auch nur den geringsten Anlass zu Beanstandungen bot, dürfte den karthagischen Ratsherren klar gewesen sein.

Debatten in Karthago; der Abschluss des Vertrages

Sichtbarster Ausdruck des römischen Willens zu indirekter Herrschaftsausübung ist die langfristige Knebelung der einstigen Großmacht durch finanzielle Verpflichtungen und Geiselnahme: Für ein halbes Jahrhundert sollten die Karthager auf diese Weise römischer Kontrolle unterworfen werden – der politische Charakter der Maßnahme liegt auf der Hand, wenngleich die Verdoppelung der im Vorjahr geforderten Gesamtsumme auf 10000 Talente natürlich auch wirtschaftlich von Bedeutung war. Es kann nicht überraschen, dass manch ein karthagischer Politiker erneut einen Kampf der Verzweiflung der Annahme solcher Konditionen vorzog. Leidenschaftlich wurde im Rat das Für und Wider diskutiert; Polybios zufolge soll es gar zu Handgreiflichkeiten zwischen Hannibal und einem Gegner des römischen Friedensvorschlages gekommen sein (15,19,2). Doch die Mehrheit der Ratsherren schickte sich schließlich in das Unvermeidliche und erklärte ihr Einverständnis mit der römischen Vorlage. Scipios Bedingungen für einen Waffenstillstand wurden erfüllt beziehungsweise ihre Erfüllung zugesagt; Gesandte reisten erneut nach Rom. Dieses Mal scheint es im Senat keine größeren Widerstände mehr gegeben zu haben; allein der Konsul des Jahres 201, Cn. Cornelius Lentulus, der gern noch als Feldherr in diesem Krieg zum Zuge gekommen wäre, suchte die Einigung zu verhindern, konnte sich jedoch gegen das einstimmige Votum des Volkes nicht durchsetzen (Liv. 30,43,1–4). Scipio wurde ermächtigt, den Frieden unter den genannten Bedingungen abzuschließen; für den Fall der Ratifizierung stellte man den Karthagern die unentgeltliche Freilassung 200 vornehmer Kriegsgefangener in Aussicht. Der Vertrag kam zustande; die Karthager begannen mit der Erfüllung der Auflagen, indem sie Elefanten, Gefangene, Überläufer, entlaufene Sklaven sowie ihre Flotte auslieferten. Und Scipio ließ es sich nicht nehmen, den Besiegten das Ende ihrer politischen und militärischen Bedeutung effektvoll vor Augen zu führen: In Sichtweite der Stadt gingen etwa 500 karthagische Schiffe auf offener See in Flammen auf.

14. Karthago, Rom und Numidien im 2. Jahrhundert

Zwei Klauseln des Vertrages von 202/01 sollten für die weitere Entwicklung der karthagisch-römischen Beziehungen in der ersten Hälfte des 2. Jahrhunderts besondere Bedeutung erlangen: die Beschränkung karthagischer Kriegführung und die Forderung nach Entschädigung Massinissas. Zu beiden Bestimmungen weichen die Angaben unserer Quellen teils erheblich voneinander ab. Es empfiehlt sich daher, zunächst die Rechtslage zu prüfen, bevor wir uns den Ereignissen dieser letzten Zwischenkriegszeit zuwenden.

a) Die Rechtslage

Die Einschränkung karthagischer Kriegführung: überlieferte Varianten

Eine Regelung künftiger militärischer Aktivitäten Karthagos begegnet in drei Varianten: Nach Polybios (15,18,4; Kap. II 13 d) war nur offensive Kriegführung betroffen – das verwendete Verb „jemanden mit Krieg überziehen" lässt keinen Zweifel, dass Operationen im Lande des Gegners gemeint sind. Dergleichen war den Karthagern außerhalb Afrikas ganz untersagt, innerhalb Afrikas nur mit römischer Einwilligung gestattet. Livius (30,37,4) und Cassius Dio (17 fr. 57,82) kennen weder den eindeutigen Bezug auf Kriegführung im Feindesland noch die unterschiedliche Behandlung innerafrikanischer und überseeischer Konflikte: Wo auch immer, sollten die Karthager nicht ohne die Zustimmung des römischen Volkes Kriege führen dürfen. Eine dritte Version bietet Appian (*Libyke* 236): Die Karthager sollten weder gegen Massinissa noch gegen einen anderen mit Rom befreundeten Staat Krieg führen, und sie sollten auch niemanden anderen bei kriegerischen Aktivitäten gegen jene personell unterstützen. Von einer Differenzierung zwischen militärischem Engagement der Karthager inner- und außerhalb Afrikas weiß Appian ebenfalls nichts; eines wie das andere wäre den Karthagern demnach prinzipiell erlaubt gewesen.

Quellenvergleich

Ein kasuistischer Vergleich ergibt, dass die bei Appian überlieferte Variante den Karthagern den bei weitem größten Handlungsspielraum beließ: Ohne auf römisches Einverständnis angewiesen zu sein, hätte Karthago in Gebieten Afrikas, Iberiens oder Galliens, die noch nicht unter römischem Einfluss standen, nach Belieben eigene Interessen durchsetzen können. Dass Rom dieses Risiko nicht ausschloss, befremdet angesichts der übrigen – ganz auf Kontrolle abzielenden – Bestimmungen (Abrüstung, Reparationen). Überflüssig und daher suspekt ist zum anderen der konkrete Hinweis auf Massinissa: Als römischer Verbündeter wäre der Numider durch eine entsprechende Klausel in jedem Fall geschützt gewesen; seine besondere Hervorhebung verrät den nachträglichen Zuschnitt der Tradition auf die Konflikte zwischen den nordafrikanischen Nachbarn, die schließlich zum

Dritten Punischen Krieg geführt haben. Gute Gründe mahnen also dazu, Appians Darstellung mit Skepsis zu begegnen.

Nicht abwegig erscheint auf den ersten Blick der generelle römische Vorbehalt, wie ihn Livius und Cassius Dio annehmen. Erklärungsbedürftig bleibt allerdings, weshalb sich Polybios (oder sein Gewährsmann) die vergleichsweise komplizierte Unterscheidung zwischen Kriegen innerhalb und außerhalb Afrikas sowie den sprachlich eindeutigen Bezug auf expansive Kriegführung aus den Fingern gesogen haben sollte, wenn in Wirklichkeit schlicht vereinbart worden war, dass jeder karthagische Griff zu den Waffen der römischen Genehmigung bedurfte. Die Präzision der Angaben spricht in diesem Fall eher für die Zuverlässigkeit des polybianischen Berichts. Fragen wir uns, welche Absicht die Senatoren mit den dort genannten Bestimmungen verfolgt haben können.

Vorrangiges Ziel der römischen Führung beim Entwurf der Friedensbedingungen musste es sein, ein Wiedererstarken des karthagischen Staates durch neue Eroberungen ein für allemal zu unterbinden. Ein Vorgang wie die iberische Expansion, die Rom zum Eingreifen veranlasst und damit – aus römischer Sicht – zum Zweiten Punischen Krieg geführt hatte, durfte sich auf keinen Fall wiederholen. Vor diesem Hintergrund ergibt ein generelles Verbot für karthagische Operationen außerhalb Afrikas durchaus Sinn. Auf afrikanischem Boden galt es indes zu differenzieren: Hätte man den Karthagern jegliche Kriegführung – auch Maßnahmen zu ihrer eigenen Verteidigung – untersagt, so wäre Rom gezwungen gewesen, in Zukunft selbst als Schutzmacht für die Unversehrtheit des verbündeten Staates zu garantieren, wozu der Senat augenscheinlich wenig Lust verspürte. Die Selbstverteidigung sollte Karthagos eigene Sorge bleiben, eine Ausweitung karthagischer Macht in Nordafrika dagegen römischer Kontrolle unterworfen werden. Dass eine begriffliche Unterscheidung zwischen Verteidigungs- und Angriffskrieg hierfür untauglich war, wusste niemand besser als die Römer, die bekanntlich *ab urbe condita* stets Verteidigungskriege geführt haben. Nur eine klare Grenze – die des künftigen karthagischen Staatsgebietes – konnte eindeutige Rechtsverhältnisse schaffen: Die Abwehr fremder Aggression innerhalb ihres Territoriums blieb den Karthagern überlassen; Operationen im Land des Gegners wurden ihnen zwar nicht grundsätzlich verboten, aber durch die Genehmigungspflicht jederzeit von römischem Einverständnis abhängig gemacht. Wann immer Karthago in einer Weise zu reüssieren begann, die dem Senat widerstrebte, konnte Rom diese Zügel anziehen. Die Bestimmung ist in der bei Polybios überlieferten Form vollkommen plausibel.

Das Verbot der Kriegführung gegen *socii populi Romani*

Aufgrund der bisherigen Ausführungen können Polybios' Angaben die bei weitem höchste Glaubwürdigkeit beanspruchen, während die Parallelüberlieferungen als spätere Vereinfachung beziehungsweise durch die Vorgeschichte des Dritten Punischen Krieges inspirierte Konstruktion zu verwerfen wären. Doch wieder einmal liegen die Dinge komplizierter. Für das Jahr 172 erwähnt Livius eine Beschwerde der Karthager vor dem römischen Senat, die in deutlichem Widerspruch zu seiner Darstellung des Vertrages von 202/01 steht: Mehr als 70 auf karthagischem Gebiet gelegene Orte, so berichteten Gesandte, seien innerhalb von zwei Jahren durch Massinissa besetzt worden. Die Karthager hätten dem Treiben bislang tatenlos zugesehen, da ihnen der Friede mit Rom zwar Verteidigung innerhalb ihrer Grenzen grundsätzlich erlaube, zugleich aber Feindseligkeiten gegen Bundesgenossen der Römer verbiete. Ihre Bitte lautete daher, Rom solle entweder einen für die Zukunft verbindlichen Schiedsspruch fällen oder ihnen gestatten, sich gegen die Übergriffe mit Waffengewalt zur Wehr zu setzen (Liv. 42,23).

Handelt es sich bei der Episode um eine Vermengung zuverlässiger polybianischer Daten (eingeschränkte militärische Handlungsfreiheit außerhalb des karthagischen Territoriums) mit einem *ex eventu* konstruierten, unhistorischen Verbot, gegen römische Bundesgenossen zu den Waffen zu greifen? Die gesamte Argumentation der karthagischen Gesandten vor dem Senat wäre dann als annalistische Fiktion anzusehen, welche die Rechtswidrigkeit der karthagischen Kampagne gegen Massinissa von 151 unterstreichen und so Roms Kriegsbeschluss von 150 rechtfertigen sollte. Um eine derart komplexe und zugleich im Detail stimmige Fälschung anzunehmen, bedürfte es gewichtiger Gründe. Stattdessen erweist sie sich bei genauem Hinsehen als unnötig – mit dem Angriff auf Massinissa im Jahre 151 verstießen die Karthager in jedem Fall gegen das Verbot, jenseits ihrer Grenzen ohne römische Erlaubnis Krieg zu führen; die Erfindung einer weiteren Vertragsverletzung brachte insofern kaum einen substantiellen propagandistischen Nutzen. Vor allem aber muss man fragen, weshalb die Karthager jahrzehntelang immer wieder vergeblich in Rom die Respektierung ihres Territoriums durch Massinissa hätten anmahnen sollen, wenn die Vertragslage ihnen bewaffneten Widerstand gegen dessen Übergriffe erlaubte. Alles spricht dafür, einer Lösung den Vorzug zu geben, die ohne „Korrektur" der livianischen Angaben auskommt.

Liv. 42,23 bezieht sich auf den in Rom abgeänderten endgültigen Friedensvertrag

Polybios referiert – wie es scheint, aus guter Quelle – die Vorschläge, die Scipio den Karthagern nach der Schlacht bei Zama genannt hatte. In dessen Entwurf war offenbar von Auflagen bezüglich römischer Bundesgenossen keine Rede. Wir erfahren dagegen nirgends, ob Senat und Volk irgendwelche Änderungen vornahmen, bevor der Vertragstext ihre Zustimmung erhielt; andere Fälle haben gezeigt, dass ein solches Verfahren durchaus üblich war. Ohne weiteres kann also in Rom ein Zusatz angefügt worden sein, der den Karthagern jede Kriegführung gegen *socii populi Romani* verbot. So erklärt sich zwanglos die bei Livius geschilderte Rechtslage: Der endgültige Friede enthielt allem Anschein nach einen Passus, der den Karthagern gegen Bundesgenossen der Römer selbst die Verteidigung im eigenen Land untersagte. Die Bedeutung, die dem karthagisch-numidischen Konflikt für den Ausbruch des Dritten Punischen Krieges zukommen sollte, verleitete spätere Historiker, die Beschränkung karthagischer Kriegführung durch den Frieden von 202/01 rückblickend auf dieses Detail zu reduzieren (Appian).

Was bezweckte der Senat mit einem Verbot karthagischer Verteidigung gegen römische *socii*? Ging es prinzipiell darum, Konflikte zwischen römischen Bundesgenossen zu verhindern, indem man sich die unbedingte Entscheidungsgewalt vorbehielt? Oder stand hinter der Zusatzklausel von Anfang an die Absicht, Massinissa eine risikolose Expansion auf Kosten Karthagos zu ermöglichen? Stellen wir die Beantwortung dieser Frage einen Augenblick zurück und wenden wir uns der zweiten für die karthagisch-numidischen Beziehungen nach 201 grundlegenden Bestimmung des Vertrages zu, die Massinissas Entschädigung vorsah.

Die Bestimmung zur Entschädigung Massinissas

Nach Polybios (15,18,5) sollten die Karthager dem König allen einstmals numidischen Besitz innerhalb zu bezeichnender Grenzen zurückerstatten. Da der Historiker Scipios Vorschläge überliefert, ist der Hinweis auf eine noch zu treffende Regelung keineswegs abwegig; der Feldherr wollte und konnte, was die Grenzziehung zwischen Karthago und Numidien betraf, einer Entscheidung des Senates nicht vorgreifen. Die Frage ist, ob der in Rom beschlossene Text in diesem Punkt tatsächlich konkretere Angaben enthielt. Bei Polybios erfahren wir davon nichts. Livius (30,37,4) erwähnt stattdessen eine Klausel, die Karthago zum Abschluss eines Vertrages mit Massinissa verpflichtet hätte, was angesichts der sonstigen römischen Praxis, fremde Staaten durch bilaterale Verträge ausschließlich an Rom zu binden, ganz unwahrscheinlich ist. Und Appian (*Libyke* 236) nennt als künftige Grenze des karthagischen Staates die Phoinikischen Gräben im tunesischen Hinterland, was schon deshalb keinen Glauben verdient, weil sich die mit Sicherheit außerhalb dieser Demarkationslinie gelegenen Gebiete an der Kleinen Syrte bis in die 60er Jahre nachweislich im Besitz der Karthager befanden: Appians Variante geht offenkundig auf Bestrebungen zurück, der Okkupation dieser Region durch Massinissa nachträglich den Anschein der Legalität zu geben.

Nichts weist demnach darauf hin, dass der endgültige Vertrag eine Präzisierung enthielt, welche Gebiete die Karthager abzutreten hatten; die fortgesetzten karthagischen Klagen gegen Übergriffe der Numider während der folgenden Jahrzehnte lassen vielmehr die juristische Grauzone erkennen, in der Massinissa operierte. Hatte der Senat die in Scipios Entwurf vorgesehene Regelung schlicht vergessen? Eine derartige Nachlässigkeit will nicht recht zu der Umsicht passen, mit der man den Karthagern jedes militärische Vorgehen gegen römische *socii* verbot. Die Römer werden ihre Gründe gehabt haben, weshalb sie dieses festlegten und jenes offenließen: Indem sie eine Klärung der Besitzverhältnisse vermieden und zugleich den Karthagern bewaffneten Widerstand untersagten, gewährten sie Massinissa augenscheinlich mit voller Absicht freie Hand, seine territorialen Ansprüche bis auf weiteres nach eigenen Vorstellungen zu definieren und durchzusetzen. Stets mit römischer Billigung machte der Numider von dieser Option im Folgenden denn auch ausgiebigen Gebrauch.

b) Die Ereignisse

Erste numidische Annexionen und der karthagisch-numidische Vertrag von 200

Die ersten Differenzen bezüglich der Massinissa zustehenden Gebiete ließen nicht lange auf sich warten. Ohne sich mit diplomatischen Verständigungsversuchen aufzuhalten, okkupierte der König um 200 ein ansehnliches Stück karthagischen Landes, indem er sich auf alte Besitzansprüche – mithin auf den karthagisch-römischen Friedensvertrag – berief (App. *Libyke* 302). Dass die Karthager daraufhin einen römischen Schiedsspruch erbaten, zeigt zunächst das Fehlen einer verbindlichen Regelung für das strittige Gebiet. Die Römer entsprachen dem karthagischen Wunsch und schickten Gesandte zur Untersuchung des Falles, die allerdings von vornherein Weisung hatten, im Sinne Massinissas zu entscheiden. Das Gebiet wurde dem König zugesprochen und ein Vertrag zwischen den Nachbarn abgeschlossen, der das Ergebnis festschrieb und – so werden die Karthager gehofft haben – auf dieser Grundlage für die Zukunft Rechtssicherheit schuf.

Wirtschaftliche Blüte Karthagos

Fast zwei Jahrzehnte lang herrschte zwischen den beiden nordafrikanischen Mächten tatsächlich Ruhe; gleichzeitig erlebte Karthago einen bemerkenswerten wirtschaftlichen Aufschwung: Hatten die Römer zu Beginn der Reparationszahlungen 199 noch die schlechte Qualität des karthagischen Silbers beanstandet – ein untrügliches Zeichen für die desolate Haushaltslage nach den Anstrengungen des Krieges und dem Verlust der überseeischen Ressourcen –, so war Karthago bereits 191 imstande, den Römern für den Krieg gegen Antiochos neben Waffenhilfe und Getreidelieferungen die sofortige Bezahlung der gesamten noch geschuldeten Summe anzubieten. Roms Ablehnung zeigt deutlich die politische Dimension, die man den jährlichen Raten beimaß.

Nur ansatzweise erfahren wir, welche Faktoren zu dem rasanten Wiedererstarken Karthagos beitrugen: Wenn Appian von der Fruchtbarkeit der Ebenen und der vorteilhaften Lage am Meer spricht (*Libyke* 303), so wird man an eine Intensivierung der Landwirtschaft und des Seehandels (mit den Agrarprodukten?) zu denken haben; auf die Eintreibung höherer Tribute von den verbliebenen Untertanen könnte eine Passage bei Livius (34,62,3) hinweisen, die für die Stadt Leptis Magna an der Kleinen Syrte die unrealistische Summe von einem Talent pro Tag nennt. Zugleich erfahren wir von einem Versuch, die Verwaltung der karthagischen Staatseinkünfte auf Vordermann zu bringen: Zu der Finanzmisere der Stadt nach Kriegsende scheint nicht zuletzt die aristokratische Führungsschicht beigetragen zu haben, indem sie einen Großteil der Steuereinnahmen aus Handel und Gewerbe in die eigenen Taschen fließen ließ. Diesem Übel sagte Hannibal, als er im Jahre 196 zum **Sufeten** gewählt wurde, den Kampf an. Alle, die sich in den vergangenen Jahren auf Kosten des Staates bereichert hatten, sollten die veruntreuten Gelder zurückzahlen; dafür wurde eine Besteuerung der Privatleute, die zur Erfüllung der finanziellen Verpflichtungen gegenüber Rom bereits im Gespräch gewesen war, ausgesetzt (Liv. 33,46,8–47,2).

E

Sufet
höchster karthagischer Staatsbeamter. Zwei Sufeten wurden jährlich durch das Volk gewählt; sie waren verantwortlich für die Einberufung und den Ablauf von Rats- und Volksversammlungen sowie für die Rechtsprechung, unterstanden aber der Kontrolle durch den Gerichtshof der 104, was Aristoteles zum Vergleich der Sufeten mit den spartanischen Königen veranlasste (*Politik* 2,11, p. 1272 b).

Hannibals Sturz

Der erbitterte Widerstand der Aristokratie lässt erkennen, dass Hannibals Maßnahme ins Schwarze getroffen hatte, und wie so oft drängte die totale Verweigerungshaltung der herrschenden Elite den Reformer in die Rolle des Revolutionärs. Auf Antrag Hannibals beschloss die Volksversammlung, dass die Mitglieder des Gerichtshofes der 104 in Zukunft nicht mehr auf Lebenszeit, sondern jährlich neu zu wählen seien und dass niemand dem

Gremium zwei Jahre nacheinander angehören dürfe (Liv. 33,46,1–7). Das wirksamste Instrument adeliger Interessenpolitik war damit entscheidend geschwächt, ein wichtiger Schritt hin zu einer Demokratisierung der karthagischen Verfassung getan. Die Rache der entmachteten Gegner bestand darin, Hannibal bei den Römern anzuschwärzen, die – sei es aus alten Ressentiments gegen Hannibal, sei es aufgrund der römischen Vorliebe für oligarchische Systeme gegenüber schwerer zu beeinflussenden Demokratien – den Klagen nur zu bereitwillig ihr Ohr liehen: Eine römische Gesandtschaft reiste nach Karthago, die Hannibal vor dem karthagischen Rat der antirömischen Konspiration anklagen sollte. Bevor es dazu kam, verließ Hannibal zum zweiten und letzten Mal seine Heimat und begab sich zu Antiochos, wo er als von den Römern Verfolgter freundliche Aufnahme erfuhr. An der Rechtskraft seiner Maßnahmen scheint dies nichts geändert zu haben. Und so wird man auch in Hannibals Reorganisation des karthagischen Finanzwesens einen Grund für die wirtschaftliche Blüte der Nachkriegszeit sehen, die nicht nur aus den literarischen Quellen, sondern ebenso aus neueren Erkenntnissen zur Stadtarchitektur eindrucksvoll hervorgeht.

Numidische Annexionen von 182

Zur Kollision zwischen karthagischen und numidischen Interessen kam es erst wieder im Jahre 182, als Massinissa – fast 20 Jahre nach dem Frieden, der ihm die Wiederherstellung alter Besitzverhältnisse zusicherte – erneut Anspruch auf ein karthagisches Gebiet erhob und dieses sogleich besetzte. Wieder beschwerten sich die Karthager in Rom, und wieder schickten die Römer Gesandte, um die Angelegenheit vor Ort zu untersuchen. Die Argumentation des Königs lautete, dass der Landstrich in der Vergangenheit seinem Vater Gaia gehört habe und daher nach dem Wortlaut der Bestimmungen von 202/01 (Polyb. 15,18,5; Kap. II 13 d) ihm zustehe. Tatsache war, dass es sich um karthagisches Territorium handelte, das durch Gaia annektiert, dann jedoch von Syphax erobert worden war, der es den Karthagern zurückgegeben hatte. Die römischen Gesandten sahen sich angeblich nicht in der Lage, eine Entscheidung – man wird ergänzen: eine Entscheidung im Sinne Massinissas – zu treffen; sie beließen es daher bei den augenblicklichen Besitzverhältnissen und verwiesen den Fall an den Senat (Liv. 40,17,1–6). Für das folgende Jahr erfahren wir von einer Einigung (Liv. 40,34,14 spricht von einem Frieden) zwischen den Parteien; der Nachricht dürfte zu entnehmen sein, dass der Senat schließlich zugunsten Massinissas entschieden hat, der jedenfalls weiterhin im Besitz des strittigen Gebietes blieb (vgl. Liv. 42,23,2). Mochten die Karthager gehofft haben, nach zwei Jahrzehnten Friedens, nach Beteiligung der Römer an ihren innenpolitischen Richtungskämpfen sowie loyaler Erfüllung ihrer Bündnispflicht im Krieg gegen Antiochos nicht mehr als der Gegner von einst behandelt zu werden, so zeigte Roms jüngstes Urteil, dass Massinissas Verdienste im Hannibalischen Krieg nach wie vor schwerer wogen.

Numidische Annexionen von 172

Der Konflikt von 172 hat uns bereits im Zusammenhang mit der Rekonstruktion der Rechtslage nach dem Vertrag von 202/01 beschäftigt (Kap. II 14 a). Innerhalb von zwei Jahren hatte Massinissa über 70 karthagische Siedlungen okkupiert; von einer wie auch immer gearteten Begründung seiner Ansprüche erfahren wir nichts. Dieses Mal fand die Beschwerdegesandtschaft der Karthager deutliche Worte: Die Römer sollten entweder für die Unversehrtheit des karthagischen Territoriums sorgen oder ihnen dessen Verteidigung gestatten oder aber – *wenn Gunst bei ihnen mehr gelte als Wahrheit* – ein für alle Mal festsetzen, wieviel karthagisches Land sie Massinissa zuzuschanzen gedächten (Liv. 42,23,6). Eine solch unverblümte Kritik an der Willkür ihrer Machtausübung dürfte den Herren der Welt wenig behagt haben, wenngleich die Karthager es allem Anschein nach nicht an artigen Redewendungen und an Gesten der Unterwürfigkeit fehlen ließen. Für den Augenblick war den Senatoren allerdings daran gelegen, die Wogen zu glätten – der Krieg gegen den Makedonenkönig Perseus stand unmittelbar bevor. So bekundeten sie ihre Absicht, an den bisherigen Grenzen festzuhalten, und forderten Massinissa auf, sich zu den karthagischen Vorwürfen zu äußern. Ob und mit welchem Ergebnis dies geschah, entzieht sich unserer Kenntnis; nichts deutet auf eine Räumung der besetzten Gebiete durch die numidischen Truppen.

Karthago und Numidien im Dritten Makedonischen Krieg

Der Dritte Makedonische Krieg (171–168 v. Chr.) gab beiden Parteien erneut Gelegenheit, um die römische Gunst zu wetteifern. Karthager wie Numider unterstützten das römische Heer durch Getreidelieferungen; Massinissa entsandte außerdem Infanterie, Kavallerie und Elefanten. Ob auch die Karthager mit eigenen Truppenkontingenten an den Kampfhandlungen beteiligt waren, wissen wir nicht, da die Darstellung des Livius an der betreffenden Stelle eine Lücke aufweist. Interessant ist allerdings, was wir unmittelbar davor über eine numidische Gesandtschaft nach Rom erfahren: Gulussa, einer der Söhne Massinissas, der den Senat von den Bündnisleistungen seines Vaters in Kenntnis setzen und weitere Unterstützung anbieten sollte, warnte zugleich vor der Heimtücke der Karthager, die unter dem Vorwand der Bündnisverpflichtung Flottenrüstungen betrieben (Liv. 43,3,6–7). Der verwertbare Kern der Notiz dürfte darin liegen, dass Karthago – wie bereits im Krieg gegen Antiochos – seinen Beitrag zur Verstärkung der römischen Seestreitkräfte zu leisten beabsichtigte und wohl auch geleistet hat. Gulussas Behauptung, hinter den Vorbereitungen stünden in Wirklichkeit andere, Roms Interessen zuwiderlaufende Ziele, ist dagegen ein signifikantes Beispiel für die Agitation, mit der Massinissa sich das römische Wohlwollen auf Kosten der Karthager in jenen Jahren immer wieder zu sichern verstand.

Numidische Annexionen der 60er Jahre

Als der König um die Mitte der 60er Jahre die Hand nach den karthagischen Besitzungen an der Kleinen Syrte ausstreckte, die dortigen Städte sich jedoch erfolgreich seinem Zugriff verweigerten, kam es erneut zum Rechtsstreit vor dem römischen Senat, der nach einigem Zögern vermutlich 162/61 folgende Entscheidung traf: Massinissa sollte von den Karthagern nicht allein sämtliche von ihm beanspruchten Gebiete, sondern noch dazu 500 Talente Entschädigung für die Einkünfte erhalten, die ihm seit Beginn seiner Intervention aus dieser überaus fruchtbaren Region entgangen waren (Polyb. 31,21 [32,2]). Der Numider scheint mittlerweile argumentiert zu haben, die Karthager besäßen als phoinikische Einwanderer in Afrika überhaupt kein Land, das nicht irgendwann seinen Vorfahren gehört habe und damit im Sinne der Entschädigungsklausel von 201 Verhandlungsmasse sei (Liv. 34,62,11–13; der Bericht gehört zeitlich und inhaltlich zu Polyb. 31,21 [32,2]). Und in Rom sah man – nachdem das Land erst einmal einige Jahre „umstritten" war – offenbar keinen Grund, sich diesem

Standpunkt zu verschließen. Die Entschädigung für den Ausfall an Einnahmen während der Zeit, als die karthagischen Städte sich zu verteidigen gewagt hatten, mag mit dem Verbot des Friedensvertrages von 201 begründet worden sein, gegen *socii populi Romani* zu den Waffen zu greifen – falls sich der Senat nach der Zerschlagung des letzten ernstzunehmenden Gegners im Dritten Makedonischen Krieg überhaupt noch die Mühe machte, irgendjemandem seine Anordnungen zu begründen. Spätestens jetzt muss jedem karthagischen Politiker klar geworden sein, dass Massinissas Ambitionen auf die Dauer vor keiner karthagisch-numidischen Grenze Halt machen würden und dass von Rom eine Wahrung der karthagischen Interessen definitiv nicht zu erwarten war.

Widerstand in Karthago

Die karthagische Außenpolitik war an einem Scheideweg angelangt: Bei dem bisherigen Kurs zu bleiben bedeutete, auf die sichere nächste Annexion Massinissas und deren ebenso sichere Billigung durch die Römer zu warten; dass die Befürworter einer solchen Haltung zunehmend unter Druck gerieten, versteht sich von selbst. Über eine zweckmäßige Alternative zu der von Rom verordneten Verzichtpolitik gingen die Ansichten der Ratsherren indes auseinander. Einige traten dafür ein, den Anschluss an Massinissa zu suchen; für die Zukunft der Stadt konnte es unter den momentanen Umständen in der Tat vorteilhafter erscheinen, dem numidischen Reich anzugehören als dessen Grenznachbar zu sein. Wenn sich für dieses Konzept keine Mehrheit gewinnen ließ, so wohl vor allem deshalb, weil das rücksichtslose Vorgehen des römischen Protegés in der Vergangenheit bei zu vielen Karthagern unüberwindliche Ressentiments hervorgerufen hatte. Und als sich der Numiderkönig im Laufe der 50er Jahre mit dem Bagradastal für die nächste landwirtschaftlich ertragreiche Region unter karthagischer Herrschaft zu interessieren begann, gewann eine von Appian (*Libyke* 305–306) als „Volkspartei" bezeichnete Fraktion an Einfluss, deren Credo lautete, Massinissas Expansion künftig Widerstand entgegenzusetzen.

Weitere numidische Übergriffe; Catos Gesandtschaft

Zu ersten Zusammenstößen scheint es im Jahre 153 gekommen zu sein; römische Gesandte trennten schließlich die Gegner, wobei – wie üblich – Massinissa im Besitz der von ihm okkupierten Gebiete blieb. Weitere Übergriffe des Königs folgten; Beschwerden der Karthager wurden in Rom so lange hingehalten, bis der Numider wiederum seine Ziele erreicht hatte. Erst jetzt schickte der Senat eine Gesandtschaft unter Führung des älteren Cato nach Afrika (wohl 152), die vorab von beiden Parteien die Unterwerfung unter ihren Schiedsspruch verlangte. Entsprechend dem zu erwartenden Ergebnis stimmte Massinissa zu, während die Karthager nun unmissverständlich auf ihr Recht pochten: Die Bestimmungen des Friedensvertrages von 201 bedürften keiner schiedsrichterlichen Entscheidung, sondern der Einhaltung; allein darum solle sich die Kommission kümmern (App. *Libyke* 311). Mit dieser Antwort kehrten die Diplomaten nach Rom zurück; eine Rechtsprechung auf der Grundlage der einstigen Zusicherung, Karthago solle seine afrikanischen Besitzungen vor Ausbruch des Hannibalischen Krieges behalten (Polyb. 15,18,1), war offenbar nicht ihr Auftrag. Schon die Wahl Catos – eines Politikers, der aus seinem Hass auf Karthago keinen Hehl machte – für die Mission zeigt im Übrigen, dass der Senat sich wie in früheren Fällen nicht als Vermittler, sondern als Anwalt Massinissas verstand. Cato war es denn auch, der unter dem Eindruck der wirtschaftlichen und demographischen Prosperität der Stadt fortan vehement für deren Vernichtung eintrat; der Name des P. Cornelius Scipio Nasica steht für jene Senatoren, die – ob aus politischer Überzeugung oder aus taktischem Kalkül (Liv. *perioche* 48: ... *dass ihm* [Cornelius Nasica] *noch kein triftiger Kriegsgrund vorzuliegen schien* ...) – zunächst noch zur Mäßigung rieten.

Der Numiderfeldzug von 150

Kurze Zeit später eskalierten die karthagisch-numidischen Spannungen zum Krieg. Auf Betreiben der „Volkspartei" verbannte man die führenden Parteigänger Massinissas aus Karthago. Gulussa, der anscheinend eine Aufhebung dieses Beschlusses erwirken sollte, wurde vor den Mauern der Stadt abgewiesen und auf dem Rückweg von karthagischen Truppen angegriffen, worauf Massinissa mit der Belagerung einer karthagischen Stadt begann. Die Karthager waren nunmehr fest entschlossen, sich künftig gewaltsam Recht zu verschaffen – zu oft hatte das Mittel der Beschwerde in Rom versagt. So führte der Stratege Hasdrubal im Jahre 150 ein Heer von 58 000 Mann gegen den Feind. In ungünstigem Gelände unterlag das karthagische Aufgebot; Hasdrubal ersuchte um Frieden, doch Massinissa spielte seinen Sieg – unter den Augen römischer Beobachter – bis zur annähernd vollständigen Vernichtung des karthagischen Heeres aus. Nur wenige, unter ihnen Hasdrubal, entkamen der Katastrophe (App. *Libyke* 328–337). Die Machtverhältnisse in Nordafrika schienen endgültig zugunsten Massinissas geklärt. Weder Sieger noch Besiegte konnten ahnen, dass ihre Auseinandersetzung lediglich der Auftakt zu einer ebenso radikalen wie brutalen Neuordnung durch die Weltmacht Rom gewesen war.

15. Der Ausbruch des Dritten Punischen Krieges

Kann man die ersten beiden Punischen Kriege – von der Frage nach Schuld und Vermeidbarkeit einmal abgesehen – pauschal als Konflikte zweier Großmächte um Herrschaft und Besitz bewerten, so gleicht der Dritte Punische Krieg der Exekution eines Delinquenten. Schon die Zeitgenossen sahen diesen Unterschied; die Palette ihrer Beurteilungen des römischen Verhaltens reicht von Anerkennung für eine weitsichtige Sicherheitspolitik bis zum Vorwurf tyrannischer Willkür (Polyb. 36,9,3–8). Welche Motive die Römer tatsächlich dazu bewogen, den überwundenen Gegner völlig zu vernichten, wird uns in einem zweiten Abschnitt dieses Kapitels interessieren; zunächst soll unser Augenmerk den Fakten gelten: Die Art und Weise, wie die Römer bei der Umsetzung ihres zunächst geheimen Zerstörungsbeschlusses vorgingen, rief in der antiken Öffentlichkeit ein nicht weniger geteiltes Echo hervor – während manche die Perfidie der römischen Politik kritisierten, hoben andere deren formalrechtliche Unbedenklichkeit hervor (Polyb. 36,9,9–17). Die folgenden Ausführungen werden zeigen, dass beide Positionen Richtiges enthalten.

a) Verfahren und Kriegsschuld

Der Senatsbeschluss, Karthago zu zerstören

Spätestens seit der Ablehnung des römischen Schiedsspruches nach Massinissas Übergriffen der Jahre 153/52 beschäftigte sich der Senat eingehend mit der Option eines erneuten Krieges gegen Karthago. Überwog anfangs noch die Ansicht, es bedürfe eines gewichtigeren Kriegsgrundes, so wurde dieses Argument mit dem Feldzug Hasdrubals gegenstandslos. Dessen Vorgehen von 150 stellte einen eindeutigen Bruch des Friedensvertrages von 201 dar, da ein karthagisches Heer nicht allein dem römischen *socius* Massinissa entgegengetreten war, sondern dabei außerdem die Grenzen des karthagischen Territoriums überschritten zu haben scheint (Liv. *perioche* 49; Kap. II 14 a). Wohl unter dem Eindruck dieser Ereignisse gaben die bisherigen Kriegsgegner unter den Senatoren ihre Bedenken auf. Man beschloss den Krieg und zugleich die Zerstörung Karthagos; publik gemacht werden sollte der Beschluss indes vorerst nicht.

In Karthago war auf den herben militärischen Rückschlag gegen Massinissa eine Besinnung auf die politischen Realitäten gefolgt. Man war sich des Vertragsbruches bewusst und hielt ein Einlenken gegenüber den Römern für geboten. Die Scharfmacher der vergangenen Jahre wurden demonstrativ zum Tode verurteilt; Gesandte reisten nach Rom, die das karthagische Fehlverhalten teils der Voreiligkeit jener Politiker anzulasten, teils mit den fortwährenden Feindseligkeiten Massinissas zu entschuldigen suchten. Doch auf die besorgte Frage, was die Karthager tun könnten, um die Römer zu versöhnen, erhielten die Gesandten nur die ausweichende Antwort, sie müssten *den Römern Genugtuung leisten* (App. *Libyke* 344). Nachfragen, was darunter konkret zu verstehen sei, blieben ergebnislos; Karthagos Schicksal war zu diesem Zeitpunkt bereits besiegelt.

Das römische Taktieren vor Kriegsbeginn

Erst im folgenden Jahr gab der Senat den Kriegsbeschluss bekannt und beauftragte zugleich die Konsuln des Jahres 149 mit der Führung der Operationen – dass die Zerstörung Karthagos das Kriegsziel war, blieb nach wie vor geheim. Durch denselben Boten sollen die Karthager die Kriegserklärung und die Nachricht vom Auslaufen der römischen Flotte erhalten haben. Da sie sich zu einer Auseinandersetzung mit Rom völlig außerstande sahen, griffen die bestürzten Ratsherren zum äußersten Mittel und boten – wie dies kurz zuvor die Uticenser mit Erfolg getan hatten – dem Senat die bedingungslose Kapitulation (*deditio in fidem*: Kap. II 5 b) an. Die Antwort lautete, *wenn die Karthager binnen 30 Tagen ihre 300 vornehmsten Söhne als Geiseln den noch in Sizilien befindlichen Konsuln übergäben und deren übrigen Forderungen nachkämen, so solle Karthago frei und unabhängig und im Besitz seines Landes in Libyen bleiben* (App. *Libyke* 354).

Diese Zusage gab zumindest Anlass zu Hoffnungen, mag den Karthagern bei der unverbindlichen Ankündigung weiterer Forderungen auch nicht sonderlich wohl gewesen sein. Jedenfalls hatten sie kaum eine andere Wahl, als der Anordnung Folge zu leisten und die Geiseln nach Lilybaion zu bringen, was sie denn auch in weniger als den festgesetzten 30 Tagen taten. Doch anstatt im Gegenzug die übrigen Auflagen bekanntzugeben, eröffneten die Konsuln, dass sie mit dem Heer nach Utica überzusetzen beabsichtigten; dort könnten die Karthager in Erfahrung bringen, was sie weiter zu tun hätten, um den Krieg zu beenden. Dass die Römer ungeachtet der karthagischen Friedensbemühungen an ihrem Invasionsvorhaben festhielten, verhieß nichts Gutes. Mit einiger Sorge dürfte sich die Gesandtschaft auf den Weg gemacht haben, die nun auf afrikanischem Boden die römischen Weisungen entgegennehmen sollte.

Um die römische Übermacht zu demonstrieren, war das gesamte Heer angetreten, als die Konsuln den Unterhändlern die nächste Bedingung mitteilten: Wenn es den Karthagern ernst sei mit ihrem Wunsch nach Frieden, so bedürften sie keiner Waffen mehr; sämtliches Kriegsgerät sei daher den Römern auszuliefern. Nach kurzer Diskussion erklärten sich die Gesandten auch hierzu bereit; zwei Militärtribunen beaufsichtigten die totale Entwaffnung der Stadt; 200000 Rüstungen, Unmengen an Wurfgeschossen und an die 2000 Katapulte wurden verladen und nach Utica ins römische Lager überführt (App. *Libyke* 375). Jetzt erst ließen die Konsuln die Katze aus dem Sack und gaben die letzte Forderung bekannt: Die Karthager müssten ihre Stadt verlassen, da der Senat deren Zerstörung verfügt habe, und sich in einer Entfernung von 80 Stadien (etwa 16 km) zum Meer neu ansiedeln.

Kriegsbeschluss und Rüstungen der Karthager

Wir können nur erahnen, welche Wut und Erbitterung der Bescheid in der Stadt hervorrief. Eine Stadt von der Größe, der gesellschaftlichen und politischen Struktur und der ökonomischen Dynamik Karthagos ins Landesinnere zu verlegen, war unter antiken Bedingungen eine Unmöglichkeit. Die Aufgabe des direkten Zuganges zum Meer bedeutete ebenso sicher das Ende der bisherigen staatlichen und wirtschaftlichen Existenz wie eine Eroberung und Zerstörung Karthagos durch die feindlichen Truppen. Anstatt auch diese letzte Demütigung hinzunehmen, entschloss sich der Rat nunmehr zum Kampf um Sein oder Nichtsein und ergriff die notwendigen Maßnahmen: Das Todesurteil gegen Hasdrubal, der im Hinterland der Stadt 20000 Mann um sich geschart hatte, wurde aufgehoben; alle Sklaven erhielten die Freiheit. In den Tempelbezirken und auf den öffentlichen Plätzen richtete man Werkstätten zur Waffenproduktion ein; Männer und Frauen fertigten in ununterbrochener Arbeit täglich 100 Schilde, 300 Schwerter, 1000 Artilleriegeschosse, 500 Wurfspieße und Lanzen sowie eine möglichst große Zahl von Katapulten (App. *Libyke* 441). Standbilder wurden eingeschmolzen und Häuser abgedeckt, um Holz für den Schiffbau zu gewinnen; die Frauen stellten ihren Schmuck zur Verfügung und opferten ihr Haupthaar für die Bespannung der Geschütze. Mag es sich bei dem einen oder anderen überlieferten Detail auch um ein Wandermotiv handeln, so stellt doch insgesamt die Reaktion der Karthager auf die letzte Hiobsbotschaft des Jahres 149 ein beeindruckendes Beispiel dar, zu welchen Kraftanstrengungen ein zum Äußersten entschlossenes Volk in verzweifelter Lage fähig ist.

Ausgeklammert haben wir bis jetzt eine juristische und moralische Bewertung des römischen Verhaltens. Fassen wir die wichtigsten Fakten noch einmal kurz zusammen: Die Zerstörung Karthagos war seit 150 beschlossene Sache. Als die Karthager auf die Kriegserklärung im Jahr darauf mit der *deditio* reagierten, garantierte der Senat der Stadt Freiheit, Unabhängigkeit und die Wahrung des territorialen Besitzstandes, falls Geiseln gestellt und auch alle anderen Forderungen der Konsuln erfüllt würden; worin diese Forderungen gipfeln sollten, verschwieg man wohlweislich. Nachdem die Geiseln in römischer Hand waren, bestellte man die Karthager zu weiteren Gesprächen ins römische Lager bei Utica – auf diese Weise konnten die Konsuln ungefährdet das Heer übersetzen und die Ausgangsposition für den Angriff einnehmen. Es folgte der Befehl zur Auslieferung allen Kriegsgeräts mit der Begründung, ein friedenswilliges Karthago bedürfe keiner Waffen; wieder wurde die trügerische Hoffnung genährt, ein Eingehen auf die römische Forderung könnte den drohenden Untergang der Stadt im Krieg abwenden. Erst als die Karthager auch diesen Trumpf aus der Hand gegeben hatten, wurde ihnen eröffnet, dass die Zerstörung ihrer Stadt unabänderlich feststand. Kann man umhin, dem römischen Vorgehen eine beispiellose Perfidie zu attestieren (Bleicken)?

Der römische Standpunkt

Die Römer (und jene, die bereit waren, sich den römischen Standpunkt zu Eigen zu machen) scheinen dies anders beurteilt zu haben; auch ihre Argumentation ist uns in den wesentlichen Zügen überliefert. Der Kriegs- und Zerstörungsbeschluss wurde mit der karthagischen Verletzung des Friedensvertrages von 201 durch den Feldzug gegen Massinissa begründet; die vorläufige Geheimhaltung der Entscheidung war juristisch kaum anfechtbar. Und alles Weitere rechtfertigte man mit der uneingeschränkten Verfügungsgewalt, die sich aus der *deditio* der Karthager ergab: Die bedingungslose Unterwerfung ermächtigte die Römer, mit den Karthagern nach Belieben zu verfahren, und nichts anderes taten sie; die Karthager waren es, die sich erneut rechtswidrig verhielten, indem sie es ablehnten, der letzten Anordnung der Konsuln Folge zu leisten. So abwegig uns eine solche Rechtsauffassung erscheinen mag, sie entbehrt nicht einer gewissen inneren Logik. Zu prüfen ist also, inwiefern sich die Senatoren dieses Mal – anders als vor dem Ersten und Zweiten Punischen Krieg, als sie sehenden Auges bestehende Verträge ignoriert beziehungsweise mit Hilfe vorgeschobener Beistandsverpflichtungen umgangen hatten – tatsächlich im Recht gefühlt haben können.

Q

Zeitgenössische Bewertungen des römischen Vorgehens
(Polybios 36,9,9–17)

Wieder andere sagten, das römische Volk sei im Allgemeinen zivilisiert; die Römer nähmen für sich in Anspruch und rühmten sich, ihre Kriege ehrlich und aufrichtig zu führen, ohne sich nächtlicher Überfälle und Hinterhalte zu bedienen, da sie jede Anwendung von Täuschung und List ablehnten und nur den offenen Kampf Auge in Auge als ihrer würdig erachteten. Nun aber seien sie in Bezug auf die Karthager ausschließlich mit Täuschung und List vorgegangen, indem sie Schritt für Schritt dieses in Aussicht stellten und jenes verbargen, bis sie ihnen jede Hoffnung auf Unterstützung durch Verbündete genommen hatten. Dergleichen passe eher zu den Machenschaften eines Despoten als zu den Grundsätzen eines zivilisierten Staates wie des römischen; genau so sähen – um es unumwunden auszusprechen – Gottlosigkeit und Wortbrüchigkeit aus.
Es gab aber auch Stimmen, die dem widersprachen. Wenn sie (die Römer), bevor die Karthager die *deditio* anboten, so verfahren wären, indem sie Schritt für Schritt dieses in Aussicht stellten und jenes enthüllten, dann wären sie den genannten Vorwürfen gewiss zu Recht ausgesetzt. Wenn die Römer dagegen, nach-

dem die Karthager sie dazu ermächtigt hatten, über sie zu beschließen, was ihnen gut schien, aufgrund dieser Befugnis nach Gutdünken verfügten und befahlen, was sie entschieden hatten, dann habe ihr Vorgehen nichts mit Gottlosigkeit, geschweige denn mit Wortbrüchigkeit zu tun, ja manche hielten es nicht einmal für ein Unrecht. Denn unter keine der drei Kategorien, auf die naturgemäß jede Beschuldigung hinauslaufe, falle das römische Handeln: Unter Gottlosigkeit verstehe man Verfehlungen gegen die Götter, die Eltern und die Toten, unter Wortbrüchigkeit die Übertretung beschworener oder schriftlicher Verträge, (unter Unrecht Verstöße gegen Gesetz und) Herkommen. Keiner dieser Verfehlungen seien die Römer gegenwärtig schuldig: Sie hätten sich weder an den Göttern noch an den Eltern noch an den Toten vergangen noch Eide oder Verträge übertreten, sondern vielmehr selbst den Karthagern Vertragsbruch zum Vorwurf gemacht. Schon gar nicht hätten sie gegen Gesetz und Herkommen oder gegen Treu und Glauben verstoßen. Denn erst nachdem ihnen jene (die Karthager) freiwillig das Recht übertragen hatten, mit ihnen nach Belieben zu verfahren, dann aber den Befehlen nicht nachkamen, hätten sie folgerichtig Zwang gegen sie angewandt.

Kritik an der römischen Position

Wäre der Konflikt nicht durch das römische Schwert entschieden, sondern einem internationalen Gerichtshof vorgelegt worden, so hätte ein karthagischer Advokat der römischen Argumentation wohl Folgendes entgegengehalten: Zunächst ermangelte der Vernichtungsbeschluss als Reaktion auf den bereits verlorenen karthagischen Krieg gegen Massinissa jeder Verhältnismäßigkeit. Sodann bedeutete eine *deditio in fidem* zwar die bedingungslose Unterwerfung unter den römischen Willen, nach bisheriger Praxis wurde den *dediticii* jedoch im Gegenzug seitens der Römer stets eine maßvolle Behandlung zuteil; die Unnachgiebigkeit bei der Umsetzung des Entschlusses, die Lebensgrundlagen der Stadt zu zerstören, stand insofern in krassem Widerspruch zu berechtigten Erwartungen der Karthager. Vor allem aber übersah der römische Standpunkt geflissentlich, dass Rom selbst durch seine Protektion Massinissas den Vertrag, dessen Verletzung man den Karthagern nun zum Vorwurf machte, mehrmals gebrochen hatte. Die Klausel von 201, die den Karthagern ihren Territorialbesitz vor Ausbruch des Zweiten Punischen Krieges garantierte (Polyb. 15,18,1), besaß nicht weniger Rechtskraft als jene, die ihnen den Krieg gegen *socii populi Romani* verbot (Liv. 42,23,4); gegen die einstige Zusage hatte Rom den Karthagern jahrzehntelang eine Gebietsabtretung nach der anderen zugemutet und so die Krise des Jahres 150 provoziert.

Halten wir also fest: Das Taktieren der Römer vor Kriegsbeginn war moralisch fragwürdig, doch juristisch durch die *deditio* der Karthager in gewisser Weise zu rechtfertigen. Kaum haltbar ist dagegen vor dem Hintergrund der wiederholten vertragswidrigen Schiedssprüche Roms die Begründung des Krieges mit einem karthagischen Verstoß gegen den Frieden von 201. Die Römer hatten sich längst ins Unrecht gesetzt, bevor dies im Jahre 150 auch die Karthager taten. Sollte dieser Umstand den Senatoren entgangen sein? Zwei Argumente sprechen dagegen: Zum einen hatten die Karthager mehrmals unmissverständlich auf die geltenden Bestimmungen hingewiesen und deren Beachtung gefordert; zum anderen stellt die Geheimhaltung von Beschlüssen in der Regel nicht gerade ein Indiz reinen Gewissens dar. Die staatsrechtliche Problematik ihrer Entscheidung von 150 war den Römern möglicherweise deutlicher bewusst, als unsere Quellen erkennen lassen.

b) Die römischen Motive

Fest steht, dass einmal mehr nicht Karthago, sondern Rom den Krieg gewollt und unter Ausnutzung der sich bietenden, mehr oder weniger plausiblen Rechtsgründe herbeigeführt hat. Eine Antwort auf die Frage, welchen Nutzen der Senat sich von dem beschlossenen Kriegsziel – der Zerstörung Karthagos – versprach, fällt dagegen nicht ganz leicht. Unter militärischen Gesichtspunkten zeichnet sich der Dritte Punische Krieg durch eine kaum zu überbietende Sinnlosigkeit aus: Die Kräfte, die Karthago für einen Krieg gegen Massinissa zu mobilisieren vermocht hatte, waren aufgerieben worden; der bewährte römische Bündnispartner hatte die Lage in Afrika fester im Griff denn je. An eine Maßnahme zur Sicherung der numidischen Herrschaft ist unter diesen Umständen nicht zu denken.

Eine gegen Massinissa gerichtete Maßnahme?

Ebensowenig überzeugt die entgegengesetzte Hypothese, die Römer hätten Karthago zerstört, um einem weiteren Erstarken Massinissas auf Kosten des Nachbarn vorzubeugen (Kahrstedt), die in der Forschung bis heute begegnet. Zwar machte die Umwandlung des karthagischen Territoriums in eine römische Provinz 146 den numidischen Annexionen in der Tat ein jähes Ende; eine offenkundige Verstimmung zwischen Massinissa und den Römern zu Beginn des Krieges (Kap. III 3 a) dürfte darauf zurückzuführen sein, dass der König von der militärischen Intervention Roms in seiner Interessensphäre wenig angetan war. Doch um der numidischen Expansion Einhalt zu gebieten, hätten den Römern andere Mittel zur Verfügung gestanden: Nichts wäre einfacher gewesen, als in den Streitfällen der 60er und 50er Jahre als Schiedsrichter auf einer Wahrung der bisherigen Grenzen zu bestehen. Stattdessen signalisierte noch die Gesandtschaft um Cato die übliche Parteinahme zugunsten Massinissas; römische Beobachter, die das Ende des karthagisch-numidischen Krieges von 150 verfolgten, hatten angeblich Weisung, nur einzugreifen, wenn Massinissa in Bedrängnis zu geraten drohte, anderenfalls den Dingen ihren Lauf zu lassen (App. *Libyke* 331). Dass Rom unmittelbar darauf einen Krieg gegen Karthago anzettelte, um der Ausbreitung des Numiderreiches entgegenzuwirken, ist mehr als unwahrscheinlich.

Einige weitere Erklärungsversuche erweisen sich auf den ersten Blick als Produkte ihrer Zeit: So florierte im späten 19. und frühen 20. Jahrhundert die Vorstellung, wirtschaftliche Konkurrenz sei die Ursache des erneuten Konfliktes gewesen; während des Dritten Reiches strapazierte man den Rassengegensatz zwischen arischen Römern und semitischen Karthagern. Gemeinsam ist all diesen Ansätzen das Bemühen, Alternativen zu einer Aussage unserer literarischen Quellen zu entwickeln, die vielen Gelehrten unbefriedigend erschien: Die Furcht vor einer Bedrohung durch Karthago sei es gewesen, die Rom in den Krieg getrieben habe. Angesichts der politischen Verhältnisse, die der Friede von 201 in Nordafrika geschaffen hatte, und des Machtmonopols, das Rom spätestens seit dem Dritten Makedonischen Krieg innehatte, mutet ein solcher Gedanke in der Tat absurd an. Allerdings ist stets zu bedenken, dass nicht unsere Beurteilung der Lage, sondern die subjektive Wahrnehmung der Akteure deren Handeln bestimmt. Die entscheidende Frage lautet nicht, ob Karthago eine Bedrohung für Rom *war*, sondern ob man sich im Rom der 50er Jahre durch Karthago in seinen politischen Interessen oder gar in seiner Existenz bedroht *gefühlt* haben kann. Nehmen wir zunächst jene Quellen unter die Lupe, die auf eine solche Furcht hindeuten.

Roms Furcht vor einer karthagischen Bedrohung?

Wohlwollende Zeitgenossen sahen nach dem Zeugnis des Polybios in dem römischen Handeln eine vorausschauende und konsequente Sicherheitspolitik. Indem sie Karthago zerstörten, hätten die Römer sich einer ständigen Bedrohung und Konkurrenz um die Hegemonie entledigt (36,9,4). Ist damit nicht alles über die Beweggründe des römischen Handelns gesagt? Auf den ersten Blick scheint es so. Infolge seiner Kontakte zu senatorischen Kreisen (Scipio Aemilianus) war der Historiker aus erster Hand über die Diskussionen in Rom informiert; die Motive für den Kriegsbeschluss müssen ihm bekannt gewesen sein. Wir dürfen indes nicht übersehen, in welchem Kontext die zitierte Äußerung steht: Polybios analysiert hier nicht die Ursachen des Krieges, sondern stellt verschiedene Facetten der öffentlichen Meinung bei den Griechen vor – genauer gesagt: die beiden Extrempositionen, zwischen denen sich die Reaktionen der griechischen Welt auf das Vorgehen der Römer bewegten: den Vorwurf brutalen Machtmissbrauches auf der einen, die Billigung einer gewaltsamen Durchsetzung römischer Interessen auf der anderen Seite. Die prorömische Variante dieses Stimmungsbildes aus der Zeit nach dem Krieg mag Argumente widerspiegeln, mit denen Rom seine Politik vor der Weltöffentlichkeit zu rechtfertigen suchte. Dass sie die wirklichen Beweggründe des Jahres 150 enthält, kann dagegen nicht ohne weiteres vorausgesetzt werden.

Als zweites Zeugnis für Roms Furcht vor einer Bedrohung durch Karthago gilt die Überlieferung zu der Gesandtschaftsreise Catos nach Nordafrika (wohl im Jahre 152): Das selbstbewusste Auftreten der karthagischen Politiker, dazu ein beachtlicher Wohlstand in Stadt und Land sollen den Senator zu der Überzeugung gebracht haben, dass Karthago sich erneut zu einem ernstzunehmenden Gegner mit eindeutig kriegerischer Absicht entwickelt habe – jedenfalls ließ er von da an keine Gelegenheit ungenutzt, bei seinen Landsleuten derartige Ängste zu schüren und für eine Zerstörung der Stadt zu werben (fr. 195 [ORF I^4, p. 78–79]; Plut. *Cato maior* 26,3–4; App. *Libyke* 312–314). Inwieweit Cato selbst an die von ihm propagierte punische Gefahr geglaubt hat, braucht uns ebensowenig zu beschäftigen wie die Frage, ob persönliche Erlebnisse aus dem Hannibalischen Krieg das Denken und Handeln des über 80-jährigen Veteranen bestimmten. Entscheidend ist, dass mit seiner Agitation die Idee des *metus Punicus* – der „Furcht vor den Karthagern" – in der öffentlichen Diskussion der Vorkriegszeit präsent war. Zu prüfen bleibt, welche Rolle dieses Motiv in den Senatssitzungen gespielt haben kann.

Für eine intensive Sicherheitsdebatte scheint auf Anhieb zu sprechen, dass angeblich auch Catos Gegenspieler Scipio Nasica – wenngleich in gegenteiliger Absicht – mit der karthagischen Bedrohung argumentierte: Gerade um der Gefahr willen, die von der Stadt ausgehe, müsse Karthago erhalten bleiben, da nur eine ständige Bedrohung den Fortbestand der römischen Tugenden garantiere (Plut. *Cato maior* 27,3; App. *Libyke* 315). Die retrospektive geschichtsphilosophische Konstruktion ist freilich mit Händen zu greifen. Kein vernünftig denkender römischer Politiker hätte angesichts einer ernsthaften Bedrohung für deren Erhaltung plädiert. Wahrscheinlich war es der Stoiker Poseidonios (ca. 135–51/50 v. Chr.), der – unter dem Eindruck der innenpolitischen Krise Roms seit dem letzten Drittel des 2. Jahrhunderts – dem Zeitgenossen Catos die Warnung in den Mund gelegt hat, ein Verlust der äußeren Feinde führe unweigerlich zum Verfall von Disziplin und Gemeinsinn. Für die Rekonstruktion der Beratungen vor Beginn des Dritten Punischen Krieges wird man diesen Gedanken also beiseite lassen; das Fehlen eines triftigen Kriegsgrundes (Liv. *perioche* 48) stellt die bei weitem plausiblere Erklärung für Nasicas Haltung dar.

Roms Verhalten 152–149 lässt keinerlei Besorgnis erkennen

Tatsache ist, dass sich – aus welchen Erwägungen auch immer – eine Mehrheit der Senatoren in den Jahren 152/51 gegen den Krieg aussprach. Trotz der Bemühungen Catos sah man offenbar keine Notwendigkeit, einer unmittelbar drohenden Gefahr zu begegnen – sonst hätte man es zweifellos getan. Erst durch die Ereignisse von 150 schlug die Stimmung um. Doch auch jetzt lässt das Vorgehen der Römer alles andere als Besorgnis um ihre Sicherheit erkennen. Als die Karthager mit ihrer Offensive gegen Massinissa den von Nasica geforderten Kriegsgrund lieferten, griff der Senat nicht etwa unverzüglich ein, sondern wartete in aller Ruhe das Ende der Kämpfe in Nordafrika und den Abschluss eines karthagisch-numidischen Friedens ab. Als Konsuln für das Jahr 149 – und damit als Verantwortliche für die römische Kriegführung – wurden zwei Kandidaten gewählt, deren einer (L. Marcius Censorinus) militärisch völlig unerfahren war, der andere (M'. Manilius) in Spanien als Feldherr schon einmal versagt hatte. Auf die Frage, ob dieses Gespann den Erfordernissen eines Karthagerkrieges gewachsen sein würde, verschwendete man anscheinend keinen Gedanken. Groß war vielmehr nach den ersten vergeblichen Sturmangriffen die Überraschung über den heftigen Widerstand der Belagerten (App. *Libyke* 457–458) – die römische Führung hatte offenbar mit einem Spaziergang gerechnet. Alles weist darauf hin, dass eher Geringschätzung als ein übersteigerter Respekt vor den Möglichkeiten des Gegners vor Kriegsbeginn das römische Bild von Karthago und den Karthagern prägte.

Das politische und militärische Verhalten der Römer in den Jahren 152 bis 149 widerlegt mithin die Hypothese, Rom habe Karthago aus einem Gefühl der Bedrohung zerstört, die aufgrund entsprechender Aussagen in der literarischen Überlieferung zu prüfen war. Andererseits wurde die „Karthagerfurcht" schon bald nach dem Ende des Krieges zu dessen Begründung angeführt, wie das bei Polybios (36,9,4) erhaltene Echo in der griechischen Welt zeigt. Die Vermutung liegt nahe, dass der Kriegsverlauf zur Entstehung dieser Tradition nicht unwesentlich beigetragen hat (Welwei). Die unerwartete Dauer und Intensität der Kämpfe mag Erinnerungen an den Hannibalischen Krieg wachgerufen und so bei manchem Römer den Eindruck erzeugt haben, durch den Sieg des Jahres 146 tatsächlich von einer permanenten Gefahr befreit zu sein (App. *Libyke* 633–637). Und gegenüber einer zum Teil durchaus kritischen (Polyb. 36,9,5–8) Weltöffentlichkeit lieferte die militärische Leistungsfähigkeit, welche die Karthager während dreier Kriegsjahre bewiesen hatten, ein willkommenes Argument, um das eigene Handeln rückblickend als sicherheitspolitische Notwendigkeit zu rechtfertigen. Statt als Ursache ist demnach das Motiv der „Karthagerfurcht" – etwas pointiert ausgedrückt – als Ergebnis des Dritten Punischen Krieges anzusehen. Die Frage, was die Römer wirklich zu ihrem Vorgehen bewog, steht damit noch immer im Raum.

Ein Exempel zur Sicherung römischer Weltherrschaft

Betrachten wir die Eskalation der karthagisch-römischen Spannungen einmal aus römischer Sicht vor dem Hintergrund der politischen Großwetterlage. In nicht einmal einem Jahrhundert hatte sich Rom von der Herrin Mittel- und Unteritaliens zur Hegemonialmacht im gesamten Mittelmeer entwickelt; mit dem Sieg über Perseus war der letzte ernstzunehmende Kontrahent ausgeschaltet. Dennoch – oder sagen wir besser: gerade deshalb – fühlte man sich rings von Feinden umgeben; die Freundschaft der unterworfenen Gegner zu gewinnen, gehörte nicht zu den Stärken römischer Politik. Misstrauen und Hypersensibilität gegenüber leisesten Anzeichen des Widerstandes waren die Folge, und in Karthago regte sich ganz offenkundig Widerstand. Im Jahre 153 hatten die Karthager erstmals das strikte Verbot militärischer Operationen gegen Bundesgenossen der Römer missachtet. Mit ihrer Ablehnung des römischen Schiedsspruches gaben sie dem Senat wenig später zu verstehen, dass sie weitere Beschneidungen ihres Territoriums zugunsten Massinissas nicht mehr hinzunehmen gedachten. Die Frage, ob sich die Karthager dabei im Recht befanden oder nicht, scheint aus römischer Sicht eine untergeordnete Rolle gespielt zu haben. Ausschlaggebend war, dass sie sich dem Anspruch Roms widersetzten, jederzeit regulierend in die Belange von Staaten innerhalb des römischen Einflussbereiches einzugreifen. Machten solche Beispiele Schule, so war es um eine Vormachtstellung in der Mittelmeerwelt, wie sie den Senatoren vorschwebte, schlecht bestellt. Je rücksichtsloser man gegen Karthago durchgriff, desto eher durfte man hoffen, dass andere Gemeinwesen künftig gar nicht erst an Emanzipation zu denken wagten.

Evident bestätigt wird diese Deutung durch eine Parallele in der römischen Ostpolitik: Es ist kaum ein Zufall, dass im gleichen Jahr, in dem Karthago zerstört wurde (146), die griechische Stadt Korinth nach dem Aufstand des Achaiischen Bundes einer militärisch ebenso sinnlosen Strafaktion zum Opfer fiel. Niemand wird auf die Idee kommen, in dieser Maßnahme die Beseitigung einer potentiellen Bedrohung zu sehen. Auch hier sollte vielmehr ein Exempel statuiert werden, das der übrigen Welt vor Augen führte, welches Schicksal demjenigen blühte, der sich der von Rom geschaffenen Ordnung widersetzte. In beiden Fällen kann römisches Sicherheitsbedürfnis – *cum grano salis* – als Motiv für das rigorose Vorgehen gelten. Doch es war ebensowenig Furcht vor Karthago wie vor den Achaiern, sondern ein und dieselbe generelle Nervosität angesichts zentrifugaler Tendenzen bei den unterworfenen Völkern, die zu Roms Überreaktionen jener Jahre geführt hat.

Fehler und Lernprozesse der römischen Politik

Gleich war beide Male auch die politische Konsequenz, die der Senat aus der erneuten militärischen Konfrontation zog: Griechenland und das ehemals karthagische Territorium wurden nunmehr unter direkte römische Provinzverwaltung gestellt – man hatte die Unmöglichkeit eingesehen, besiegten Staaten einerseits ihre Selbständigkeit zu belassen, andererseits jederzeit bedingungslose Unterordnung unter den Willen Roms aufzuerlegen, womit wir bei der geschichtlichen Ursache des letzten karthagisch-römischen Konfliktes angelangt sind. Der Senat hatte 202/01 von einer Fortsetzung des Kampfes bis zur Vernichtung des Gegners abgesehen und Karthago die Rolle einer freien, wenngleich außenpolitisch und militärisch unmündigen nordafrikanischen Mittelmacht neben Massinissas numidischem Reich zugewiesen, machte jedoch in den folgenden Jahrzehnten keinerlei Anstalten, diese Ordnung gegen den Expansionsdrang des Numiderkönigs durchzusetzen. Ein ums andere Mal billigte man Massinissas Annexionen, ohne für die Zukunft verbindliche Regelungen zu treffen, und stellte so die Karthager über kurz oder lang vor die Wahl zwischen Selbstaufgabe und Rebellion. Von Anfang an beabsichtigt war diese Entwicklung kaum; eher wird man der römischen Führung einen Mangel an konkreten Zielvorstellungen und politischem Augenmaß bescheinigen, dessen Erklärung nicht schwerfällt: Um die Wende vom 2. zum 1. Jahrhundert war den Römern infolge ihrer anhaltenden und militärisch erfolgreichen Interventionspolitik binnen weniger Jahrzehnte eine Verantwortung zugefallen, die den Stadtrat am Tiber zunächst schlicht überforderte. Hatte zuvor ein praktikables Bündnissystem Roms Verhältnis zu den unterworfenen italischen Völkern geregelt, so ergab sich aus dem Zweiten Punischen Krieg im Westen und aus dem Zweiten Makedonischen Krieg im Osten eine weltpolitische Führungsrolle, für die es dem Stadtstaat Rom an Strukturen und seinen Politikern an Erfahrung fehlte. Hier wie dort beging man Fehler und lernte daraus – das Lehrgeld bezahlten die anderen.

Q

Zeitgenössische Bewertungen der römischen Motive
(Polybios 36,9,2–8)

Was den Karthagerkrieg betrifft, gingen die Meinungen und Ansichten auseinander. Die einen billigten das Vorgehen der Römer mit der Begründung, diese hätten verständig und pragmatisch ihre Machtinteressen wahrgenommen. Denn dass sie ihrer Heimat die Vorherrschaft sicherten, indem sie mit der Stadt, die ihnen schon oft die Hegemonie streitig gemacht hatte und bei günstiger Gelegenheit noch immer streitig machen konnte, eine ständige Bedrohung aus der Welt schafften, zeuge von Vernunft und Weitblick.
Dagegen argumentierten andere, sie (die Römer) seien nicht der Gesinnung treu geblieben, mit der sie die Hegemonie errungen hätten, sondern nach und nach zur Tyrannei der Athener und Spartaner entartet; zwar hätten sie langsamer als jene diese Entwicklung vollzogen, aber – wie die Tatsachen erkennen lassen – dasselbe Stadium erreicht. Denn früher hätten sie mit allen nur so lange Krieg geführt, bis die Gegner besiegt und dazu bereit waren, ihnen zu gehorchen und ihre Befehle zu befolgen. Dann aber hätten sie ein erstes Mal im Krieg gegen Perseus, als sie das makedonische Reich mit Stumpf und Stiel ausrotteten, und nun vollends durch ihre Haltung gegenüber den Karthagern ihr wahres Gesicht gezeigt. Ohne nämlich ein übermäßiges Unrecht von ihnen erlitten zu haben, seien sie (die Römer) mit unerbittlicher Strenge gegen jene vorgegangen, die doch alles auf sich nahmen und zur Erfüllung jeder Forderung bereit waren.

III. Die militärischen Auseinandersetzungen

264	Römische Besetzung Messanas.
262	Römische Belagerung und Einnahme von Akragas.
260	Römischer Flottenbau und Seesieg bei Mylai.
256	Römischer Seesieg bei Eknomos und Invasion Afrikas.
255	Karthagischer Sieg bei Tynes.
254	Panormos fällt in römische Hand.
249	Karthagischer Seesieg bei Drepana.
241	Römischer Seesieg bei den Aegatischen Inseln.
218	Hannibals Marsch nach Oberitalien.
217	Karthagischer Sieg am Trasimenischen See.
216	Karthagischer Sieg bei Cannae; Capua fällt von Rom ab.
212	Eroberung von Syrakus durch die Römer.
211	Römische Rückeroberung Capuas.
209	Scipio erobert Neu-Karthago.
208/07	Hasdrubals Italienzug und Niederlage am Metaurus.
206	Römischer Sieg bei Ilipa.
204	Römische Invasion Afrikas.
202	Römischer Sieg bei Zama.
149	Beginn der Belagerung Karthagos.
147	Abriegelung Karthagos zu Land und zu Wasser.
146	Eroberung und vollständige Zerstörung Karthagos.

1. Der Kampf um Sizilien (= „Erster Punischer Krieg")

a) Das karthagisch-syrakusanische Bündnis 264/63

Rückschläge der Alliierten vor Messana

Es war eine durchaus erfolgversprechende Allianz, die sich angesichts der römischen Intervention des Jahres 264 in Messana zu deren Abwehr formierte: Die beiden führenden Mächte Siziliens – Karthago und Syrakus – begruben ihre traditionelle Feindschaft, um mit vereinten Kräften zu verhindern, dass sich mit Rom künftig eine dritte Großmacht an dem Kräftespiel auf der Insel beteiligte. Fehlende Kooperation führte jedoch dazu, dass ihre Initiative von Anfang an wirkungslos blieb. Das Phänomen ist schon bei der gemeinsamen Belagerung Messanas zu beobachten, mit der die Alliierten auf die Besetzung der bislang karthagisch kontrollierten Stadt durch Rom reagierten. Man wusste von der Ankunft eines römischen Entsatzheeres unter Ap. Claudius Caudex jenseits der Meerenge – die Karthager hatten bereits einen Übergangsversuch vereitelt und mit der Rückgabe der erbeuteten Schiffe und Mannschaften einen letzten, vergeblichen Friedensappell verbunden. Dennoch bestand zwischen den Lagern der Karthager und der Syrakusaner keine Verbindung, so dass Caudex nach geglückter Landung zunächst Hieron allein angreifen und trotz kavalleristischer Unterlegenheit schlagen konnte.

Zu einer Zusammenarbeit zwischen den Verbündeten kam es auch nach diesem ersten römischen Erfolg nicht; vielmehr zog sich Hieron mit seinen Kräften nach Syrakus zurück. Dass er, wie Polybios (1,11,15) behauptet, bereits *die weitere Entwicklung der Dinge vorausahnte*, stellt wohl eine retrospektive Erklärung seines bemerkenswerten Verhaltens dar. Immerhin ist zu konstatieren, dass der Tyrann nach dem Rückschlag nicht gewillt war, alles auf die Karte einer gemeinsamen Kraftanstrengung mit Karthago zu setzen. So konnte Caudex nun die Auseinandersetzung mit den allein vor Messana verbliebenen karthagischen Truppen riskieren und auch hier zumindest einen Teilerfolg erringen. Die Karthager zum Abzug zu zwingen vermochte er indes nicht – die Befreiung der Stadt scheint erst einem Konsul des folgenden Jahres gelungen zu sein.

Der römische Sieg über Hieron

Im Frühjahr 263 warf Rom alle vier **Legionen** – etwa 18000 Mann, dazu die Kontingente der Bundesgenossen – auf den sizilischen Kriegsschauplatz und riss mit diesen überlegenen Kräften unter Führung beider Konsuln das Gesetz des Handelns an sich. Auch jetzt fand die antirömische Allianz nicht zu einer koordinierten Kriegführung zusammen, und so kam, was kommen musste: Um den Hauptgegner Karthago zu isolieren, konzentrierte sich die römische Offensive auf Hieron. In einer ersten Phase operierten die Konsuln im Gebiet der syrakusanischen Bundesgenossen, um möglichst viele von ihnen zum Übertritt zu animieren. Anschließend wandten sie sich gegen die Metropole selbst, worauf Hieron die Konsequenz zog und um Frieden bat. Fehlende Entschlossenheit zu energischer Zusammenarbeit, dazu Karthagos militärische Schwäche in der Anfangsphase des Krieges hatten Rom einen bedeutenden Erfolg beschert.

E

Legion
Organisationseinheit des römischen Heeres, deren Stärke Polybios (6,20,8–9) auf 4200 beziehungsweise 5000 Mann zu Fuß sowie 300 Reiter beziffert. Die Infanterie besteht aus vier Altersklassen, den *velites, hastati, principes* und *triarii*; die drei letzteren sind in je zehn Manipel gegliedert und bilden die drei Treffen der Schlachtordnung; die *velites* (Leichtbewaffnete) werden auf die Manipel verteilt. Im Einsatz unterstehen in der Regel zwei Legionen dem Befehl eines Konsuls (= konsularisches Heer); hinzu kommen die *alae* (Flügel) der Bundesgenossen, die insgesamt etwa ebenso viele Infanteristen wie Rom selbst sowie die dreifache Anzahl Reiter stellten (Polyb. 6,26,7).

b) Römische Erfolge im Westen Siziliens 263/62

Noch im Jahr des Friedens mit Hieron gelang den Römern ein erster Coup gegen die karthagische Epikratie: Das aufgrund seiner Lage strategisch wichtige Segesta trat kampflos auf die Seite Roms über. Nach dem Zeugnis des Zonaras (8,9) gab die trojanische Abstammung der Segestaier hierzu den Anlass; die tatsächlichen Gründe wird man in dem Eindruck der bisherigen römischen Erfolgsserie, vielleicht auch in der Hoffnung auf ein lockereres Regiment der neuen Herren zu sehen haben. Mit dem Machtwechsel in Segesta nahm der Krieg für beide Parteien eine neue Dimension an: Rom hatte sich im karthagischen Westen der Insel in einer Weise engagiert, die kein Zurück mehr erlaubte – keinesfalls konnte man die Segestaier durch einen Abzug aus der Epikratie der Bestrafung durch die Karthager überlassen –, und die Karthager kämpften nun nicht mehr um die Einhaltung des Philinos-Vertrages, sondern um den Erhalt ihres jahrhundertealten Herrschaftsbereiches. Aus römischer Sicht von einem „Kampf um Sizilien" zu sprechen, hat spätestens zu diesem Zeitpunkt seine volle Berechtigung.

Der Fall von Akragas

Als Operationsbasis hatte die karthagische Führung das an der Südküste Siziliens gelegene griechische Akragas ausgewählt und dort bereits erste Einheiten gelandet, als die Stadt im Frühjahr 262 zum Ziel der nächsten römischen Offensive wurde. Zwei Legionen – mit Bundesgenossen rund 20000 Mann – bezogen an der einzig zugänglichen Seeseite im Süden der Stadt zunächst ein, dann zwei getrennte Lager und schnitten Akragas so von der Versorgung ab. Nach fünf Monaten wurde die Situation der Belagerten prekär, doch waren in Karthago zwischenzeitlich neue Truppen aufgestellt worden, die man unter dem Befehl des Hanno nach Sizilien in Marsch setzte. Hanno blieb in einem ersten Gefecht siegreich und schnitt nun seinerseits die Römer von ihren Nachschublinien ab. In dieser Lage hat sich, wie es scheint, der neue Bundesgenosse Hieron ein erstes Mal glänzend bewährt, der *allen Eifer und Einfallsreichtum aufwandte, um die notwendige Mindestversorgung zu gewährleisten* (Polyb. 1,18,11). Nach weiteren zwei Monaten zwang die wachsende Not in der Stadt Hanno zur Schlacht, welche die Römer klar für sich entscheiden konnten; Reste des Entsatzheeres retteten sich in das benachbarte Herakleia. Dem karthagischen Befehlshaber in Akragas, Hannibal, blieb daraufhin nichts anderes übrig, als im Schutz der Nacht mit seinen Truppen die Stadt zu verlassen. Das Exempel, das die Sieger anschließend an der Bevölkerung von Akragas statuierten – alle Einwohner wurden in die Sklaverei verkauft (Diod. 23,9,1; Zon. 8,10) –, zeigte eindrucksvoll, was diejenigen erwartete, die nicht nach dem Vorbild von Segesta freiwillig auf die Seite der Römer überzugehen gewillt waren.

Dennoch hielten sich die römischen Erfolge des Jahres 261 in Grenzen. Zwar schlossen sich noch einige weitere Orte des Binnenlandes den Römern an; nicht wenige Küstenstädte fielen indes wieder von ihnen ab und kehrten ins Bündnis mit Karthago zurück. Die erste Euphorie der Befreiung vom karthagischen Joch mag sich gelegt haben; ganz sicher aber hat die unangefochtene Seeherrschaft der karthagischen Flotte bei der Wiedergewinnung dieser Stützpunkte eine entscheidende Rolle gespielt, wie schon Polybios (1,20,11) richtig bemerkt. Dies war offenbar auch den Römern klar, und sie zogen hieraus die logische Konsequenz: Nur durch den Einsatz einer römischen Flotte waren die gewonnenen Positionen an der Küste auf Dauer zu halten; nur wenn man den Kampf zur See aufnahm, war an die Belagerung der karthagischen Seefestung Lilybaion (= Marsala) überhaupt zu denken. Und das gesteckte Ziel – die Vertreibung der Karthager aus Sizilien – duldete keine Kompromisse. Solange Karthago einen Fuß auf der Insel behielt, stand zu erwarten, dass es von dort die Rückgewinnung seiner Epikratie betreiben würde. Um dies nachhaltig zu verhindern, genügten die bislang regelmäßig kriegsentscheidenden Legionen nicht.

c) Das römische Flottenbauprogramm und der Sieg bei Mylai

Q

Erster römischer Flottenbau
(Polybios 1,20,9–16)

Als sie (die Römer) nämlich sahen, dass sich der Krieg in die Länge zog, gingen sie zum ersten Mal daran, Schiffe zu bauen: hundert Penteren (Kap. II 7 a) und zwanzig Trieren (= Kriegsschiffe mit drei Ruderdecks). Da aber die Schiffbaumeister im Bau von Penteren völlig unerfahren waren, weil bis dahin niemand in Italien solche Fahrzeuge benutzt hatte, bereitete ihnen dies erhebliche Schwierigkeiten. Eben hieran aber erkennt man wohl am besten den Ehrgeiz und den Wagemut des römischen Vorhabens. Denn obwohl ihnen nicht nur die notwendigen, sondern überhaupt alle Voraussetzungen fehlten und sie ihre Gedanken noch niemals auf das Meer gerichtet hatten, vielmehr damals zum ersten Mal auf diese Idee kamen, gingen sie so energisch ans Werk, dass sie, noch bevor sie irgendwelche Erfahrungen sammeln konnten, sogleich mit den Karthagern zur See zu kämpfen trachteten, die doch von ihren Vorfahren her die unbestrittene Seeherrschaft besaßen. Als Beweis für die Richtigkeit meiner Behauptung und für die Beispiellosigkeit ihrer Kühnheit mag Folgendes dienen: Als sie erstmals beabsichtigten, Truppen nach Messana überzusetzen, da besaßen sie nicht nur keine Schiffe mit Verdeck, sondern überhaupt kein Kriegsschiff, ja noch nicht einmal ein einziges Boot, sondern borgten sich von den Tarentinern und Lokrern, den Eleaten und Neapolitanern Pentekontoroi (= Fünfzigruderer) und Trieren, auf denen sie ihre Leute tollkühn übersetzten. Als dann die Karthager in der Meerenge gegen sie ausliefen, wagte sich ein mit Verdeck versehenes Schiff im Eifer des Gefechtes zu weit vor, so dass es strandete und den Römern in die Hände fiel. Dieses Schiff nahmen sie nun zum Modell und bauten danach die ganze Flotte. Wäre also dieser Zufall nicht zu Hilfe gekommen, so hätten sie aufgrund ihrer Unerfahrenheit das Vorhaben überhaupt nicht verwirklichen können.

Polybios' Urteil ist zu relativieren

Ebenso wie der Übergang nach Sizilien wurde auch das Flottenbauprogramm des Jahres 260 durch spätere Historiker aus der Rückschau als epochales Ereignis überbewertet. Handelte es sich bei Ersterem, wie wir gesehen haben (Kap. II 5 e), schlicht um die Fortführung traditioneller römischer Interventionspolitik, so spiegelt Letzteres eine durch Gegner und Schauplatz bedingte Akzentverschiebung in der römischen Kriegführung wider, ohne indes die Pioniertat zu sein, die Polybios – nach den Angaben seines Gewährsmannes Pictor – rühmt. Schon gegen Ende des 4. Jahrhunderts scheint Rom Seestreitkräfte unterhalten zu haben; jedenfalls bezeugt Livius für das Jahr 311 die Berufung zweier Flottenbefehlshaber (9,30,4). Die Kontingente der verbündeten Seestädte Unteritaliens, auf die man bei Bedarf zurückgreifen konnte (Polyb. 1,20,14 – man fragt sich im Übrigen, was an der Nutzung von Transportkapazität der Bündnispartner tollkühn sein soll), waren beträchtlich. Allerdings sprachen taktische wie politische Gründe dagegen, die Bereitstellung der möglicherweise kriegsentscheidenden Waffe überwiegend den Bundesgenossen zu überlassen. So erhielt einer der beiden Konsuln von 260, Cn. Cornelius Scipio Asina, den Auftrag zum Bau einer Flotte von über 100 Großkampfschiffen. Das bei Messana erbeutete karthagische Fahrzeug mag – wenn die Begebenheit historisch ist – den römischen Ingenieuren in technischen Details von Nutzen gewesen sein. Dass überhaupt erst dieser Glücksfall Rom zum Bau einer Flotte befähigt habe, wie Polybios seiner Quelle ernsthaft zu glauben scheint, wird man dagegen als das bewerten, was es ist: eine hübsche Zuspitzung des beliebten Topos der stets von ihren Gegnern lernenden und dann ihre Lehrmeister in deren Spezialdisziplin überflügelnden Römer.

Eine erste Feindberührung verlief freilich alles andere als erfolgverheißend: Während das Gros der Flotte noch exerzierte, war Scipio mit einigen Schiffen nach Messana vorausgefahren, um logistische Vorbereitungen zu treffen. Dort erreichte ihn die Nachricht, das nahegelegene Lipara sei bereit, auf römische Seite überzutreten. Um die Gunst der Stunde zu nutzen, begab sich der Konsul sogleich zu der Insel und ankerte vor der Stadt. Hiervon erfuhren allerdings die Karthager und reagierten prompt: Ein Geschwader der in Panormos (= Palermo) liegenden Flotte umzingelte die Römer bei Dunkelheit; 17 Schiffe mitsamt dem römischen Konsul fielen in karthagische Hand (Polyb. 1,21,4–8). Schon auf dem Weg nach Messana konnte aber auch die römische Flotte einen ersten Erfolg verbuchen: Bei dem Versuch, Stärke und Gliederung des Feindes aufzuklären, stieß der karthagische Stratege Hannibal – der Kommandant von Akragas des Jahres 262 – an der Stiefelspitze unversehens auf die römische Formation und verlor einen Teil seiner Schiffe (Polyb. 1,21,10–11). Beide Parteien wussten nun, dass eine Kraftprobe bevorstand.

Die „Raben"

Die für den Ausgang der kommenden Seegefechte, wie es scheint, entscheidende technische Neuerung wurde aus der Not geboren. Da die römischen Schiffe und ihre Besatzungen es an Wendigkeit nicht mit dem Gegner aufnehmen konnten, galt es eine Taktik zu wählen, die diesen Nachteil ausglich. Und ein findiger Kopf hatte die Idee: Das zentrale Manöver antiker Seekriegsführung war der Rammstoß. Alles kam darauf an, sich durch überlegene Beweglichkeit immer wieder in eine günstige Ausgangsposition für den Stoß in die Flanke des feindlichen Schiffes zu bringen. Der Augenblick, in dem der Angreifer beim Rammstoß seine Distanz aufgab, war mithin die Chance für die weniger manövrierfähigen Römer. Gelang es, das feindliche Schiff in diesem Moment zu fixieren, so war es mit dessen Beweglichkeit vorbei; an Bord mitgeführte Legionssoldaten konnten dem Gegner stattdessen eine Gefechtsform aufzwingen, in der er unterlegen war: den infanteristischen Nahkampf. Zum ersten Mal in der Seekriegsgeschichte begegnet das Entern als taktisches Konzept. Das Gerät, welches die Römer zu diesem Zweck installierten, hat Polybios genauestens beschrieben (1,22,4–10; vgl. die Abbildung bei H. H. Scullard, in: CAH VII 2 [[2]1989] 551): Auf dem Vorderdeck jedes Schiffes befand sich ein ca. 8 m hoher Pfahl, an dessen Fuß eine ca. 12 m lange Holzbrücke so befestigt war, dass sie sich um den Pfahl herum in jede beliebige Richtung drehen ließ und mittels eines über das obere Ende des Pfahls laufenden Taues hochgezogen werden konnte. Am äußeren Ende war die Brücke mit einem abwärts gerichteten Eisensporn versehen. Kam ein feindliches Fahrzeug frontal oder von der Seite in die Reichweite dieser Konstruktion, so löste man das Tau, das die Brücke hielt; der Sporn bohrte sich in das Deck des anderen Schiffes, und die Bewaffneten stürmten hinüber. Wohl aufgrund der Assoziation des Vorgangs mit dem Picken eines Vogels wurden die neuartigen Maschinen später „Raben" genannt.

Der römische Seesieg bei Mylai

Die Notlösung hatte durchschlagenden Erfolg. Unter dem Kommando des Konsuls C. Duilius, der an die Stelle seines in Gefangenschaft geratenen Kollegen getreten war, nahm die Flotte Kurs auf den gemeldeten Aufenthaltsort der Karthager bei Mylai, wo es zur Schlacht kam. Der Beschreibung bei Polybios (1,23) zufolge griff Hannibal zunächst aus der Bewegung heraus frontal an, da er den Gegner unterschätzte. Als die erste Welle – darunter das Schiff des Admirals selbst – der römischen Entertaktik zum Opfer gefallen war, versuchten die Nachfolgenden, in die Flanke und in den Rücken des Gegners zu gelangen. Doch auch beim Angriff von der Seite wurden sie von den „Raben" empfangen, die jeden erfassten, der sich in ihre Reichweite wagte. So blieb den Karthagern für den Augenblick nichts anderes übrig, als auszuweichen. Sie hatten insgesamt zwischen 40 und 50 Schiffe verloren; von Verlusten der Römer erfahren wir nichts.

Die strategische Bedeutung des römischen Sieges wird man nicht allzu hoch veranschlagen. Die Verluste der Karthager waren spürbar, doch keineswegs dramatisch. Schon kurz darauf konnte Karthago erneut eine starke Flotte einsetzen. Wichtiger war die Signalwirkung bei Freund und Feind: Die römische Flotte hatte sich als eine Größe erwiesen, mit der in Zukunft zu rechnen war. Vor allem aber ging das Selbstvertrauen der Römer aus der Begegnung deutlich gestärkt hervor: Man hatte die zahlenmäßig und taktisch überlegene Flotte der Seemacht *par excellence* beim ersten Treffen geschlagen. Eine Siegessäule mit den Schnäbeln der karthagischen Schiffe (*columna rostrata*) zierte fortan das Forum. Die Auswirkungen dieses Erfolgserlebnisses sollten die Karthager bald zu spüren bekommen.

d) Kämpfe um Sardinien und Korsika

Noch im selben Jahr gelang es dem Sieger von Mylai, mit dem Landheer das vom Feind schwer bedrängte Segesta aus dem Belagerungszustand zu befreien. Doch die Römer beschränkten sich nun nicht mehr auf das Hin und Her im Kampf um die Stützpunkte Siziliens. Das gelungene Debüt ihrer Marine befähigte sie, einen zweiten Kriegsschauplatz zu eröffnen, der – so hoffte man – die Karthager zum Abzug von Kräften aus Sizilien bewegen würde. Ziel der römischen Offensive war Sardinien, das für Karthago nicht nur als militärische Operationsbasis gegen Mittelitalien, sondern vor allem als Rekrutierungsgebiet und Getreidelieferant von großer Bedeutung war. Unter dem Befehl des L. Cornelius Scipio fuhr die Flotte im Frühjahr 259 zunächst nach Korsika, wo die karthagische Präsenz vergleichsweise gering war. Nur die Stadt Aleria leistete nennenswerten Widerstand; ihre Eroberung machte den Weg für eine Invasion Sardiniens frei, und auch hier operierten die Römer anfangs erfolgreich. Doch der erwartete Durchbruch stellte sich trotz der „zweiten Front" auf Sardinien nicht ein – vielmehr waren die Karthager in der Zwischenzeit auf der Höhe ihrer militärischen Leistungsfähigkeit angelangt. Unter der energischen Führung Hamilkars konnten sie im Laufe des Jahres 259 eine Reihe sizilischer Stützpunkte zurückgewinnen und Drepana (= Trapani) am Fuße des Berges Eryx zu einer zweiten starken Seefestung neben Lilybaion ausbauen. Unter Anspannung aller Kräfte gelang es den Römern zwar im folgenden Jahr, ihrerseits einige Städte einzunehmen, doch vor dem befestigten karthagischen Hauptquartier Panormos mussten sie unverrichteter Dinge abziehen, und bei dem erneuten Versuch, sich der Insel Lipara zu bemächtigen, wurden sie unter empfindlichen Verlusten abgewiesen. Als Rom schließlich noch im Jahre 258 auch auf Sardinien eine Niederlage einstecken musste, war die Situation – trotz Flotte, trotz „zweiter Front" – so festgefahren wie drei Jahre zuvor.

e) Der römische Übergang nach Afrika

Abermals waren es die Römer, die durch die Eröffnung eines neuen Kriegsschauplatzes die Initiative ergriffen; eine Landung in Nordafrika sollte Karthago endlich zur Aufgabe seiner sizilischen Positionen zwingen. Die Beförderung eines hinreichend starken Heeres nach Afrika war freilich ohne die Überlegenheit zur See nicht durchführbar. Das Jahr 257 stand daher römischerseits ganz im Zeichen umfangreicher Flottenrüstungen – ein Begegnungsgefecht mit geringen Verlusten auf beiden Seiten bei Tyndaris im Nordosten Siziliens blieb das einzige nennenswerte Ereignis dieses Kriegsjahres. Auch die Karthager scheinen die Zeit genutzt zu haben, um die Verluste ihrer Flotte auszugleichen; offenbar wusste man im Rat, was bevorstand.

Die Seeschlacht bei Eknomos

Nahe dem Ausgangshafen Eknomos wurde die römische Invasionsflotte im Frühjahr 256 durch die karthagischen Kräfte gestellt. Nach dem Zeugnis des Polybios (1,25,7–9) sollen 330 römischen Kriegsschiffen 350 karthagische gegenübergestanden sein, was allerdings mit den Zahlenangaben zu späteren Ereignissen kaum vereinbar ist: Die Zahl 330 mag für die Gesamtheit der römischen Flotte einschließlich der etwa 100 Lastschiffe zutreffen; die Karthager dürften um die 200 bis 250 Kriegsschiffe aufgeboten haben (Walbank). Allein aus der Größe der Kontingente geht hervor, dass beide Parteien dem Ausgang des Kampfes entscheidende Bedeutung beimaßen: Für die Römer ging es um die Durchsetzung ihres strategischen Konzeptes, Karthago das Messer an die Kehle zu setzen, indem man die Stadt von den Ressourcen ihres Hinterlandes abschnitt. Die Karthager mussten alles daransetzen, ebendies zu verhindern, und hatten zudem die seltene Gelegenheit, in „ihrem Element" die gefürchteten römischen Legionen zu dezimieren.

Taktik der Römer

Über Aufstellung wie Verlauf des Treffens sind wir durch Polybios glänzend informiert (1,26–28; vgl. J. Kromayer, Schlachten-Atlas, Röm. Abt. Blatt 1 Nr. 7), dessen Quellen (Philinos, Pictor) offenbar Augenzeugenberichte zugrundelagen. Angesichts der nach wie vor höheren Beweglichkeit der karthagischen Schiffe hatte sich die römische Führung zu einer kompakten Formation, mithin zu defensivem taktischen Verhalten entschlossen. Die Kriegsschiffe mit dem Invasionsheer an Bord wurden in vier Flottenverbände eingeteilt, die folgende Gefechtsgliederung einnahmen: An der Spitze fuhren nebeneinander die Hexeren (Kriegsschiffe mit sechs Ruderdecks) der beiden Konsuln; ihnen folgte nach links beziehungsweise nach rechts gestaffelt je eine Flotte, so dass die Figur eines Keils entstand. Die dritte Flotte, in Linie fahrend, schloss diesen Keil rückwärts zum Dreieck und hatte die Lastschiffe im Schlepptau. Die vierte Flotte – ebenfalls in Linie, doch breiter gegliedert – gab dem vorausfahrenden Verband Rücken- und Flankenschutz.

Taktik der Karthager

Voraussetzung für einen karthagischen Erfolg musste es sein, die gegnerische Phalanx aufzubrechen, um die eigene Überlegenheit in der Beweglichkeit auszuspielen. Hierzu stellten die Strategen Hanno und Hamilkar ihre Kräfte in einer Linie auf, so dass die Flügel weit über die Breite der römischen Formation hinausragten. Die in der Mitte eingesetzten Teile unter Hamilkar sollten beim ersten Zusammenstoß ausweichen, um die ersten beiden römischen Flotten zur Verfolgung zu animieren, und sich erst in einiger Entfernung auf Befehl erneut zur Schlacht stellen. Die beiden Flügel sollten derweil den ihrer Spitze beraubten Rest der römischen Formation aufrollen. Und die Rechnung ging zunächst auf: Die Konsuln in den Spitzenfahrzeugen fielen prompt auf die karthagische Taktik herein und setzten den scheinbar fliehenden Verbänden nach; der karthagische linke Flügel griff daraufhin die dritte römische Flotte an, die rasch an die Küste abgedrängt wurde; der rechte Flügel schwenkte gegen die schließende vierte Flotte ein.

Die karthagische Niederlage

Ausschlaggebend für den Ausgang der Begegnung scheint das Gefecht der beiden Konsuln gegen Hamilkar gewesen zu sein, das man sich ähnlich vorzustellen haben wird wie die Schlacht bei Mylai: Alle Manövrierfähigkeit half den karthagischen Kapitänen wenig, da die „Raben" jeden Angriff auf ein römisches Schiff zum tödlichen Risiko machten. So war es unmöglich, dem Gegner nennenswerte Verluste zuzufügen. Eine entscheidende Frage allerdings bleibt im Bericht des Polybios offen: Warum gelang es Hamilkar nicht wenigstens, die römischen Kräfte zu binden? Nach Polybios *wurden die* (Schiffe) *unter Hamilkar schließlich überwältigt und wandten sich zur Flucht* (1,28,6), obwohl die karthagischen Ausfälle zu diesem Zeitpunkt noch nicht allzu hoch gewesen sein können. Dies gab den beiden Flotten der Konsuln die Gelegenheit, auch in das Geschehen der anderen beiden Schauplätze einzugreifen. Der rechte karthagische Flügel im Kampf gegen die vierte römische Flotte wurde von M. Atilius Regulus im Rücken gefasst und in die Flucht geschlagen. Der linke karthagische Flügel, der die dritte römische Flotte an der Küste eingeschlossen hatte und nur aufgrund der „Raben" noch keinen durchschlagenden Erfolg verzeichnen konnte, wurde nun seinerseits von L. Manlius Vulso Longus, später auch von Regulus umzingelt. Dort kam es zur eigentlichen Katastrophe: 50 karthagische Schiffe wurden mitsamt der Mannschaft aufgebracht, wodurch sich die Gesamtzahl der karthagischen Verluste auf 64 gekaperte und über 30 versenkte Schiffe erhöhte, während die Römer nur 24 Einheiten verloren hatten.

Allerdings zwangen die Folgen der Schlacht die Römer, zunächst in ihren Stützpunkt Messana zurückzukehren; die Karthager hatten zumindest einen Aufschub erreicht, den sie für eine erste vergebliche Friedensinitiative nutzten (Kap. II 6). Als die römische Flotte wenig später erneut Kurs auf Afrika nahm, stellten sich die beiden karthagischen Strategen ihr noch einmal – doch aufgrund der nunmehr deutlichen numerischen Unterlegenheit erfolglos – in den Weg. Die Römer landeten beim Kap Bon an der Einfahrt zum Golf von Karthago, eroberten als ersten festen Stützpunkt die Stadt Aspis und begannen von dort aus mit Plünderungszügen im Land. Auf Anordnung des Senates kehrte der eine Konsul mit dem Gros der Flotte im Herbst 256 nach Rom zurück, während der andere mit dem Heer über den Winter in Afrika bleiben sollte.

f) Die Kämpfe in Afrika 256/55

Römische Erfolge und vergebliche karthagische Friedensinitiative

Zunächst sah es so aus, als ginge den Römern auch weiterhin alles nach Wunsch. Angesichts der akuten Bedrohung sah man sich in Karthago gezwungen, den Strategen Hamilkar mit einem starken Söldnerkontingent aus Sizilien zurückzuberufen – was die Expeditionen nach Sardinien und Korsika nicht vermocht hatten, war den Römern nun gelungen: eine Entlastung des sizilischen Kriegsschauplatzes herbeizuführen. Die karthagische Pechsträhne hielt indes trotz der Verstärkung auf afrikanischem Boden an. Beim Versuch, die belagerte Stadt Adys (?) zu entsetzen, erlitt Hamilkar eine Niederlage, da Regulus ihn im hügeligen Gelände zur Schlacht stellte, wo er seine stärksten Trümpfe – Elefanten und Reiterei – nicht ausspielen konnte. Die karthagischen Feldherren riskierten nach diesem Misserfolg keine offene Auseinandersetzung mehr; Regulus hatte somit freie Hand für Operationen im Hinterland. Seine Plünderungszüge sowie ein Aufstand der Numider gegen die karthagische Herrschaft führten zu einer Massenflucht der Landbevölkerung nach Karthago, die wiederum Lebensmittelknappheit in der Stadt nach sich zog. Schließlich gelang es Regulus, Tynes (= Tunis) zu nehmen, das aufgrund seiner Lage am Isthmus zwischen Karthago und dem Festland als Hauptquartier für eine Belagerung Karthagos hervorragend geeignet war. Erneut kam es zur Aufnahme von Friedensverhandlungen, doch auch jetzt waren die Römer zu keinerlei Zugeständnissen bereit: Was Regulus von den karthagischen Gesandten forderte, soll sich kaum von einer bedingungslosen Kapitulation unterschieden haben (Kap. II 6). Unter diesen Umständen hatte man nichts zu verlieren, wenn man das Kriegsglück erneut versuchte.

Der karthagische Sieg bei Tynes

Hierbei erhielt Karthago Hilfe zur rechten Zeit: Die Werbeoffiziere, die man – wohl um die Verluste von Adys auszugleichen – nach Griechenland entsandt hatte, kehrten im Frühjahr 255 mit neuen Truppen nach Karthago zurück. Und mit deren Unterstützung gelang es tatsächlich, das Blatt zu wenden. Die militärische Erfahrung eines Spartaners namens Xanthippos soll zu dem karthagischen Erfolg wesentlich beigetragen haben: Er exerzierte nach dem Zeugnis des Polybios die Phalanx; seinen Ratschlägen folgte man bei den taktischen Bewegungen und schließlich bei der Aufstellung zur Schlacht. In der Nähe von Tynes trafen die beiden Heere im ebenen Gelände aufeinander. Regulus hatte seine Infanterie schmal und tief gegliedert, um den Angriff der Elefanten aufzufangen, doch ermöglichte er dem Gegner dadurch, die römischen Flügel zu umfassen. Nachdem die überlegene karthagische Kavallerie ihren Gegner auf beiden Seiten in die Flucht geschlagen hatte, griff sie die hinteren Manipel der römischen

Schlachtordnung im Rücken an. Die vorderen waren derweil durch die Elefanten dezimiert worden; was sich durch deren Linie nach vorne durchschlagen konnte, wurde von der karthagischen Phalanx niedergemacht. Etwa 2000 Römern gelang die Flucht nach Aspis; 500, darunter der römische Konsul, gerieten in Gefangenschaft.

Zweifel an Polybios' Interpretation

Schon bald gewann die Geschichtsschreibung der Niederlage des Regulus exemplarischen Charakter ab. Die Veränderlichkeit des Schicksals, das den Hochmütigen straft und dem Verzweifelten in der höchsten Not unerwartet aufhilft, aber auch die Überlegenheit des guten Rates eines Einzelnen über die Kampfkraft ganzer Heere – das sind die Lehren, die Polybios dem Leser seiner Ausführungen vermitteln will. Grundsätzlich besteht in solchen Fällen die Gefahr, dass der Autor jene Aspekte ein wenig überzeichnet, auf denen die Moral der Geschichte beruht. Wir müssen uns infolgedessen fragen: Wie hoffnungslos stellte sich die Lage der Karthager im Frühjahr 255 tatsächlich dar? Den zuletzt eingetroffenen Söldnern spricht Polybios selbst nicht eben schlachtentscheidende Bedeutung zu – sie allein wurden durch den linken römischen Flügel bis auf das eigene Lager zurückgedrängt (1, 34,4). Karthago hat demnach den Sieg vornehmlich mit seinen eigenen – offenbar durchaus noch vorhandenen – Ressourcen erfochten. Zum anderen fragt sich, welchen Anteil der Spartaner Xanthippos an dem karthagischen Erfolg hatte. Dass er vor den Strategen die Binsenweisheit zum Besten gab, man solle mit den Elefanten und einer starken Kavallerie das ebene Gelände suchen, worauf diese ihm begeistert die Führung anvertrauten (1,32,4–5), ist eines so unwahrscheinlich wie das andere. Ganz unbedarft in den Grundsätzen der Landkriegsführung waren auch die Karthager nicht. Hier ist offensichtlich konstruiert worden, und zwar vermutlich schon durch Philinos, der in einer Aufwallung von griechischem Nationalstolz den spartanischen „Taktiklehrer" zum Hauptverantwortlichen für die unerwartete Wende stilisiert haben mag. Auch in diesem Detail ist also Vorsicht geboten – ebenso wie gegenüber dem Hochmut des Regulus, der in Wirklichkeit darin bestanden haben dürfte, den karthagischen Parlamentären die unverhandelbaren Forderungen des Senates mitzuteilen.

Q

Lehren der Schlacht bei Tynes
(Polybios 1,35,1–6)

Aus dieser Situation mag der aufmerksame Beobachter einige Lehren ziehen, die für eine bessere menschliche Lebensführung von Nutzen sind. Dass nämlich dem Glück – gerade im Erfolg – zu misstrauen ist, das trat damals allen am Schicksal des Marcus deutlich vor Augen. Er, der kurz zuvor den Unterlegenen weder Mitleid noch Verzeihung gewährt hatte, wurde selbst abgeführt und musste sie um sein eigenes Leben bitten. Vollends erhielt, was vor Zeiten bei Euripides so schön gesagt ist, dass nämlich „ein kluger Rat der Hände große Zahl besiegt", damals durch eben jene Ereignisse seine Bestätigung. Denn ein Mann, ein Ratschlag vernichtete Scharen, die wegen ihrer Kriegstüchtigkeit unbesiegbar schienen, während er auf der anderen Seite einen sichtlich gebrochenen Staat und den tief gesunkenen Mut der Truppen wieder aufrichtete. Ich aber habe dies erwähnt, damit die Leser des Werkes daraus lernen.

Roms Rückzug aus Afrika; Untergang der römischen Flotte

Tatsache ist, dass die römische Niederlage vernichtend ausgefallen war – nichts zeigt dies deutlicher als der abrupte Wechsel der römischen Strategie: Die Absicht, Karthago in Afrika zu schlagen, wurde fallengelassen und im weiteren Verlauf des Krieges auch nicht mehr aufgegriffen. Die Flotte, die Regulus Verstärkung hatte zuführen sollen, erhielt nun den Auftrag, die Überlebenden zu evakuieren. Vergeblich rüsteten die Karthager eine neue Flotte von 200 Einheiten aus, um die Römer an diesem Vorhaben zu hindern: In einem Begegnungsgefecht an der nordafrikanischen Küste konnten die Römer einen eindeutigen Sieg erringen, zahlreiche karthagische Schiffe erbeuten und anschließend ihre Landsleute an Bord nehmen. Der größte Teil der römischen Flotte – angeblich 284 von 364 Schiffen (Polyb. 1,37,2) – ging jedoch auf der Rückfahrt entlang der sizilischen Südküste in einem Sturm unter, wobei nicht nur widrige Umstände, sondern auch Führungsfehler im Spiel gewesen zu sein scheinen. Karthago war damit – trotz verlorener Schlacht – wieder im Besitz der Seeherrschaft; dies und die unerwartete Wende in Afrika gaben zweifellos Anlass zu neuen Hoffnungen. Noch im gleichen Jahr konnte der karthagische Feldherr Karthalo das 262 verlorengegangene Akragas zerstören und damit einen wichtigen römischen Stützpunkt an der sizilischen Südküste ausschalten.

g) Wechselhafte Kämpfe bis zum karthagischen Seesieg von Drepana

Trotz der katastrophalen Rückschläge kam für die Römer ein Nachgeben offenbar nicht in Frage. Innerhalb kürzester Zeit gelang es ihnen, die Verluste auszugleichen; schon im folgenden Jahr (254) operierte erneut eine römische Flotte von 300 Schiffen an der Nordküste Siziliens. Ihre bedeutendste Leistung war die Einnahme von Panormos (= Palermo). Unter dem Eindruck dieses Erfolges ging eine Reihe weiterer Städte auf die Seite Roms über, so dass nun ein Großteil der Nordküste der Insel unter römischer Kontrolle stand. Damit war eine wichtige Voraussetzung für einen Schlag gegen das Zentrum des karthagischen Widerstandes, die Seefestung Lilybaion im äußersten Westen der Insel, geschaffen.

Verlust einer weiteren römischen Flotte

Einiges spricht dafür, dass bereits der eine der beiden Konsuln des Jahres 253 einen ersten Versuch unternahm, gegen Lilybaion vorzugehen; der andere plünderte währenddessen mit der Flotte die gegnerische Küste im Bereich Osttunesiens und der Kleinen Syrte. Spektakuläre Erfolge blieben diesen Kaperfahrten offenbar versagt (Polyb. 1,39,2); der strategische Zweck dürfte indes vor allem darin gelegen sein, karthagische Kräfte zu binden, um dem auf Sizilien operierenden Heer den Rücken freizuhalten. Nachdem die römische Flotte infolge mangelnder Ortskenntnis und Erfahrung mit den Gezeiten bei der Insel Meninx (= Djerba) in größte Bedrängnis geraten war, brach C. Sempronius Blaesus die Unternehmung ab und kehrte nach Sizilien zurück. Auf der Weiterfahrt nach Rom ereilte die Römer dann ein neuerlicher Schicksalsschlag: Auf offenem Meer – leichtfertigerweise hatte der Konsul die direkte Route gewählt – geriet die Flotte in einen Sturm, dem mehr als 150 Einheiten zum Opfer fielen (Polyb. 1,39,6).

Mit dem Verlust von über 400 Schiffen samt Mannschaft innerhalb von zwei Jahren war die Grenze dessen überschritten, was Rom und seine Bundesgenossen kurzfristig auszugleichen vermochten. Man beschloss, auf den Neubau einer Flotte zu verzichten und den Krieg auf Sizilien vorerst allein mit den Landstreitkräften fortzuführen. Auf diesem Wege gelang es den Römern im folgenden Jahr (252) immerhin, sich einiger noch verbliebener karthagischer Stützpunkte entlang der sizilischen Nordküste zu bemächtigen; die wichtige Bergfestung Heirkte nordwestlich von Panormos blieb indes in karthagischer Hand, ebenso die Seestädte Drepana, Lilybaion, Selinus und Herakleia im Westen und Südwesten der Insel. Dies war die Situation, als sich die Karthager erneut zu einem Versuch entschlossen, die Initiative an sich zu reißen: Ein Heer von 30000 Mann, unterstützt durch 140 Kriegselefanten, setzte 251 nach Lilybaion über. Doch der Versuch, im folgenden Jahr Panormos zurückzuerobern, scheiterte kläglich. Der karthagische Feldherr Hasdrubal erlitt in der Schlacht gegen den römischen Konsul L. Caecilius Metellus eine vernichtende Niederlage und verlor etwa zwei Drittel seiner Kräfte. Die karthagische Offensive auf Sizilien war beendet, bevor sie recht begonnen hatte.

Die Belagerung von Lilybaion

So gewiss der Abwehrerfolg von Panormos die Römer mit neuer Hoffnung auf ein baldiges, siegreiches Kriegsende erfüllte, so deutlich hatten ihnen die vergangenen Jahre auch gezeigt, dass ohne eine Flotte den letzten karthagischen Bollwerken auf Sizilien nicht beizukommen war. Man revidierte den Beschluss von 253, keine Kriegsschiffe für den Einsatz außerhalb der italischen Küstengewässer zu bauen, und legte 50 neue Einheiten auf Kiel. Heer und Flotte wurden im Sommer 250 nach Lilybaion in Marsch gesetzt; durch den kombinierten Einsatz hoffte man, die Stadt vollständig isolieren und so binnen absehbarer Zeit zur Aufgabe zwingen zu können. Doch auch den Karthagern war klar, dass es in Lilybaion ums Ganze ging. Verbissen leistete die 10000 Mann starke Besatzung den römischen Angriffen Widerstand; durch die römische Blockade hindurch brachte eine karthagische Flotte weitere 10000 Soldaten in die Stadt. Als es den Verteidigern schließlich sogar gelang, die Belagerungswerke des Gegners zu zerstören, stellten die Römer ihre Angriffe ein und begnügten sich mit der Anlage von Wall und Graben; die Hoffnungen auf einen schnellen Erfolg hatten sich nicht erfüllt.

Der karthagische Seesieg von Drepana

Um mit Hilfe der Flotte erneut die Initiative ergreifen zu können, mussten die Römer zunächst 10000 Matrosen ausheben und nach Sizilien verlegen – zu hohe Verluste hatten die Kämpfe vor Lilybaion auch unter den Schiffsbesatzungen gefordert. Nach dem Eintreffen dieser Kräfte gedachte der Konsul des Jahres 249, P. Claudius Pulcher, das Überraschungsmoment zu nutzen und mit der Flotte einen Angriff auf das benachbarte Drepana zu wagen. Doch die karthagische Besatzung der Stadt war auf der Hut. Ihr Feldherr Adherbal lief mit seinen Kräften rechtzeitig aus und stellte die Römer in für sie ungünstiger Position – mit dem Rücken zur Küste – zur Schlacht. Die taktische Überlegenheit der karthagischen Führung, die höhere Beweglichkeit der karthagischen Schiffe sowie die Unerfahrenheit der römischen Mannschaften führten zu einem eindeutigen karthagischen Sieg. Ein Großteil der römischen Flotte – 93 Einheiten – fielen dem Feind in die Hände; der Konsul selbst konnte sich mit etwa 30 Schiffen retten (Polyb. 1,51).

Der Untergang einer römischen Flotte bei Kamarina

Trotz dieses Rückschlages suchten die Römer in Lilybaion die Entscheidung. Unter dem Kommando des anderen Konsuls sollte ein Konvoi von fast 800 Transportschiffen, begleitet durch 120 Kriegsschiffe, die Belagerer mit allem Nötigen versorgen. Offenbar um den Weg an dem karthagischen Flottenstützpunkt Drepana vorbei zu vermeiden, nahm die römische Flotte von der Meerenge aus Kurs auf Syrakus, um von dort an der sizilischen Südküste entlang nach Lilybaion zu gelangen. Die Karthager scheinen indes informiert gewesen zu sein: Mit einer Abteilung von 100 Schiffen verlegte der Admiral Karthalo den Römern den Weg. Während die Gegner sich in der Nähe von Kamarina belauerten, zog ein Unwetter auf, dessen Vorzeichen den karthagischen Steuerleuten nicht entgingen. So gab Karthalo seine Position auf und konnte gerade noch das Kap Pachynos an der Südostspitze Siziliens umrunden, während die römische Flotte durch den Sturm nahezu vollständig vernichtet wurde. Wieder hatten die Römer ca. 100 Kriegsschiffe mit Besatzung, dazu die Frachtschiffe mit der Ladung verloren; wieder blieb ihnen nichts anderes übrig, als ihre Seekriegsführung – jedenfalls für den Augenblick – auf Eis zu legen.

h) Erneuter römischer Flottenbau und der Sieg bei den Aegatischen Inseln

Durch mehrere – meist witterungsbedingte – Unglücksfälle hatten die Römer in den Jahren von 255 bis 249 über 600 Kriegsschiffe eingebüßt, seit ihnen in der ersten Seeschlacht des Krieges 260 ein überraschender Sieg gelungen war. Zweimal hatte der Senat daraufhin beschlossen, sich von der See zurückzuziehen. Und doch setzte sich 243/42 noch einmal die Erkenntnis durch, dass der Krieg ohne Flotte nicht zu beenden war, nachdem sich der Kampf um die letzten karthagischen Bastionen im Westen der Insel seit den Katastrophen von Drepana und Kamarina erneut sechs Jahre ohne nennenswerte Bewegung hingezogen hatte. Nur im Besitz der Seeherrschaft konnte man die Festungen Drepana und Lilybaion von ihren Nachschublinien abschneiden, und nur wenn das gelang, bestand Aussicht, die Karthager zur Aufgabe des Stellungskrieges am Berg Eryx bei Drepana zu zwingen. Allerdings war Rom nicht mehr imstande, einen erneuten Flottenbau aus öffentlichen Mitteln zu finanzieren. Nur dank des Engagements und der Risikobereitschaft reicher Privatleute, die gegen eine Rückzahlungsgarantie für den Fall eines Sieges mit ihrem Vermögen für Herstellung und Ausrüstung der Schiffe aufkamen, konnte eine Flotte von 200 Penteren in Dienst gestellt werden (Kap. II 7 a), bei deren Bau man sich am Vorbild eines vor Lilybaion erbeuteten karthagischen Schiffes orientierte.

Der römische Seesieg bei den Aegatischen Inseln

Gleich bei ihrem ersten Einsatz im Sommer 242 war der neuen Flotte ein voller Erfolg beschieden: Da die Karthager ihre Flotte zwischenzeitlich nach Hause zurückbeordert hatten, konnte der Konsul C. Lutatius Catulus die Häfen von Drepana und Lilybaion im Handstreich nehmen. Nun musste Karthago handeln. Wenn es nicht gelang, die Seeherrschaft wieder herzustellen, kämpften die Besatzungen von Drepana und Lilybaion sowie die Truppen am Eryx auf verlorenem Posten. Im Frühjahr 241 waren die Vorbereitungen abgeschlossen; eine karthagische Flotte unter dem Befehl des Admirals Hanno nahm Kurs auf Sizilien. Der Plan der Karthager sah vor, dass Hanno zunächst die Truppen am Eryx mit Nachschub versorgen und dann mit dem dortigen Feldherrn **Hamilkar** und dessen tüchtigsten Männern an Bord die Römer angreifen sollte. Doch ebendies scheint Lutatius, als ihm die Anfahrt des Gegners gemeldet wurde, vorausgesehen zu haben und stellte sich ihm – trotz widriger Windverhältnisse – bei den Aegatischen Inseln westlich der sizilischen Küste in den Weg. Hanno blieb nichts anderes übrig, als mit den vollbeladenen Schiffen und ohne Unterstützung durch Hamilkars Truppen den Kampf aufzunehmen und zu unterliegen: 50 seiner Schiffe wurden versenkt, 70 fielen in römische Hand. Die richtige taktische Entscheidung ihres Führers, die bessere Manövrierfähigkeit ihrer Schiffe und wohl auch der höhere Ausbildungsstand ihrer Mannschaften hatten den Römern einen glänzenden Sieg beschert.

E

Hamilkar Barkas (der „Blitz")
seit 247 karthagischer Feldherr im Ersten Punischen Krieg, nach der Niederlage bei den Aegatischen Inseln mit Friedensverhandlungen beauftragt, die zum so genannten Lutatius-Vertrag führten. H.s überlegene Führung brachte den Karthagern den Sieg über die aufständischen Libyer und Söldner (237); nach der durch Rom verfügten Abtretung Sardiniens hatte er die Idee, wie man die jüngsten territorialen Verluste ausgleichen konnte: Das bislang außerhalb des Horizontes römischer Interessen gelegene Iberien sollte Karthago künftig als Kornkammer, Rohstofflieferant und Menschenreservoir dienen. Im Besitz umfassender Vollmachten setzte H. zu einem nicht genau bestimmbaren Zeitpunkt nach Gades (= Cádiz) über; bei ihm befanden sich seine beiden zukünftigen Nachfolger, sein Schwiegersohn Hasdrubal sowie sein Sohn Hannibal. Dass H. in Iberien die Voraussetzung für einen neuen Krieg gegen Rom schaffen wollte, wie die antiken Quellen übereinstimmend behaupten, stellt offenkundig eine Rückprojektion aufgrund der späteren Entwicklung dar. Tatsache ist, dass H.s Initiative Karthago noch einmal für kurze Zeit die Politik einer von Rom unabhängigen Großmacht ermöglichte. Nach einer beeindruckenden Erfolgsserie fiel H. 229/28 im Kampf gegen einheimische Stämme.

Karthago gibt Sizilien auf

Ob die karthagische Sache mit dieser Niederlage unrettbar verloren war, ist eine andere Frage. Welche Mittel einem zum Äußersten entschlossenen Karthago noch zu Gebote gestanden hätten, um eine neue Flotte aus dem Boden zu stampfen, und wie lange man dazu benötigt hätte, wissen wir nicht, und auch über Hamilkars Möglichkeiten, den Krieg am Eryx einige Zeit auf sich allein gestellt weiterzuführen, kann man nur spekulieren. Hamilkars unverzüglicher Rücktritt nach der Kapitulation lässt jedenfalls auf Spannungen zwischen ihm und der karthagischen Regierung schließen, die am ehesten durch einen grundsätzlichen Dissens in der Frage nach der Fortführung des Krieges zu erklären sind: Es scheint, als war der unbesiegte Feldherr von der Notwendigkeit eines Friedens zu römischen Bedingungen nicht überzeugt. Trifft dieser Eindruck zu, so war es weniger die totale personelle und materielle Erschöpfung, als vielmehr die Kriegsmüdigkeit einer Mehrheit des karthagischen Rates, die zu dem Entschluss geführt hat, das Ringen um die letzten Positionen auf Sizilien einzustellen.

2. Der Kampf um die Hegemonie im westlichen Mittelmeer (= „Zweiter Punischer Krieg")

a) Hannibals Alpenübergang

Die Idee

Wenige Kriege der Antike beginnen so aufsehenerregend wie jener, den Rom mit Karthago um die Vorherrschaft im westlichen Mittelmeer geführt hat. **Hannibals** Idee, den Krieg gleich zu Beginn in das Land des Feindes zu tragen, und ihre spektakuläre Ausführung, der Landmarsch von Iberien nach Italien unter Überquerung der Alpen, stellen gewissermaßen einen doppelten Paukenschlag dar, der an Bekanntheit sogar die Schlacht bei Cannae in den Schatten stellt. Es tut der Feldherrnleistung des Karthagers keinen Abbruch, dass sich bei näherem Hinsehen der Stoß gegen das Zentrum des Gegners keineswegs als etwas völlig Neues und der Landmarsch wenigstens im Prinzip als alternativlos erweist. Hannibals Strategie vereinte in der Situation des Jahres 218 entscheidende Vorteile, und die Ereignisse der ersten Kriegsjahre sollten ihm auf der ganzen Linie Recht geben.

E

Hannibal (246/47–183 v.Chr.)
Sohn des Hamilkar Barkas, begleitete seinen Vater im Alter von neun Jahren bei dessen Übergang nach Iberien, angeblich nachdem er einen Eid abgelegt hatte, stets ein Feind der Römer zu sein. Nach dem Tod Hasdrubals (221) wählten die Truppen den schon zuvor als Unterfeldherr tätigen H. zum Nachfolger. Binnen kurzem schlug H. Aufstände einheimischer Stämme nieder und erweiterte das karthagische Herrschaftsgebiet beträchtlich. Als es zu Spannungen mit Sagunt kam, schaltete sich Rom ein, forderte nach der Zerstörung der Stadt die Auslieferung H.s und erklärte schließlich Karthago den Krieg (218). Dessen erste Phase war von H.s schnellem Stoß über die Alpen nach Oberitalien bestimmt, doch nach den glänzenden Anfangserfolgen stellten sich Stagnation und Rückschläge ein. Als 204 der Krieg auf Nordafrika übergriff, war H.s Aufenthalt in Italien sinnlos geworden. Vom karthagischen Rat zurückberufen, unterlag er P. Scipio bei Zama (202). H.s Stellung in Karthago scheint von der Niederlage zunächst unberührt geblieben zu sein; erst auf römisches Drängen wurde ihm 200/199 der Oberbefehl entzogen. Reformen des Finanzwesens sowie der Verfassung brachten H. 196 in Konflikt mit innenpolitischen Gegnern, die nicht davor zurückschreckten, ihn in Rom anzuschwärzen. Dem Zugriff einer römischen Untersuchungskommission entzog sich H. durch die Flucht zu Antiochos III. (195), dem er während seines Krieges gegen Rom 192–188 zur Seite stand. Da Rom nach dessen Ende seine Auslieferung forderte, floh H. zu dem bithynischen Dynasten Prusias; als ihm auch hier die Auslieferung drohte, beging er 183 Selbstmord.
Eine Beurteilung der Persönlichkeit H.s fällt trotz einer Fülle von Überlieferung nicht leicht. Da die Schriften zeitgenössischer Historiker in seinem Gefolge verloren sind und die römische Annalistik in ihrem Bestreben, H. zum Hassgegner Roms zu stilisieren, wertlos ist, bleibt uns als einzige brauchbare Quelle Polybios. Doch so kompetent der Grieche in militärischen Fragen urteilt, bereits sein H.-Bild ist von römischen Klischees *des* Puniers (Habsucht, Verschlagenheit, Grausamkeit) auf der einen, von den Verleumdungen der karthagischen Opposition nach H.s Flucht und Verbannung auf der anderen Seite verzerrt. Das herausragende Talent des Feldherrn steht außer Zweifel; wenn H. letzten Endes dennoch scheiterte, so deshalb, weil er die Stabilität des römischen Bundesgenossensystems unterschätzt hatte und weil es ihm im weiteren Verlauf des Krieges

an einem strategischen Alternativkonzept fehlte, um erneut das Gesetz des Handelns an sich zu reißen. Die Frage, ob im Moment des größten Triumphes – nach Cannae – eine Belagerung Roms zum Erfolg geführt hätte, ist so faszinierend wie müßig; mit guten Gründen entschied H. sich für den anderen Weg. Seine Absicht war es, den Gegner zu isolieren und auf den Status einer italischen Mittelmacht zu reduzieren, mithin ein Gleichgewicht der Kräfte in Italien herzustellen. Wäre dies dauerhaft gelungen, so hätte sich die hellenistische Staatenwelt – wie auch immer – weiterentwickelt, anstatt in einem römischen Weltreich aufzugehen. An einem der Scheidewege der antiken Geschichte ist H. Repräsentant dessen, was nicht eingetreten ist.

Kriegführung im Land des Feindes, um Krieg im eigenen Land zu vermeiden

Gerade die karthagische Kriegsgeschichte weist Beispiele auf, die Hannibal ohne Zweifel bei seinen Überlegungen begleitet haben, als sich ein Krieg gegen Rom abzuzeichnen begann. Um dem belagerten Syrakus Luft zu verschaffen, hatte seinerzeit Agathokles zu dem Mittel gegriffen, den Karthagern unerwartet in Afrika entgegenzutreten (310); im Ersten Punischen Krieg waren es die Römer gewesen, die mit einem Schlag gegen Karthago den Krieg um Sizilien zu entscheiden versuchten (256/55). Zweimal innerhalb eines Jahrhunderts hatten die Karthager erfahren, was es hieß, im eigenen Land ums Überleben zu kämpfen. Um eine ähnliche Entwicklung der bevorstehenden Auseinandersetzung zu verhindern, galt es, dem Gegner mit ebendiesem Schachzug zuvorzukommen.

Die Notwendigkeit des Landmarsches; die Rolle der oberitalischen Kelten

Damit stand ein wesentliches Element des Kriegsplanes fest: Ein karthagisches Heer musste nach Italien gelangen, bevor den Römern die Landung starker Kräfte in Iberien oder gar in Afrika gelang. Dies konnte nun allerdings gar nicht anders als auf dem Landweg geschehen: Zu einer Invasion Italiens auf dem Seeweg hätte es wenigstens der vorübergehenden Seeherrschaft sowie einer Transportkapazität bedurft, die Karthago nicht zur Verfügung stand. Mit dem Verlust der Inseln war die Notwendigkeit weggefallen, eine schlagkräftige Flotte zu unterhalten; stattdessen hatte man sich seit Hamilkars Übergang nach Iberien weitgehend auf die dortige Landkriegsführung konzentriert. Wie Rom im Ersten Punischen Krieg zu einer Seemacht geworden war, so hatte sich Karthago zwischen den Kriegen zur Landmacht entwickelt. So gesehen stellte der Landmarsch nach Italien weniger einen Geniestreich als vielmehr die einzige Möglichkeit dar, den Krieg mit ausreichenden Kräften auf dem beabsichtigten Schauplatz zu eröffnen. Bemerkenswert ist jedoch, wie Hannibal aus dieser Not eine Tugend machte: Indem er nicht den kürzesten Weg entlang der Küste, sondern den weiteren und beschwerlicheren über die Alpen nahm, vermied er nicht nur eine frühzeitige Begegnung mit dem Feind, sondern wählte zugleich eine Route, die ihn direkt in das Gebiet potentieller Verbündeter führte: Immer wieder waren die keltischen Stämme Oberitaliens während der vergangenen Jahrzehnte in Konflikt mit den Römern geraten; dass sie sich einem erfolgversprechenden Feldzug gegen diese mit fliegenden Fahnen anschließen würden, stand kaum zu bezweifeln. Lehren der Vergangenheit und geopolitische Gegebenheiten der Gegenwart sind zu einem strategischen Konzept geformt, das die Römer in der ersten Phase des Krieges vollkommen in die Defensive drängte.

Vorbereitungen

Die römische Kriegserklärung nach der Eroberung Sagunts kam für Hannibal nicht überraschend. Schon nachdem im Vorjahr eine römische Gesandtschaft auf das Freundschaftsverhältnis mit der Stadt hingewiesen und Hannibal entgegnet hatte, dass er auf die widerrechtliche Intervention der Römer keine Rücksicht zu nehmen gedachte, war die Konfrontation abzusehen (Polyb. 3,15,12); dass der Angriff auf Sagunt sehr wahrscheinlich Krieg mit Rom bedeutete, muss den Karthagern klar gewesen sein. Der Feldherr hatte also seit Beginn der achtmonatigen Belagerung Zeit für die Planung sowie die organisatorischen und diplomatischen Vorbereitungen, ohne die sein Vorhaben nicht realisierbar gewesen wäre. Als Erstes musste Hannibal daran gelegen sein, Informationen über die Marschroute zu gewinnen und zugleich bei den Stämmen, deren Gebiet er zu durchziehen gedachte, für sein Unternehmen zu werben. Mit diesem doppelten Auftrag reisten zahlreiche Boten nach Südfrankreich, in die Alpenregion sowie nach Oberitalien und kehrten bis zum Frühjahr 218 mit durchweg positiven Auskünften zurück (Polyb. 3,34,1–6). Ein Heimaturlaub sollte derweil die Motivation der iberischen Waffenbrüder steigern; allerdings setzte Hannibal nicht nur auf guten Willen: Um die Bündnistreue sowohl der Iberer als auch der Libyer sicherzustellen, wurden libysche Kontingente in Iberien, iberische Abteilungen dagegen in und um Karthago stationiert, die neben ihrem Auftrag als Sicherungstruppe zugleich als Geiseln fungierten. Das Kommando übertrug Hannibal für die Zeit seiner Abwesenheit seinem jüngeren Bruder Hasdrubal.

Hannibals Marsch bis zur Rhone

Dass die Römer von alledem nichts mitbekommen hatten und von Hannibals Vorgehen völlig überrascht waren, ist kaum anzunehmen, doch sie scheinen dessen Schnelligkeit unterschätzt zu haben. Ihr Beschluss, *mit jeweils einem Heer P. Cornelius* (Scipio) *nach Iberien und Ti. Sempronius* (Longus) *nach Libyen zu schicken* (Polyb. 3,40,2; vgl. 3,61,8), lässt jedenfalls die Überzeugung erkennen, den Karthagern diese beiden Kriegsschauplätze vorgeben zu können. Auch die unerwartet frühe Nachricht von Hannibals Ebroübergang (3,40,2) veranlasste die Römer nicht zu einer Neuorientierung ihrer Strategie. Der für die Kriegführung in Iberien zuständige Scipio gedachte vielmehr, dem karthagischen Heer an der Rhone den Weg zu versperren. Doch als er Ende August 218 mit seiner Flotte an der Mündung des Flusses vor Anker ging, musste er erfahren, dass Hannibal bereits eingetroffen war und die Rhone an einer vier Tagesmärsche flussaufwärts gelegenen Stelle überschritt. Und die zweite Überraschung folgte auf dem Fuß: Während Scipio nach einem Begegnungsgefecht zwischen karthagischen und römischen Aufklärungsverbänden hoffte, seinen Gegner zur Schlacht zu stellen, rückte dieser nach Norden – rhoneaufwärts – ab. Dass Hannibal den Weg über die Alpen nach Oberitalien zu nehmen beabsichtigte, wurde Scipio offenbar erst jetzt klar; nun galt es umzudenken. Das Ergebnis der Überlegungen des Konsuls bestand darin, dass er Heer und Flotte unter dem Befehl seines Bruders Cn. Cornelius Scipio nach Iberien entsandte, um dort wie vorgesehen den Kampf gegen die karthagische Provinz aufzunehmen, selbst aber eiligst nach Pisa zurückkehrte, um mit den in Oberitalien stationierten Truppen Hannibal diesseits der Alpen aufzufangen.

Der Alpenübergang

Das karthagische Heer zog währenddessen rhoneaufwärts bis zum Zufluss der Isère bei Valence, weiter an diesem Fluss entlang über Grenoble bis St. Pierre d'Albigny und von dort den Arc aufwärts zum Pas de Lavis-

Trafford (vgl. W. Huß, Geschichte der Karthager, 301). Nach einer Ruhepause von zwei Tagen auf der Passhöhe begann der Abstieg, der – anders als der Aufstieg – weniger durch Feindseligkeiten als durch Geländeschwierigkeiten behindert wurde. Zwei Wochen nach dem Aufbruch in St. Pierre d'Albigny erreichte das Heer die Ebene. Was zweifelsohne eine beachtliche Leistung gewesen ist, wurde schon durch die Berichterstattung der Augenzeugen ins Sensationelle und Übernatürliche entrückt. Polybios wendet sich mit aller Vehemenz gegen jene, welche *die Alpen so verlassen und steil darstellen, dass es nicht nur Pferden und Heeren mit Elefanten, sondern sogar Fußgängern mit leichtem Gepäck nicht ohne weiteres möglich sei hinüberzugelangen, und uns zugleich die Einöde dieser Gegenden derart beschreiben, dass, wenn nicht ein Gott oder Heros Hannibals Leuten erschienen wäre und ihnen den Weg gewiesen hätte, sie in große Not geraten und allesamt zugrunde gegangen wären* (3,47,9). Doch auch Hannibal selbst scheint zu der Legendenbildung beigetragen zu haben: Die phantastischen Verlustzahlen bei Polybios – angeblich kamen von den 38000 Infanteristen und über 8000 Reitern beim Übergang über die Rhone (3,60,5) nur 20000 Infanteristen und 6000 Reiter, also etwas mehr als die Hälfte, in der Poebene an (3,56,4) – entstammen einem Tatenbericht, den der karthagische Feldherr gegen Kriegsende in einem unteritalischen Tempel veröffentlicht hat (vgl. Polyb. 3,33,18), und mögen dazu gedient haben, seine Anfangserfolge in umso hellerem Licht erstrahlen zu lassen. Man kann demgegenüber nur betonen, dass Hannibal sich keineswegs tollkühn in ein Wagnis mit ungewissem Ausgang stürzte, sondern dass die gut begründete Ansicht, auf diesem Wege sicherer – da von den Römern unbehelligt – in das Gebiet seiner oberitalischen Verbündeten zu gelangen, ihn zur Wahl seiner Route bewog.

b) Der Vorstoß nach Mittelitalien: Ticinus – Trebia – Trasimenischer See

Schon bevor Hannibal die Poebene betrat, zeigte sich, dass seine Rechnung aufging. In Erwartung des karthagischen Heeres hatten sich Boier und Insubren zu einem Angriff auf die römischen Kolonien Placentia (= Piacenza) und Cremona zusammengetan und machten seitdem den Römern schwer zu schaffen. Spannungen zwischen den aufständischen Insubren und den am Oberlauf des Po ansässigen Taurinern führten allerdings dazu, dass Letztere zunächst nicht zu einem Bündnis mit den Karthagern bereit waren. Erst auf die Eroberung ihrer Hauptstadt hin unterwarfen sich die Tauriner und mit ihnen auch einige benachbarte Stämme.

Der karthagische Sieg am Ticinus

Hannibals nächstes Ziel musste es sein, sich so schnell als möglich mit den weiter ostwärts siedelnden Insubren und Boiern zu vereinigen, und genau dies versuchte sein Gegenspieler zu verhindern. P. Scipio, der in der Zwischenzeit in Pisa gelandet war und von den Prätoren L. Manlius und C. Atilius die oberitalischen Legionen übernommen hatte, überschritt mit diesen Kräften zunächst den Po, dann den Ticinus, einen linken Nebenfluss des Po, zog dem karthagischen Heer entgegen und schlug in dessen Nähe ein Lager auf. Als tags darauf die Kavallerieverbände beider Seiten unter

Führung ihrer Feldherrn bei der Aufklärung aufeinanderstießen, entwickelte sich das erste nennenswerte Gefecht des Krieges. Dank breiterer Aufstellung gelang es den Karthagern, den Gegner durch die auf den Flügeln eingesetzten numidischen Reiter zu umfassen und in die Flucht zu schlagen (Polyb. 3,65). Scipio selbst entkam verwundet; infolge der hohen Verluste seiner Reiterei ließ er es auf eine Schlacht nicht mehr ankommen, sondern führte sein Heer über den Po und bezog westlich von Placentia ein Lager.

Wichtig war für Hannibal vor allem die Signalwirkung, die dieser erste Erfolg auf die Kelten der Umgebung ausübte: Durch Gesandte boten mehrere Stämme Bündnis und Unterstützung an; kurz darauf wechselten 2000 keltische Infanteristen und an die 200 Reiter aus dem römischen Lager die Fronten. Indem Hannibal die Überläufer mit dem Auftrag entließ, zu Hause für ein Bündnis mit ihm zu werben, verzichtete er zwar für den Augenblick auf die willkommene Verstärkung, band aber für die Zukunft weitere Stämme an die karthagische Sache. Und noch in einem zweiten Punkt war Hannibals Strategie aufgegangen: Als die Nachricht von Hannibals Alpenüberquerung in Rom bekannt geworden war, beauftragte der Senat den anderen der beiden Konsuln, Ti. Sempronius Longus, die Vorbereitungen zur Invasion Afrikas in Lilybaion abzubrechen und sich mit seinem Heer schleunigst nach Oberitalien zu begeben (Polyb. 3,61,9). Die Gefahr eines afrikanischen Kriegsschauplatzes war vorerst abgewendet.

Der karthagische Sieg an der Trebia

Mit seinen geschwächten Truppen konnte Scipio nur auf das Eintreffen des Kollegen hoffen. Allerdings schien es ihm nach der Desertion der Kelten geraten, auf einen geschützteren Ort auszuweichen. Während der Dunkelheit brach er auf, setzte mit seinen Truppen über die Trebia – zu spät hatten die Karthager seinen Abzug bemerkt und die Verfolgung aufgenommen – und bezog auf den Höhen ostwärts des Flusses ein neues Lager, in dem er vor einem Angriff Hannibals sicher war. Zwischen sich die Trebia, einen rechten Nebenfluss des Po, lagen sich nun Freund und Feind gegenüber und erwarteten die Ankunft des Longus, der Ende November/Anfang Dezember die Trebia erreichte. Um die Zeit der Wintersonnenwende kam es zur Schlacht; anders als am Ticinus hatte Hannibal hier die Gelegenheit, das Treffen unter Ausnutzung der Geländegegebenheiten detailliert zu planen. Und der Gegner ging auf seine Planung ein: Nachdem während der Nacht eine karthagische Abteilung von 1000 Infanteristen und ebenso vielen Reitern in einem tief eingeschnittenen Wasserlauf zwischen den feindlichen Lagern einen Hinterhalt bezogen hatte, schickte Hannibal im Morgengrauen die numidische Kavallerie mit dem Auftrag aus, den Feind aus dem Lager zu locken, um dann kämpfend über die Trebia auszuweichen, wo Hannibal das Gros seines Heeres zur Schlacht aufgestellt hatte. Angeblich gegen den besonnenen Rat seines Kollegen und im Vertrauen auf seine numerische Überlegenheit nahm Longus die Herausforderung an, führte sein Heer aus dem Lager, verfolgte die Numider über die Trebia und stellte sich jenseits des Flusses zur Schlacht. Wie am Ticinus waren die Karthager auf den Flügeln überlegen; nach kurzem Gefecht schlug die karthagische Kavallerie den Gegner in die Flucht und entblößte damit die Flanken der römischen Infanterie. Hier und im Rücken des römischen Heeres, wo im richtigen Augenblick die 2000 Karthager aus dem Hinterhalt auftauchten, wurde die Schlacht entschieden. Die links und rechts eingesetzten Abteilungen wurden umfasst und aufgerieben; dem Zentrum der römischen Formation gelang mit etwa 10000 Mann der Durchbruch durch die karthagische Schlachtreihe und der geordnete Rückzug nach Placentia (Polyb. 3,71–74).

Hannibals Freiheitsappell an die römischen Bundesgenossen

Die Bilanz des ersten Kriegsjahres hätte aus karthagischer Sicht nicht besser sein können: Hannibal hatte die oberitalischen Kelten geschlossen auf seiner Seite und stand mit einem Heer am Rande der Apenninen, dem die Römer für den Augenblick nichts entgegenzusetzen hatten. Um Hannibal den weiteren Vormarsch nach Mittelitalien westlich wie ostwärts der Apenninen zu verwehren, bezogen die Konsuln des Jahres 217, Cn. Servilius Geminus und C. Flaminius, im Frühjahr bei Arretium (= Arrezzo) und bei Ariminum (= Rimini) Stellung. Zur Überraschung des Gegners wählte Hannibal – von Einheimischen beraten – den schwierigeren, doch kürzeren Weg durch Etrurien. Doch bevor er zu Beginn der Feldzugssaison aus dem Winterlager aufbrach, empfahl er sich mit einer Geste des Entgegenkommens den römischen Bundesgenossen, indem er die *socii* unter den Gefangenen nach bevorzugter Behandlung in ihre Heimat entließ. Denn *nicht mit ihnen sei er gekommen, Krieg zu führen, sondern mit den Römern um ihretwillen. Deshalb müssten sie – so sagte er – nach vernünftiger Überlegung an der Freundschaft mit ihm interessiert sein. Denn er sei hier, um den Italikern die Freiheit wiederzuerwerben und zugleich die Städte und das Land, das ein jeder Stamm unter den Römern verloren habe, zurückzugewinnen* (Polyb. 3,77,4–6). Die Freiheitsparole, die bei den Kelten verfangen hatte, sollte auch den italischen Stämmen einen Frontenwechsel schmackhaft machen.

Auf dem Marsch nach Etrurien machte insbesondere die Durchquerung eines Sumpfgebietes zwischen Pistoia und Florenz dem karthagischen Heer – vor allem den ungeübten Kelten – schwer zu schaffen. Die nötige Ruhepause nach dieser Etappe nutzte Hannibal für die Aufklärung und für die Planung seines weiteren Vorgehens. Seine Chance, dem Feind eine weitere Niederlage zuzufügen, musste darin liegen, den bei Arretium lagernden Flaminius allein – ohne Verstärkung durch seinen an der Adria stehenden Kollegen – zum Schlagen zu bringen. Um dieses Ziel zu erreichen, beschloss er, gewissermaßen unter den Augen des römischen Heeres sengend und brennend an Arretium vorbei nach Südosten – in Richtung Rom – zu ziehen. Und unter dem Eindruck dieser Demonstration tat der Konsul genau das, wozu ihn Hannibal animieren wollte: Er verließ sein Lager und folgte Hannibal, um ihn bei nächster sich bietender Gelegenheit zur Schlacht zu stellen.

Der karthagische Sieg am Trasimenischen See

Das römische Heer auf den Fersen zog Hannibal am Nordufer des Trasimenischen Sees nach Osten, um an dessen nordostwärtiger Ecke in einen Talkessel abzubiegen, wo er sein Lager aufschlug. In der Nacht stellte er zu beiden Seiten dieses Tals und auf der Höhe das Gros seiner Truppen auf, die Kelten und die Reiterei postierte er entlang des tags zuvor zurückgelegten Marschweges auf der Hügelkette oberhalb des Sees (vgl. J. Kromayer, Schlachten-Atlas, Röm. Abt. Blatt 4 Nr. 2). Bei nebligem Wetter marschierte Flaminius am nächsten Morgen geradewegs in die Falle. Als die römischen Spitzen die Höhe des Talkessels erreicht hatten, wo ihnen die libysche und iberische Infanterie den Weg versperrte, gab Hannibal das Zeichen zum

Angriff. Von allen Seiten stürzten sich die Feinde auf die schon im Tal befindlichen Römer; die rückwärtigen Teile der Marschkolonne wurden von den Kelten und der Reiterei teils zusammengehauen, teils in den See getrieben. Etwa 6000 Römern war der Ausbruch aus dem Talkessel gelungen; sie verschanzten sich in einem nahe gelegenen Dorf, wo sie wenig später eingeschlossen und gefangengenommen wurden (Polyb. 3,83–84). Die Arglosigkeit des Konsuls – insbesondere seine Vernachlässigung der Gefechtsaufklärung – hatte sich bitter gerächt. Auf römischer Seite waren etwa 15 000 Mann gefallen; weitere 15 000 befanden sich in karthagischer Gefangenschaft. Erneut entließ Hannibal die römischen Bundesgenossen mit dem Hinweis, er kämpfe für ihrer aller Freiheit.

Kurze Zeit nach dem Desaster am Trasimenischen See traf die Römer ein weiterer Schlag. Als der zweite Konsul von Hannibals Eintreffen in Etrurien erfahren hatte, war er mit seinem Heer unverzüglich von Ariminum aufgebrochen, um Flaminius zu verstärken; für den Fall, dass es bereits vor seiner Ankunft zur Schlacht käme, schickte er die schnellere Reiterei – 4000 Mann stark – unter dem Kommando des C. Centenius voraus. Erneut machte sich Hannibals ständige Aufklärung bezahlt: Er erfuhr von der Annäherung des römischen Verbandes und entsandte seine Lanzenträger sowie einen Teil der Kavallerie, welche die Hälfte des feindlichen Kontingentes vernichten, die andere Hälfte tags darauf in ihre Gewalt bringen konnten (Polyb. 3,86,1–5). Das Heer des Geminus war gegen den kavalleriestarken Hannibal vorerst nicht mehr einsetzbar.

Hannibals Entscheidung gegen einen Marsch auf Rom

Niemand dürfte auf römischer Seite daran gezweifelt haben, dass nunmehr Rom Hannibals nächstes Ziel sein würde. In dieser bedrängten Lage – der eine Konsul war in der Schlacht gefallen, der andere nicht verfügbar – wählte das Volk Q. Fabius Maximus zum ***dictator*** und stellte ihm M. Minucius Rufus als *magister equitum* (Befehlshaber der Kavallerie) an die Seite. Doch was alle befürchtet hatten, trat nicht ein: Hannibal marschierte in ostwärtiger Richtung durch Umbrien ins Picenum, wo er am zehnten Tag die Adriaküste erreichte. Warum nützte Hannibal den Sieg nicht für einen Vorstoß auf Rom? Offenbar deshalb, weil ihm der Erfolg einer solchen Aktion zweifelhaft erschien. Da sich die Römer sicher nicht zu einem Kompromissfrieden bereitgefunden, sondern die Stadt mit aller Verbissenheit verteidigt hätten, stand eine langwierige Belagerung zu erwarten, die mit gravierenden Nachteilen taktischer und logistischer Art verbunden gewesen wäre: Zunächst hätte Hannibal die Initiative preisgegeben. Der Feldherr kannte seine Stärke, auch einen numerisch überlegenen Feind unter Ausnutzung des Geländes und unter Einbeziehung der taktischen Grundsätze sowie nicht zuletzt der Psyche und der persönlichen Schwächen seines Gegners zu schlagen. Und er wusste, dass er wesentliche Erfolge dem hohen Gefechtswert seiner Kavallerie in der beweglichen Feldschlacht verdankte. Beide Trümpfe hätte Hannibal bei einer Belagerung Roms aus der Hand gegeben. Dazu kam die Tatsache, dass er sich in Feindesland befand. Während sein Heer sich auf dem Marsch aus dem Land versorgen konnte, bedurfte eine stationär eingesetzte Truppe des Nachschubes, der wertvolle Kräfte von der Belagerung abgezogen hätte, was einen schnellen Erfolg vollends ausschloss. Eine monatelange Belagerung aber – man mag das Beispiel Sagunts vor Augen gehabt haben – hätte dem Feind die Gelegenheit verschafft, neue Kräfte aufzubieten; unversehens konnte man so vom Belagerer zum Belagerten werden. Und schließlich hatte Hannibal – im Gegensatz zu dem schier unerschöpflichen Rekrutierungsreservoir Roms – nicht die Möglichkeit, seine personellen Verluste auszugleichen. Der Erfolg einer Belagerung stand unter diesen Gegebenheiten keineswegs fest; ein Abbruch des Unternehmens aber hätte einen Prestigeverlust bedeutet, der alles bisher Erreichte in Frage zu stellen vermochte. Bevor man gegen Rom selbst vorgehen konnte, galt es, durch weitere militärische Siege das römische Bündnissystem aufzusprengen und den Gegner zu isolieren. So oder ähnlich müssen die Überlegungen gewesen sein, die Hannibal am Trasimenischen See zu dem Entschluss bewogen, sich zunächst nach Osten zu wenden.

E

Dictator
außerordentlicher Magistrat mit unbeschränkter militärischer und ziviler Vollmacht für einen Zeitraum von höchstens sechs Monaten, auf Vorschlag des Senates in der Regel durch einen Konsul (217 gegen die Regel durch das Volk) ernannt, um eine unmittelbare Notlage abzuwenden.

c) Die Schlacht bei Cannae

Nicht nur die Römer, auch Hannibals Truppen bedurften nach den überstandenen Strapazen der Erholung. Pferde und Menschen litten infolge der Überwinterung im Freien wie des Marsches durch die Sümpfe an Krankheiten; Verwundete waren zu kurieren; die in großer Zahl erbeuteten römischen Waffen erlaubten eine wesentliche Verbesserung der Ausrüstung vor allem der libyschen Kontingente. Schließlich nutzte Hannibal den Aufenthalt am Meer, um durch Boten auf dem Seeweg die Heimat über seine Erfolge in Kenntnis zu setzen: Nur wenn auch die dortige Regierung den Krieg mit aller Energie auf sämtlichen Schauplätzen fortführte, konnte man darauf hoffen, den Gegner niederzuwerfen. Plündernd zog das Heer im Laufe des Sommers entlang der Adriaküste nach Süden weiter. Den Gegner erneut zur Schlacht zu reizen und zu schlagen, war offensichtlich Hannibals Konzept.

Die hinhaltende Taktik des Diktators Q. Fabius Maximus

Doch die Römer – genauer gesagt: manche Römer – hatten aus den schmerzlichen Erfahrungen der Vergangenheit gelernt. Nachdem gegen Hannibals überlegene Taktik und die Kampferfahrung seiner Truppen bislang kein Kraut gewachsen war, durfte man ihm eben keine Gelegenheit geben, diese Stärken auszuspielen. Wenn Hannibal keine Erfolge verzeichnen konnte, arbeitete die Zeit gegen ihn – von dieser richtigen Überzeugung war das Handeln des Diktators während der folgenden Monate bestimmt. Mit den von Geminus übernommenen sowie zwei neu ausgehobenen Legionen folgte Maximus dem karthagischen Heer von ferne, beobachtete seine Bewegungen, nutzte jede Chance zum Angriff auf kleinere Abteilungen, ließ sich jedoch auf eine Schlacht, wie sie ihm von Hannibal bei Aecae im nördlichen Apulien angeboten wurde, nicht ein. Selbst als Hannibal über die Apenninen nach Kampanien zog und dort die fruchtbare Ebene von Capua verheerte – *überzeugt, eines von beiden zu errei-*

chen, entweder die Feinde zum Kampf zu zwingen, oder aller Welt vor Augen zu führen, dass er die vollständige Überlegenheit besaß und die Römer ihm das freie Feld überließen (Polyb. 3,90,11) –, blieb Maximus seinem Grundsatz treu, vermied die Schlacht im kavalleriegünstigen, offenen Gelände und verhielt sich abwartend. Wir erfahren bei dieser Gelegenheit, dass trotz der von Hannibal ausgegebenen Freiheitsparole bisher keiner der römischen *socii* auf karthagische Seite übergetreten war; weder die schweren Niederlagen noch die Verwüstung der romtreuen Gebiete hatten den Glauben an Roms Durchhaltevermögen zu erschüttern und die Furcht vor der Strafe für einen Abfall zu beseitigen vermocht. Hannibal hatte allen Grund, die Dinge zu forcieren.

Als das karthagische Heer, reich mit Wintervorräten und mit Beute beladen, aus der kampanischen Ebene nach Osten aufbrach, sah Maximus seine Chance: An einem Pass, wo sich der Feind nicht entfalten konnte, gedachte er Hannibal den Weg zu versperren, indem er 4000 Mann in der Enge postierte und mit dem Gros des Heeres auf einer den Pass beherrschenden Höhe Stellung bezog. Doch er hatte die Rechnung ohne seinen Gegner gemacht. Hannibal beauftragte seine Pioniere, nachts etwa 2000 Ochsen mit brennenden Fackeln an den Hörnern seitwärts der Marschroute die Berge hinaufzutreiben; während die römische Sicherungstruppe dorthin eilte, um das vermeintliche Umgehungsmanöver des Feindes zu verhindern, überschritt das karthagische Heer unbemerkt den Pass (Polyb. 3,92,10–94,6).

Kritik an Maximus; M. Minucius Rufus wird ebenfalls Diktator

Dieser peinliche Fehlschlag gab all denen Auftrieb, die schon längst mit der hinhaltenden Kriegführung des Maximus unzufrieden waren – darunter auch der *magister equitum* M. Minucius Rufus. Als dieser in Abwesenheit des Diktators bei Gerunium, wo Hannibal sich zur Überwinterung einrichtete, einige Erfolge gegen fouragierende Karthager erzielen konnte, flogen ihm die Sympathien des römischen Volkes zu, was dazu führte, dass man auch ihn zum Diktator ernannte. Zwei gleichberechtigte Oberbefehlshaber mit völlig gegensätzlichen strategischen Auffassungen – das konnte nicht gutgehen. Angesichts der Unvereinbarkeit ihrer Vorstellungen blieb Maximus nichts anderes übrig, als seinem Kollegen zur Wahl zu stellen, sich entweder im Kommando von Tag zu Tag abzuwechseln oder aber das Heer zu teilen. Rufus entschied sich für letzteren Vorschlag, und beide bezogen getrennte Lager.

Eine bessere Gelegenheit als ein selbständiges Kommando des Draufgängers Rufus konnte sich Hannibal kaum bieten. Nachdem er – ähnlich der Schlacht an der Trebia – während der Nacht in dem durchschnittenen Gelände mehrere Abteilungen in den Hinterhalt gelegt hatte, ließ er im Morgengrauen seine Leichtbewaffneten eine Anhöhe zwischen seinem und Rufus' Lager besetzen. Wie erwartet nahm Rufus die Herausforderung an und führte zunächst seine leichten Truppen, als Hannibal nach und nach Verstärkung zuführte, schließlich sein ganzes Heer aus dem Lager. Als das Gefecht in vollem Gange war, griffen auf ein Signal die im Hinterhalt liegenden Karthager ein und richteten bei den Römern heillose Verwirrung an. Das Heer des Rufus wäre aufgerieben worden, hätte nicht Maximus die prekäre Lage der Kameraden erkannt und mit seinen Legionen deren Ausweichen gedeckt. Hannibal sah unter den gegebenen Umständen von einer Verfolgung des Gegners ab; Maximus' Umsicht hatte eine Katastrophe verhindert. Die Heere wurden nach dieser Schlappe wieder zusammengeführt, Rufus ordnete sich fortan den Weisungen seines Kollegen unter, und auch in Rom scheint man sich der Vorzüge einer überlegteren Führung wieder bewusst geworden zu sein.

Cannae

Unter militärischen Gesichtspunkten konnte Hannibal mit dem Verlauf des Jahres 217 zufrieden sein; seine Überlegenheit im Feld war seit der römischen Katastrophe vom Trasimenischen See unangefochten. Sorgen bereiten musste ihm dagegen die ablehnende Haltung der Italiker. Da es bislang nicht gelungen war, Verbündete für den Kampf gegen Rom zu gewinnen, drohte der anfängliche Schwung der Offensive zu erlahmen. Nur ein weiterer vollständiger Sieg konnte den erhofften Abfall der *socii* bewirken, und dazu war es erforderlich, die Römer zur Schlacht zu zwingen. In dieser Absicht brach Hannibal zu Saisonbeginn des Jahres 216 von Gerunium auf und bemächtigte sich der Burg von Cannae, die den Römern als Lebensmitteldepot diente. Die Römer befanden sich in der Zwickmühle: Einerseits brachte sie der Verlust von Cannae in erhebliche Versorgungsschwierigkeiten, und auch gegenüber den Bundesgenossen war es an der Zeit, Stärke zu demonstrieren. Andererseits bot die Ebene von Cannae dem Gegner ideale Möglichkeiten zum Einsatz seiner gefürchteten Kavallerie. Man fragte in Rom nach, und der Senat beschloss, mit acht Legionen den Kampf zu wagen.

Die Führerdichte auf römischer Seite entsprach der Bedeutung, die man der bevorstehenden Begegnung beimaß: Beide Konsuln des laufenden Jahres, L. Aemilius Paullus und C. Terentius Varro, sowie ihre beiden Vorgänger befanden sich beim Heer. Doch abermals scheint es innerhalb der römischen Führung – die beiden Konsuln wechselten sich im Oberbefehl täglich ab – zu Meinungsverschiedenheiten bezüglich des zweckmäßigeren Vorgehens gekommen zu sein. Während Paullus den Feind in ein infanteriegünstigeres Gelände locken wollte, führte Varro am Tag seines Kommandos das Heer in die unmittelbare Nähe des Feindes; unter seinem Befehl kam es wenige Tage später (am 2. August) in der Ebene von Cannae zur Schlacht.

Taktik und Schlachtverlauf

Insgesamt standen 80 000 Infanteristen der Römer und ihrer Bundesgenossen etwa 40 000 Libyern, Iberern und Kelten gegenüber; kavalleristisch war Hannibal mit 10 000 Mann den 6000 römischen Reitern deutlich überlegen. Aus römischer Sicht musste es darauf ankommen, die feindliche Infanterie im Zentrum zu zerschlagen, bevor sich die kavalleristische Überlegenheit des Gegners auf den Flügeln auswirken konnte. Hierzu gliederte Varro seine Manipel schmal und tief; die römische Reiterei auf dem rechten und die bundesgenössische auf dem linken Flügel hatten den Auftrag, die feindliche Kavallerie zu binden, bis der Kampf der Fußtruppen entschieden war. Für Hannibal bestand die taktische Herausforderung darin, den doppelt so starken Legionen so lange standzuhalten, bis die eigene Reiterei ihren Gegner auf den Flügeln werfen und der römischen Infanterie in den Rücken fallen konnte. Hierzu bediente er sich folgender Aufstellung: Ins Zentrum seiner Schlachtordnung stellte er – breit gegliedert – die Iberer und Kelten in Form eines dem Gegner zugewandten Kreisbogens, links und rechts dahinter die nach römischer Art bewaffneten Libyer (vgl.

J. Kromayer, Schlachten-Atlas, Röm. Abt. Blatt 6). Der erste Zusammenstoß musste also bei den Iberern und Kelten erfolgen; deren kämpfendes Ausweichen sollte den Feind kanalisieren, so dass er den zu beiden Seiten stehenden Libyern die offene Flanke bot. Und der Plan gelang: In der Hoffnung, dort den Durchbruch zu erzielen, konzentrierten die Römer ihre Kräfte in der Mitte, drängten die Iberer und Kelten zurück und gerieten so zwischen die Kontingente der Libyer. Auf engem Raum nach drei Seiten kämpfend konnten sie ihre numerische Überlegenheit nicht ausspielen; das Gefecht Mann gegen Mann zog sich in die Länge. Unterdessen hatten die iberischen und keltischen Reiter auf dem linken Flügel die römische Kavallerie nahezu aufgerieben, waren dann den Numidern auf dem rechten Flügel zu Hilfe gekommen und hatten dort auch die Reiterei der Bundesgenossen in die Flucht geschlagen. Während die Numider die Verfolgung aufnahmen, griffen die berittenen Iberer und Kelten die Legionen im Rücken an. In diesem Moment war die Schlacht entschieden. Rings von Feinden umgeben, wurde ein Großteil des römischen Heeres im Handgemenge niedergemacht. Die Zahl der Gefallenen dürfte bei wenig unter 60000 gelegen haben; etwa 12000 Römer und Verbündete gerieten in karthagische Gefangenschaft (Polyb. 3,113–117).

Reaktionen in Rom

Die Nachricht von der Vernichtung des Heeres schlug in Rom wie eine Bombe ein. Eine erste Senatssitzung musste infolge der allgemeinen Erregung vertagt werden. Erst als die Gemüter sich einigermaßen beruhigt hatten, konnten die notwendigen Maßnahmen beschlossen werden. Die einzige verbliebene Legion, die auf der Flotte stationiert war, stellte 1500 Mann zur Sicherung Roms ab; das Gros marschierte unter Führung des Prätors M. Claudius Marcellus nach Canusium, wo sich die versprengten Überlebenden der Schlacht – nach Livius (22,56,2) etwa 10000 Mann, darunter der Konsul Varro – inzwischen gesammelt hatten. Die weitere Führung der Staatsgeschäfte legte man, wie nach der Niederlage des Vorjahres, in die Hände eines Diktators (M. Iunius Pera), der insbesondere die Aufstellung eines neuen Heeres zu organisieren hatte. Die Einberufung von 17jährigen, der Freikauf kriegswilliger Sklaven, ja sogar die Amnestie Strafgefangener und ihre Ausrüstung mit Beutewaffen aus früheren Kriegen (22,57,9–11; 23,14,3–4) belegen eindrucksvoll, dass der römische Staat am Ende seiner Kräfte war. Doch der Gedanke, ein Friedensangebot Hannibals auch nur anzuhören, lag dem Senat fern (22,58,7–9).

Hannibal marschiert auch jetzt nicht auf Rom

Unhistorisch ist höchstwahrscheinlich das Plädoyer des karthagischen Reiterobersten Maharbal, nach der Schlacht mit den beweglichen Truppen unverzüglich Rom anzugreifen, das in den Worten gipfelte: „Zu siegen verstehst du, Hannibal; den Sieg zu nutzen verstehst du nicht" (Liv. 22,51, 1–4). Polybios, dessen drittes Buch mit den Folgen von Cannae schließt, kannte die Episode aus seinen karthagischen Quellen offenbar nicht. Erst Cato scheint das Verhalten Hannibals nach dem Sieg als entscheidenden Fehler bewertet zu haben. Aus dieser Ansicht dürfte dann der sprichwörtliche Dialog entstanden sein. Nichtsdestoweniger wirft die Passage die zentrale Frage auf, ob Hannibal durch einen sofortigen Marsch auf Rom den Krieg hätte beenden können – eine Frage, die in der Forschung bis heute umstritten ist. Zunächst einmal dürfen wir nicht dem Denkfehler erliegen, die Alternative zu Hannibals letztlich gescheiterter Strategie hätte notwendigerweise zum Erfolg geführt. Stattdessen gilt es nüchtern zu überlegen, welche Chance ein karthagischer Vorstoß auf Rom gehabt hätte. Cannae ist von Rom etwa 400 km entfernt; das Gros des karthagischen Heeres hätte nicht unter zwei Wochen benötigt, um diese Strecke zurückzulegen. Das bedeutet, dass man in Rom nach dem Eintreffen der Hiobsbotschaft per Eilboten jedenfalls ausreichend Zeit gehabt hätte, die Stadt – und sei es notdürftig – in den Verteidigungszustand zu versetzen. Ein Sturmangriff wäre dann so gut wie aussichtslos, eine Belagerung ein langwieriges Unterfangen mit unsicherem Ausgang gewesen (Kap. III 2 b). Die einzige Möglichkeit, das Überraschungsmoment zu nutzen, hätte tatsächlich darin bestanden, augenblicklich Maharbal mit der Reiterei in Marsch zu setzen. Ob die maximal 10000 Mann starke Truppe vor beziehungsweise in Rom eine Entscheidung hätte herbeiführen können, steht dahin. Ob es Hannibals kriegsentscheidender Fehler war, diesen Versuch nicht gewagt zu haben, muss daher offenbleiben.

d) Der Kampf um Unteritalien

Capuas Abfall von Rom

Hannibals strategisches Ziel war es nach wie vor, Rom innerhalb des Bündnissystems zu isolieren; abermals signalisierte er den *socii* – trotz der immensen Verluste, die auch sie in der Schlacht erlitten hatten –, dass sein Kampf nicht ihnen galt, indem er ihre gefangenen Angehörigen entließ. Und diesmal verhallte sein Appell, die Sache Roms aufzugeben, nicht ungehört. Die erste Stadt, die Hannibal ihre Tore öffnete, war das in Samnium gelegene Compsa. Einer der führenden Männer hatte Hannibal die Übergabe in Aussicht gestellt; die romfreundliche Partei verließ beim Nahen des karthagischen Heeres die Stadt. Seinen Bruder Mago beauftragte Hannibal daraufhin, mit einem Teil des Heeres in der Region weitere Verbündete zu gewinnen; er selbst zog weiter nach Kampanien, schlug dort ein Reiteraufgebot der Neapolitaner, ließ sich jedoch auf eine Belagerung der stark befestigten Stadt nicht ein. Dagegen gelang ihm in dem nahen Capua ein bedeutender Erfolg: Nachdem eine Gesandtschaft zu Varro kurz zuvor das ganze Ausmaß der Katastrophe von Cannae in Erfahrung gebracht hatte, beschlossen Senat und Volk, auf die Seite Hannibals überzutreten und einigten sich mit ihm auf ein Bündnis zu folgenden Bedingungen: Kein karthagischer Feldherr oder Beamter sollte einem kampanischen Bürger gegenüber irgendwelche Befugnisse haben; kein Kampaner sollte zu Kriegs- oder anderen Diensten herangezogen werden. Capua behielt seine Gesetze und seine Verwaltung. Die Kampaner erhielten 300 römische Kriegsgefangene nach eigener Wahl, um sie gegen 300 Mitbürger auszutauschen, die als Reiter auf Sizilien im römischen Dienst standen (Liv. 23,7,2). Dass die Kampaner zuvor in Rom vergeblich gefordert hatten, in Zukunft einen der beiden Konsuln zu stellen (23,6,6), ist eine unhistorische Anekdote mit einem wahren Kern: Ganz sicher spielten politische Unzufriedenheit und Rivalität eine entscheidende Rolle, als die nach Rom wichtigste Stadt Italiens sich entschloss, die Fronten zu wechseln.

Stagnation der karthagischen Offensive

Noch im gleichen Jahr sollte sich aber auch zeigen, dass selbst nach

Cannae der Zerfall des römischen Bündnissystems keineswegs ein Automatismus war. Einige kampanische Städte folgten dem Beispiel Capuas; andere – darunter die wichtigen griechischen Seestädte Kyme (= Cumae) und Neapel – blieben bei ihrem proRömischen Kurs. Das zähe, wechselhafte Ringen um Positionen in Unteritalien, das die Kriegführung der kommenden Jahre bestimmen sollte, hatte begonnen. Nur unter beträchtlichem militärischen Aufwand konnte Hannibal bis 213/12 große Teile von Kampanien, Samnium, Apulien, Lukanien und Bruttium unter seine Kontrolle bringen; die Römer erholten sich derweil – gestützt auf ihre zuverlässigen mittelitalischen Bundesgenossen – von den erlittenen Verlusten. Und die römische Führung war aus dem Schaden von Cannae endlich klug geworden: Man bemühte sich um Sicherung der bedrohten und um Rückgewinnung der zum Feind übergegangenen Städte, ging jedoch einer Feldschlacht mit dem taktisch und kavalleristisch überlegenen Hannibal aus dem Weg und hinderte die Karthager durch verstärktes Engagement auf den übrigen Kriegsschauplätzen, weitere Truppen nach Italien zu entsenden. Bei seinen italischen Verbündeten konnte Hannibal aus Gründen der politischen Glaubwürdigkeit keine Aushebungen vornehmen; dagegen bedurfte jede auf karthagische Seite übergetretene Stadt einer Besatzung, wodurch das Feldheer zusätzlich geschwächt wurde. Dank dieser Ermüdungsstrategie gewannen die Römer allmählich wieder an Boden.

Rückeroberung Capuas durch die Römer

Ein Erfolg mit Signalwirkung gelang ihnen, als Capua nach langer Belagerung 211 kapitulieren musste. Ap. Claudius Pulcher, der Konsul des Vorjahres und Befehlshaber vor Ort, hatte sich weder durch karthagische Angriffe auf sein Lager zur Schlacht verleiten noch durch einen Scheinangriff Hannibals auf Rom (*Hannibal ad portas* [Cic. *oratio Philippica* 1,11; Liv. 23,16,2]) von seinem Auftrag abbringen lassen (Polyb. 9,3–7). Die Stadt musste aufgegeben werden und verfiel einem furchtbaren Strafgericht; Kampanien war für Hannibal verloren, der Glaube an den Erfolg der karthagischen Sache bei vielen Verbündeten erschüttert. Zwar konnte Hannibal 210 dem Prokonsul Cn. Fulvius Centumalus und dem Konsul M. Claudius Marcellus Niederlagen bereiten; Letzterer unterlag im folgenden Jahr erneut und verlor in einer Begegnung des Jahres 208 schließlich das Leben. Doch die Initiative war der karthagischen Kriegführung in Italien weitgehend entglitten; man konzentrierte sich darauf, die gewonnenen Positionen zu halten – und auch das gelang nicht immer: 209 konnte der einstige Diktator und mehrfache Konsul Q. Fabius Maximus das 212 zum Feind übergegangene Taras (= Tarent) zurückerobern.

Kriegsmüdigkeit bei den römischen Bundesgenossen

Anlass zu neuen Hoffnungen gab indes eine Entwicklung, auf die Hannibal bislang vergeblich gewartet hatte: Die römischen Bundesgenossen Mittelitaliens waren des langen Krieges müde. Nicht weniger als zwölf der 30 latinischen Kolonien (Ardea, Nepet, Sutrium, Alba, Carsioli, Sora, Suessa, Circei, Setia, Cales, Narnia und Interamna) erklärten 209, keine Soldaten mehr stellen und keine Abgaben mehr aufbringen zu können, und sprachen sich für einen Frieden mit Hannibal aus (Liv. 27,9,2–6). Die Konsuln und der Senat waren empört über diesen – wie sie es interpretierten – offenen Abfall. Da Rom momentan außerstande war, militärischen Druck auszuüben, wurde die Sache unter den Teppich gekehrt. Sollte das Beispiel jedoch Schule machen, stand das Schlimmste zu befürchten. Und auch in

Etrurien gärte es: Livius berichtet von Unruhen in Arretium, die Rom zu erhöhter Aufmerksamkeit und zur zusätzlichen Stationierung von Truppen zwangen (27,21,6–8; 24,1–9; 38,6). Der Grund ist nicht schwer zu erraten: Auch hier dürfte man es leid gewesen sein, seit nunmehr fast zehn Jahren für die Interessen der Römer zu bluten. Sollte es Hannibal doch noch gelingen, die Italiker von einer politischen Zukunft ohne römische Vorherrschaft zu überzeugen? Die karthagischen Pläne für das Jahr 207 zeigen jedenfalls, dass man nach der Phase der Stagnation wieder daran glaubte, dem Krieg in Italien eine entscheidende Wendung geben zu können.

e) Der Zug Hasdrubals 208/07

Missglückte Kommunikation zwischen den karthagischen Heeren

Schon einmal – im Jahre 216 – hatte der karthagische Rat den Entschluss gefasst, Hasdrubal zur Unterstützung Hannibals nach Italien in Marsch zu setzen, diesen Plan jedoch infolge Hasdrubals Niederlage gegen die Scipionen (Kap. III 2 g) zurückstellen müssen. Acht Jahre sollten vergehen, bis der Befehlshaber Iberiens im Sommer 208 an der Spitze eines Heeres aufbrach, um seinem Bruder auf dem Landweg Verstärkung zuzuführen. Schon auf dem Weg durch Südfrankreich warb er weitere keltische Truppen an; während des Winterlagers am Fuß der Alpen nahm er mit den Ligurern Verbindung auf, die ihm ebenfalls 8000 Mann zusicherten (Liv. 27,39,2). Schneller als erwartet überschritt Hasdrubal im Frühjahr 207 die Alpen, belagerte ohne Erfolg die latinische Kolonie Placentia und sandte dann Boten mit einem Schreiben zu Hannibal, in dem er eine Vereinigung der beiden Heere in Umbrien vorschlug. Dass diese Boten auf der Suche nach dem karthagischen Heer bei Tarent in die Hände der Römer fielen (27,43), dürfte über das Schicksal der Unternehmung entschieden haben: Während Hannibal in Unkenntnis der Lage in Apulien auf Nachricht wartete, konnten die Römer sich ganz auf die Abwehr des zweiten Gegners konzentrieren. Hasdrubal mit allen verfügbaren Kräften zu stellen und zu schlagen, bevor Hannibal der Situation gewahr wurde, war das Gebot der Stunde.

Der römische Sieg am Metaurus

Hierzu begab sich der in Unteritalien kommandierende Konsul C. Claudius Nero – von Hannibal unbemerkt – mit der Elite seiner Truppen in Eilmärschen zu seinem Kollegen M. Livius Salinator, der bei Sena Gallica südlich des Metaurus Hasdrubal gegenüberstand. Am Tag nach dem Eintreffen Neros führten die Konsuln ihr Heer aus dem Lager, doch der karthagische Feldherr hielt es angesichts der feindlichen Übermacht für geraten, über den Metaurus auszuweichen. Die Römer nahmen die Verfolgung auf, holten Hasdrubal noch vor dem Überschreiten des Flusses ein und zwangen ihn in unübersichtlichem, hügeligen Gelände zur Schlacht. Aus karthagischer Sicht links, wo Geländehindernisse die Gegner trennten, stellte Hasdrubal die weniger kampfstarken Gallier Nero gegenüber, während er selbst rechts mit den schmal und tief gegliederten Iberern gegen Salinator die Entscheidung suchte. Dort stand der Kampf so lange unentschieden, bis Nero – statt auf der rechten Seite der römischen Schlachtordnung untätig abzuwarten – seine Kräfte vom Feind unbemerkt auf den linken Flügel verschob. Neros Angriff in die rechte Flanke Hasdrubals entschied die Schlacht zugunsten der Römer. Auf engem Raum zusammengedrängt, wurde ein Großteil der Iberer niedergemacht; Hasdrubal selbst suchte den Tod im Kampf (Polyb. 11,1). Um Hannibal zu demoralisieren, ließ Nero nach seiner Rückkehr den abgeschlagenen Kopf Hasdrubals vor das karthagische Lager werfen (Liv. 27,51,11).

Italien wird Nebenkriegsschauplatz

Mit der Niederlage Hasdrubals verlor der Kriegsschauplatz Italien seine strategische Bedeutung. Hannibal zog sich mit seinen Kräften nach Bruttium zurück, wo er bis 203 nurmehr römische Truppen band. Zwar versuchte der karthagische Rat noch einmal, den Krieg in Italien wiederzubeleben, indem er Mago, den jüngsten Bruder Hannibals, nach dem Verlust Iberiens 206 beauftragte, in Oberitalien neue Truppen anzuwerben und mit diesen Hannibal zu verstärken (Liv. 28,36,1–2). Doch die Kelten scheinen in ihrem Einsatz für die karthagische Sache zurückhaltender geworden zu sein, und die Römer waren auf der Hut: Bei Ariminum wie bei Arretium standen Heere bereit, um den Feind aufzufangen. Unter den gegebenen Umständen sah sich Mago außerstande, den Durchbruch zu erzwingen. Beide Brüder waren dazu verurteilt, ihre Stellungen zu halten, bis sie 203 zum Schutz der Heimat nach Afrika zurückberufen wurden.

f) Die Ereignisse auf Sizilien

In dem Bemühen um zusammenhängende Darstellung der Entwicklung in Italien haben wir die Ereignisse auf den anderen Kriegsschauplätzen bislang außer acht gelassen, wodurch der Eindruck entstehen konnte, der Krieg wurde in Italien gewonnen beziehungsweise verloren. Das besondere Interesse der aus römischer Sicht schreibenden Quellen trägt zu dieser Verzerrung bei; wir müssen uns nichtsdestoweniger bewusst machen, dass Hannibals Zug nach Italien zunächst lediglich dazu diente, die Römer an einer Konzentration ihrer Kräfte auf Afrika und Iberien zu hindern. Auf letztere Gebiete kam es den Karthagern vor allem an; der Krieg in Italien war nur das Mittel zum Zweck. Zwangsläufig verlagerte sich daher, als die Offensive nach den spektakulären Anfangserfolgen der Jahre 218 bis 216 ins Stocken geriet, der Schwerpunkt der karthagischen Kriegführung: Iberiens materielle und personelle Ressourcen zu erhalten war neben der Unversehrtheit des nordafrikanischen Territoriums das vorrangige Ziel. Und die Schlüsselposition Siziliens aufgrund seiner geographischen Lage in dem gegenwärtigen Krieg bedarf kaum einer Erläuterung – einmal ganz abgesehen von dem „alten“ Interesse der Karthager an der Insel und den Verbindungen, die sie bis vor kurzem dort besessen hatten. Dass die Karthager zwischenzeitlich bevorzugt diese Kriegsschauplätze versorgten, ist nicht – wie bisweilen behauptet wird – Ausdruck einer Entfremdung zwischen Hannibal und dem karthagischen Rat, sondern das Ergebnis vernünftiger strategischer Überlegungen, an denen der Oberkommandierende selbstverständlich maßgeblichen Anteil hatte. Unser Augenmerk soll im Folgenden jenen Aktivitäten gelten, die zu Unrecht ein wenig im Schatten des Kampfes in und um Italien stehen.

Vom ersten Kriegsjahr an bemühten sich die Karthager, Sizilien in ihre Operationen einzubeziehen. Da zu erwarten war, dass die Römer zur Vorbereitung einer Invasion Nordafrikas den Marinestützpunkt Lilybaion nutzen würden, erhielt eine Flottille von 35 Schiffen den Auftrag, die Stadt im Handstreich zu nehmen. Doch die Römer bekamen Wind von dem Vorhaben, versetzten ihre Schiffe und Mannschaften in Alarmbereitschaft und konnten die Karthager unter Verlusten abweisen (Liv. 21,49,1–50,6). Wenig später traf Ti. Sempronius Longus, der Konsul mit dem Aufgabenbereich Afrika, in Lilybaion ein, bemächtigte sich des karthagischen Melite (= Malta) und führte eine Expedition zu den Liparischen Inseln durch, bevor er zur Abwehr Hannibals nach Oberitalien abberufen wurde (Kap. III 2 b). Und auch in den folgenden Jahren leistete die einstige karthagische Seefestung den Römern als Ausgangspunkt für Raubzüge an der tunesischen Küste gute Dienste.

Hieronymos' Bündnis mit Karthago und Kämpfe nach seinem Tod; Karthagerfreunde setzen sich durch

Eine völlig neue Situation ergab sich 215, als nach dem Tod Hierons II. Syrakus auf karthagische Seite übertrat (Kap. II 12 b). Was bislang unmöglich schien, rückte durch das Bündnis mit der mächtigen Stadt in greifbare Nähe: Die Gewinnung Siziliens als Operationsbasis gegen Italien, wodurch zugleich die Verbindung mit dem Heer Hannibals hergestellt und die Gefahr einer römischen Invasion Afrikas endgültig beseitigt worden wäre. Doch bevor Hieronymos, der neue Herrscher der Stadt, im Frühjahr 214 mit seinem Heer in die Kämpfe eingreifen konnte, fiel er einem Attentat zum Opfer. Auseinandersetzungen zwischen romtreuen Oligarchen und Verfechtern einer prokarthagischen Politik lähmten für einige Zeit jede militärische Initiative; die unverhältnismäßige Härte des römischen Vorgehens gegen das benachbarte Leontinoi scheint dazu beigetragen zu haben, dass schließlich die Karthagerfreunde die Oberhand behielten. Römische Truppen unter Ap. Claudius Pulcher und dem amtierenden Konsul M. Claudius Marcellus begannen daraufhin mit der Belagerung der Stadt.

Beide Seiten unternahmen während des folgenden Jahres im Kampf um Sizilien beträchtliche Anstrengungen. Auf Anregung Hannibals und Bitten der Syrakusaner entsandten die Karthager ein Expeditionsheer von 25 000 Mann Fußvolk, 3000 Reitern und zwölf Elefanten, das bei Herakleia an Land ging. Die Einwohner des nahen Akragas öffneten den Karthagern ihre Tore; in Syrakus beschloss man, 10 000 Infanteristen und 500 Kavalleristen zur Unterstützung der Verbündeten abzustellen; etwa gleichzeitig traf im Großen Hafen eine karthagische Flotte mit Verstärkung ein. Auch die Römer hatten indes erkannt, dass die feindliche Offensive ihre sizilischen Positionen zu gefährden und Hannibals Kriegführung in Unteritalien neue Impulse zu geben drohte. Eine weitere Legion landete in Panormos und verlegte im Landmarsch nach Syrakus, wo die römischen Feldherren die Entscheidung zu erzwingen suchten. Doch die Stadt widerstand – nicht zuletzt dank der Kriegsmaschinen des Archimedes (Polyb. 8,5–9) – allen Angriffen, während die Sikuler im Landesinneren nach und nach vollständig auf die Seite der Karthager übertraten.

Der Fall von Syrakus

Erst das Jahr 212 sollte den Umschwung zugunsten der Römer bringen. Nachdem ein Versuch, oppositionelle Kräfte in Syrakus für einen Putsch zu gewinnen, gescheitert war, gelang es einer römischen Abteilung während eines Festes der Bewohner, unbemerkt die Mauer zu ersteigen und ein Tor zu öffnen. Ein Großteil der Stadt fiel bei den folgenden Kämpfen in die Hände der Römer; nur in den eigens befestigten Hafenvierteln Achradina und Nesos konnten sich die Verteidiger noch behaupten. Die karthagische Führung tat offenbar alles, um das Blatt zu wenden. Doch das von Akragas herbeigeeilte karthagisch-syrakusanische Heer wurde von einer Seuche dahingerafft, die karthagische Flotte bei dem Versuch, den Belagerten Verstärkung und Lebensmittel zuzuführen, von römischen Verbänden abgeriegelt. Der Verrat eines Söldnerführers, der den Römern Einlass in die Achradina verschaffte, besiegelte schließlich das Schicksal der Stadt.

Rückgewinnung Siziliens durch die Römer

Die Signalwirkung, auf die Marcellus gehofft hatte, ließ nicht auf sich warten. Die meisten Städte Siziliens unterwarfen sich nach dem Fall von Syrakus den Römern. Der karthagischen Führung blieb nun nichts anderes übrig als der Versuch, in offener Feldschlacht die Römer zu schlagen und so das Vertrauen der sizilischen Bevölkerung zurückzugewinnen. Am unteren Himeras kam es zur Schlacht, die mit einer vernichtenden Niederlage der Karthager endete; dass die numidische Reiterei infolge von Rivalitäten zwischen den karthagischen Feldherren den Gehorsam verweigerte, scheint zu dem Desaster entscheidend beigetragen zu haben. Noch einmal versuchten die Karthager im folgenden Jahr (211), durch die Entsendung neuer Truppen – 8000 Mann Fußvolk und 3000 Reiter – das Ruder auf Sizilien herumzureißen. Doch Marcellus' Nachfolger M. Cornelius Cethegus hatte die nach wie vor mit den Karthagern sympathisierenden sikulischen Städte dieses Mal schnell unter Kontrolle. Und die Zwistigkeiten innerhalb der karthagischen Generalität, die sich bereits 212 verhängnisvoll ausgewirkt hatten, führten 210 zum Verlust der letzten Positionen: Als der karthagische Befehlshaber Hanno seinen erfolgreichen Kavalleriekommandeur Muttines unnötigerweise des Amtes enthob, ging dieser zum Feind über und spielte dem Konsul M. Valerius Laevinus die karthagische Operationsbasis Akragas in die Hände. Binnen kurzem war Sizilien endgültig unter römischer Herrschaft.

g) Die Ereignisse in Iberien

Cn. Cornelius Scipio bringt die nordebrischen Gebiete unter römische Kontrolle

Auch in Iberien begann der Krieg mit einem römischen Erfolg. Cn. Cornelius Scipio, der von seinem Bruder Publius an der Rhone das Kommando über dessen Flotte und Heer übernommen hatte, ging mit seinen Truppen bei Emporion (= Ampurias) an Land, brachte die Küste zwischen den Pyrenäen und der Ebromündung unter seine Kontrolle und wandte sich dann – bereits erheblich durch neue Bundesgenossen verstärkt – ins Landesinnere. Bei einer Stadt namens Kissa stellte sich ihm Hanno, den Hannibal als Befehlshaber nördlich des Ebro eingesetzt hatte, entgegen und unterlag. Sämtliche Stämme dieses erst vor kurzem unterworfenen Gebietes fielen daraufhin von Karthago ab. Es war ein schwacher Trost, dass Hasdrubal, dem Stellvertreter Hannibals in Iberien, kurz darauf ein Überfall auf die römischen Schiffsbesatzungen gelang. Iberien jenseits des Ebro blieb verloren; die Landverbindung nach Oberitalien, auf die Hannibal offenbar einigen Wert gelegt hatte, war durchbrochen.

Römischer Seesieg an der Ebromündung

Möglicherweise um Scipio zur Schlacht herauszufordern, jedenfalls aber um ihn an einem weiteren Vorgehen nach Süden zu hindern, brach Hasdrubal im Frühjahr 217 mit einem starken Heer und mit einer Flotte von 40 Schiffen zur Ebromündung auf. Einer Auseinandersetzung mit den überlegenen Landstreitkräften des Gegners ging Scipio aus dem Weg; dafür griff er mit seinen 35 Kriegsschiffen die karthagische Flotte an. Einem Fragment des Hannibal-Historikers Sosylos verdanken wir einen detaillierten Bericht über den Verlauf der Begegnung: Nach dem Plan massaliotischer Kapitäne durchstieß eine erste Welle die Linie der karthagischen Schiffe, machte dann kehrt und griff den Feind im Rücken an, während eine zweite Welle ihn frontal band (FgrHist 176 F 1). Einem Großteil der karthagischen Mannschaften blieb nichts anderes übrig, als die Schiffe auf den Strand zu setzen und sich beim Heer in Sicherheit zu bringen; nicht weniger als 25 Fahrzeuge konnten von den Siegern abgeschleppt werden. Der neuerliche Erfolg bestätigte die Römer in ihrem Engagement auf dem iberischen Kriegsschauplatz. Mit 20 Schiffen entsandte man P. Cornelius Scipio, den Konsul des Vorjahres, um seinem Bruder Verstärkung zuzuführen.

Auch im folgenden Jahr operierten die Römer erfolgreich. Zunächst wurde Hasdrubal durch einen Aufstand der Tartessier daran gehindert, den Kampf gegen die Scipionen aufzunehmen; dann erreichte ihn der Auftrag, sein Heer nach Italien zu führen, um Hannibal zu verstärken und – womöglich – den Krieg in Italien zu entscheiden. Dass die Römer alles daransetzen mussten, um ebendies zu verhindern, versteht sich. In der Hoffnung, Hasdrubal von seinem Vorhaben abzulenken, zogen die Scipionen vor eine südlich des Ebro gelegene, mit den Karthagern verbündete Stadt namens Ibera und begannen, sie zu belagern. Hasdrubal befand sich in der Zwickmühle: Einerseits war der Italienzug strategisch von größter Bedeutung; andererseits stand die Treue zahlreicher iberischer Bundesgenossen auf dem Spiel, wenn man die Stadt ohne weiteres dem feindlichen Zugriff preisgab. Um die Römer zur Aufgabe der Belagerung von Ibera zu bewegen, ohne von seiner Marschroute abzuweichen, wandte sich nun Hasdrubal seinerseits gegen eine Stadt, die vor kurzem auf römische Seite übergetreten war. Damit erreichte er, dass die Scipionen von Ibera abließen; allerdings gab er ihnen zugleich die gewünschte Gelegenheit zur Schlacht.

Sieg der Scipionen über Hasdrubal verhindert dessen geplanten Zug nach Italien

Hasdrubals Gefechtsgliederung ähnelte jener Hannibals bei Cannae: Im Zentrum standen Iberer, links davon Libyer und Söldner, rechts davon karthagische Infanterie; die Reiterei deckte die Flanken. Offenbar sollten die Iberer kämpfend ausweichen und so den Feind zwischen die Kontingente der Karthager und Libyer ziehen. Doch was bei Cannae gelungen war, führte in diesem Fall nicht zum Erfolg. Mangelnder Motivation schreibt Livius es zu, dass die Iberer zu früh den hinhaltenden Kampf aufgaben und die Flucht ergriffen. Die römische Infanterie war dadurch frontal nicht mehr gebunden und konnte sich ungehindert den zu beiden Seiten stehenden Abteilungen der Karthager beziehungsweise Libyer zuwenden. Hier wie dort gewannen die Legionäre die Oberhand und errangen einen klaren Sieg (Liv. 23,29,3–15). Über die Höhe der karthagischen Verluste erfahren wir nichts. Jedenfalls waren sie so beträchtlich, dass nicht nur Hasdrubals Zug nach Italien vorerst aufgegeben, sondern auch die Hannibal zugedachte Verstärkung – 12 000 Infanteristen, 1500 Reiter und 20 Elefanten unter der Führung von Hannibals jüngstem Bruder Mago – in Anbetracht der Lage nach Iberien umdirigiert werden musste (23,32,5–11). Wir wissen nicht, welchen Verlauf der Krieg in Italien genommen hätte, wenn Hasdrubal mit seinem iberischen Heer und Mago mit den Kräften aus Karthago im Frühjahr 215 zu Hannibal gestoßen wären. So können wir nur spekulieren, ob die Begegnung zwischen den Scipionen und Hasdrubal an unbekanntem Ort nahe des Ebro die entscheidende Schlacht des Zweiten Punischen Krieges gewesen ist.

Diese Niederlage sowie zwei weitere – von Livius (23,49,5–13) allerdings offenkundig übertriebene – Misserfolge des Jahres 215 bei der Belagerung abtrünniger Städte führten dazu, dass die Übertritte karthagischer Bundesgenossen auf die Seite der Römer besorgniserregende Ausmaße annahmen (wiederum übertrieben Liv. 23,49,14: *fast alle Völker Hispaniens* – hatte doch schon die Schlacht von 216 angeblich alle bis dahin noch unschlüssigen Hispanier zum Anschluss an Rom gebracht: 23,29,16). Erst ab 214 scheint es den Karthagern – soweit die tendenziöse römische Überlieferung erkennen lässt – gelungen zu sein, diesem Trend entgegenzuwirken. Und im Jahre 211 konnten sie den Römern eine Niederlage beibringen, die alles bisher in Iberien Erreichte in Frage stellte.

Niederlage und Tod der Scipionen

Nachdem die Scipionen im Winter 212/11 ihre Truppen durch 20 000 Keltiberer verstärkt hatten, hofften sie, den drei in Iberien operierenden karthagischen Feldherren (Hannibals Brüder Hasdrubal und Mago sowie ein weiterer Hasdrubal, Sohn des Gisgo) den entscheidenden Schlag versetzen zu können. Doch sie scheinen – durch die Erfolge der Vergangenheit ermutigt – ihrer Sache zu sicher gewesen zu sein. Um keine der feindlichen Abteilungen entkommen zu lassen, teilten sie ihr Heer; Cnaeus wandte sich dem in der Nähe stehenden Barkiden Hasdrubal, Publius den beiden anderen Gegnern zu, deren gemeinsames Lager fünf Tagesmärsche entfernt war. Die folgenden Ereignisse lehren, dass den Römern in Wirklichkeit keineswegs die Herzen aller Einheimischen zugeflogen waren. Die Keltiberer im Heer des Cnaeus verließen auf Betreiben ihrer unter Hasdrubal dienenden Landsleute das römische Lager, was Cnaeus keine andere Wahl ließ, als auszuweichen. Und Publius musste erfahren, dass ein einheimisches Kontingent von 7500 Mann zur Unterstützung des Gegners nahte. Um eine Vereinigung der feindlichen Kräfte zu verhindern, zog Publius den von dem Stammesfürsten Andobales geführten Iberern entgegen. Das Gefecht entwickelte sich anfangs günstig, schlug jedoch zur Katastrophe um, als die numidische Reiterei und schließlich auch die karthagische Infanterie am Ort des Geschehens eintrafen. Vom Feind umzingelt fiel ein Großteil des römischen Heeres, darunter der Feldherr P. Cornelius Scipio. Wenig später holten die Karthager auch dessen Bruder ein, der vergeblich die Gebiete nördlich des Ebro zu erreichen versucht hatte. Im Kampf gegen den haushoch überlegenen Feind wurden die römischen Truppen nahezu aufgerieben; Cn. Scipio kam ums Leben (Liv. 25,33–36). Die karthagische Herrschaft südlich des Ebro war wiederhergestellt; durch energisches Nachstoßen auch die Gebiete nördlich des Flusses zurückzugewinnen und den Römern so die Basis für neue Operationen zu entziehen, scheinen die Karthager indes versäumt zu haben.

P. Cornelius Scipio (später Africanus) wird römischer Befehlshaber in Iberien

Mit **P. Cornelius Scipio**, dem Sohn des gefallenen Feldherrn, der noch im gleichen Jahr in Iberien das Kommando übernahm, trat auf römischer Seite der Hauptakteur des Zweiten Punischen Krieges in Erscheinung. Obwohl der junge Mann weder das erforderliche Mindestalter noch die vorgeschriebenen Laufbahnvoraussetzungen aufwies, erhielt er angeblich alle Stimmen. Das Fehlen von Alternativen mag eine Rolle gespielt haben, ebenso der Einfluss und das Ansehen der Scipionen; ganz sicher aber steht hinter der Wahl römischerseits die Erkenntnis, dass für den einheimischen Adel in Iberien persönliche Bindungen an den jeweiligen Feldherrn und dessen Familie eine höhere Bedeutung besaßen als die Zugehörigkeit zu einem abstrakten Staatsverband. Dieser Denkweise waren die Karthager mit der kontinuierlichen Herrschaft der Barkiden entgegengekommen; es lag nur nahe, dass auch die Römer versuchten, die „Klientel" der älteren Scipionen in Iberien auf diese Weise aufrechtzuerhalten.

E

P. Cornelius Scipio Africanus (236–183 v. Chr.)
Sohn des P. Cornelius Scipio, der als Konsul 218 nach Iberien entsandt worden war, dann in Oberitalien gegen Hannibal kämpfte und 211 in Iberien fiel. Trotz seiner Jugend erhielt S. nach dem Tod seines Vaters ein konsularisches Imperium für den Krieg in Iberien, wo er sich 209 mit dem Handstreich gegen Neu-Karthago als glänzender Stratege bewährte. Drei Jahre später (206) beendete sein Sieg bei Ilipa den Krieg in Iberien; 202 schlug er bei Zama das letzte feindliche Aufgebot unter Führung Hannibals und erzwang damit die karthagische Kapitulation. Als Legat unterstützte S. seinen Bruder Lucius 190 bei der Beendigung des Krieges gegen Antiochos III. Beide mussten sich anschließend vor dem Senat wegen Untreue verantworten; vor dem Ende des Verfahrens zog S. sich 184 aus dem politischen Leben zurück und starb 183 auf seinem Landgut in Campanien. Zahlreiche Legenden rankten sich schon bald um den Sieger des Zweiten Punischen Krieges. Der Lichtgestalt des göttergeliebten Helden in der römischen Annalistik stellt Polybios ein nicht weniger klischeehaftes Feldherrnideal gegenüber, in dem für glückliche Umstände kein Platz ist, vielmehr alles vorausschauender Berechnung entspringt. Eines wie das andere trübt häufig unseren Blick auf den historischen S.

Scipios Handstreich gegen Neu-Karthago

Nachdem Scipio 210 offenbar erst einmal die Lage zwischen Ebro und Pyrenäen bereinigt hatte, bestand seine erste spektakuläre Aktion 209 in dem Angriff auf Neu-Karthago, die Hauptstadt der iberischen Provinz. Scipio selbst soll in einem Brief an Philipp V. später dargelegt haben, welche Erwägungen ihn zu diesem Unternehmen veranlassten (Polyb. 10,9,3): Gegen eines der drei getrennt operierenden karthagischen Heere vorzugehen erschien ihm zu riskant, da der Gegner bei hinhaltender Taktik Verstärkung heranführen und so ein für die Römer ungünstiges Kräfteverhältnis herstellen konnte – gegenüber Scipios 25 000 Infanteristen und 2500 Reitern (Liv. 26,42,1) verfügten die Karthager nach Appian (*Iberike* 74) insgesamt über mehr als 100 000 Mann. Den Fehler, den Scipios Vater und Onkel zwei Jahre zuvor mit dem Leben bezahlt hatten, galt es zu vermeiden. Die Alternative bestand darin, den Feind an einer empfindlichen Stelle zu treffen, wo er es nicht erwartete und wo man selbst für begrenzte Zeit die Überlegenheit herstellen konnte. Neu-Karthago war aufgrund seiner geographischen Lage und seines Hafens von größter strategischer Bedeutung; in der Stadt befanden sich die karthagische Kriegskasse sowie die iberischen Geiseln, die für die Bündnistreue ihrer Stämme bürgten; die Besatzungstruppe belief sich auf lediglich 1000 Mann, und keines der feindlichen Heere stand weniger als zehn Tagesmärsche entfernt (Polyb. 10,7, 4–8,4). Überraschung und Schnelligkeit waren die Faktoren, von denen alles abhing: Nur wenn der karthagische Kommandant von Neu-Karthago namens Mago keine Gelegenheit hatte, sich auf einen Angriff vorzubereiten, bestand Aussicht auf einen schnellen Erfolg vor dem Eintreffen karthagischer Entsatztruppen.

Innerhalb von sieben Tagen soll Scipio mit Heer und Flotte von der Ebromündung nach Neu-Karthago gelangt sein. Wenn diese Angabe bei Polybios (10,9,7) und Livius (26,42,6) zutrifft, so muss die Flotte das Heer transportiert haben, was im Hinblick auf Zeitfaktor und Überraschungseffekt auch das einzig Vernünftige war. Am vierten Tag nach ihrer Ankunft eröffneten die römischen Truppen den Angriff auf die an drei Seiten von Wasser umgebene Stadt. Wie wenig Mago auf die Situation vorbereitet war, sehen wir an seiner Reaktion: Ein taktisch unsinniger Ausfall des notdürftig bewaffneten Bürgeraufgebotes gegen die überlegenen Römer brachte unnötige Verluste und hätte beinahe zum Eindringen des Gegners geführt. Der folgende Sturmangriff konnte zwar blutig abgewiesen werden. Doch noch am gleichen Tag gelang es einem römischen Stoßtrupp, sich an einer vom Feind unbewachten Stelle durchs Wattenmeer an die Mauer heranzuarbeiten, diese unbemerkt zu ersteigen und den Kameraden das Tor zu öffnen. Binnen kurzem war das Gros der römischen Truppen in der Stadt. Um die karthagische Besatzung, die sich auf die Burg zurückgezogen hatte, zur Kapitulation zu bewegen, ordnete Scipio ein gezieltes Blutbad unter der Bevölkerung an – ein für die Kriegführung der Römer charakteristisches Verfahren, wie der Insider Polybios beiläufig erwähnt. Erst als Mago sich ergab, wurde das Morden eingestellt und mit dem Plündern begonnen, dessen perfekte Organisation den Historiker im Folgenden zu einem Exkurs veranlasst (10,16,2–17,5).

Q

Die Eroberung Neu-Karthagos
(Polybios 10,15,4–8)

Als Publius die Zahl der Eingedrungenen für ausreichend hielt, schickte er die meisten – wie es bei ihnen (den Römern) üblich ist – gegen die Einwohner aus, indem er befahl, zu töten, wen immer sie träfen und niemanden zu schonen, von Plünderungen dagegen abzusehen, bis das Signal dazu gegeben würde. Sie (die Römer) scheinen mir dies zu tun, um Schrecken zu verbreiten. Daher kann man oft in Städten, die von den Römern erobert worden sind, nicht nur Menschenleichen, sondern auch mittendurch gehauene Hunde und abgeschlagene Gliedmaßen anderer Tiere sehen. Damals war die Zahl der Opfer aufgrund der hohen Bevölkerungszahl besonders groß. Er (Scipio) selbst wandte sich mit etwa tausend Mann gegen die Burg. Als er nahte, dachte Mago zuerst an Verteidigung; nachdem er aber sah, dass die Stadt bereits fest in der Hand des Feindes war, ließ er durch einen Boten um seine persönliche Sicherheit bitten und übergab die Burg. Nun wurde das Signal gegeben, worauf die Soldaten das Morden einstellten und mit dem Plündern begannen.

Die Auswirkungen der Einnahme Neu-Karthagos auf die weitere Kriegführung waren beträchtlich. Während die Karthager den wichtigsten Nachschubhafen zur Versorgung des iberischen Kriegsschauplatzes verloren hatten, beherrschte die römische Flotte von hier aus die gesamte Mittelmeerküste von den Pyrenäen bis zur Meerenge von Gibraltar. Mit der erbeuteten karthagischen Kriegskasse waren die Römer der finanziellen Nöte, die in den vergangenen Jahren die Kriegführung gerade in Iberien behindert hatten, fürs Erste ledig. Die Waffenproduktion der Stadt arbeitete von nun an für Rom, statt für den Feind, und mit Hilfe der einheimischen Geiseln hatte man die besten Chancen, ihre Stammesgenossen zum Übertritt auf die römische Seite zu bewegen (Polyb. 10,18,3–5). Vor allem aber war das nach den Niederlagen von 211 erschütterte Selbstvertrauen der Römer an der iberischen Front wiederhergestellt. Der junge Scipio hatte ein glänzendes Debüt gegeben; die Originalität seines strategischen Denkens schien der Hannibals kaum nachzustehen.

Der römische Sieg bei Baikula

Die Früchte des Erfolges sollten sich bald zeigen. Mehrere iberische Fürsten schlossen sich 209/08 den Römern an, um ihre Familienangehörigen freizubekommen. Nun galt es, die neuen Verbündeten in ihrer Haltung zu bestärken und Zögernde zur Nachahmung zu animieren. In der Absicht, Hasdrubal, den Bruder Hannibals, zur Schlacht zu stellen, überschritt Scipio im Frühjahr 208 den Ebro nach Süden. Und auch den Karthagern musste an einem Waffengang gelegen sein, bevor Scipio noch mehr Zulauf erhielt. Allerdings hatten die jüngsten Übertritte Hasdrubals Heer so geschwächt, dass er Scipio nicht allein entgegentreten wollte. Bei Baikula (= Bailén) bezog der karthagische Feldherr eine durch das Gelände hervorragend geschützte Stellung, in der er auf das Eintreffen seiner Kollegen zu warten gedachte. Doch Scipio setzte auf das günstige Kräfteverhältnis und griff trotz des schwierigen Geländes an. Offenbar gelang es ihm dabei, seinen Gegner zu überraschen; während die Karthager sich noch formierten, standen die beiden römischen Flügel unter Scipio und dessen Legaten C. Laelius bereits in ihrer Flanke. Hasdrubal gebührt das Verdienst, die Aussichtslosigkeit der Lage frühzeitig erkannt zu haben. So konnte er sich mit dem Gros seiner Truppen vom Feind lösen und ungehindert nach Norden ausweichen (Polyb. 10,39); wenig später trat er den Marsch nach Italien an (Kap. III 2 e).

Der römische Sieg bei Ilipa; Karthago muss die iberische Provinz aufgeben

Im folgenden Jahr verloren die Karthager nach einer empfindlichen Niederlage auch bei den Stämmen Zentraliberiens an Boden; nur noch der Südwesten befand sich in karthagischer Hand. Dort fiel 206 die Entscheidung im Krieg um Iberien. Bei Ilipa erwarteten Hasdrubal, der Sohn des Gisgo, und Mago, der Bruder Hannibals, mit einem neu ausgehobenen Heer von 50000 Mann Infanterie und 4500 Reitern (Liv. 28,12,13) den Feind. Scipio war mit etwa 45000 Infanteristen und 3000 Reitern numerisch unterlegen; zudem scheint er sich seiner iberischen Verbündeten nicht sicher gewesen zu sein. Um diese Nachteile auszugleichen, wandte er folgenden Kunstgriff an: Mehrere Tage nacheinander hatten die Feldherren ihre Heere in derselben Ordnung – die kampfstarken Kontingente der Römer beziehungsweise der Karthager und Libyer im Zentrum, auf den Flügeln die jeweiligen iberischen Bundesgenossen – aufgestellt, ohne dass es zum Kampf kam. Am Tag der Schlacht stellte Scipio die Iberer ins Zentrum und die Römer auf die Flügel; sein Operationsplan sah vor, dass die Iberer nur langsam vorrücken, die Römer dagegen im Sturmschritt die iberischen Hilfstruppen auf den Flügeln angreifen und von dort aus die feindliche Schlachtordnung aufrollen sollten. Indem Scipio seine Truppen im Morgengrauen aufmarschieren ließ, nahm er dem Gegner die Möglichkeit, angesichts der veränderten Lage seine Aufstellung zu korrigieren; das Gefecht entwickelte sich, wie der römische Feldherr beabsichtigt hatte. Während die Veteranen im Zentrum des karthagischen Heeres noch auf den Angriff der Iberer warteten, entschieden die Römer auf den Flügeln bereits die Schlacht. Um einer Einkreisung zu entgehen, mussten die in der Mitte eingesetzten Kräfte ausweichen; aus ihrem geordneten Rückzug wurde bald eine heillose Flucht (Liv. 28,14,1–15,13). Die kurzfristige, für den Feind überraschende Verlagerung des Schwerpunktes hatte Scipio einen großartigen Sieg beschert. Die Positionen der Karthager in Iberien waren nicht mehr zu halten.

h) Scipios Übergang nach Afrika und die Kämpfe bis zur Schlacht bei Zama

Bereits im Jahr nach der Beendigung des Krieges in Iberien hatte P. Cornelius Scipio sich darum bemüht, als Konsul (205) mit der Kriegführung in Afrika beauftragt zu werden, sich jedoch gegen den Widerstand einer Senatsmehrheit nicht durchsetzen können. Zu groß erschien vielen einflussreichen Senatoren das Risiko, die Entscheidung im Land des Gegners zu suchen; zu dem Respekt vor Hannibals Feldherrntalent kam die Erinnerung an Regulus' Katastrophe im Ersten Punischen Krieg, als man auf dieselbe Weise den Krieg zu beenden gehofft hatte. Immerhin erreichte Scipio, dass man ihm ohne Losverfahren das Kommando in Sizilien übertrug und ihm gestattete, *nach Afrika überzusetzen, wenn es ihm im Interesse des Staates zu liegen schien* (Liv. 28,45,8). So unternahm in diesem Jahr lediglich C. Laelius einen Plünderungszug nach Hippo Regius, wo der von Syphax schwer bedrängte Massinissa (Kap. II 12 c) mit ihm zusammentraf und eindringlich um eine baldige römische Intervention bat.

Erst 204 rang sich der Senat zu der Entscheidung durch, Scipio nach Nordafrika zu entsenden. Da kam es aufgrund des Verhaltens der römischen Besatzung in dem unteritalischen Lokroi zu einem Skandal, der den Prokonsul fast sein Kommando gekostet hätte. Durch Verrat hatte sich Scipio im Vorjahr der Stadt bemächtigt und seinen Legaten Q. Pleminius als Befehlshaber eingesetzt, der seitdem dort ein derart rücksichtsloses Regiment führte, dass sich die Lokrer, nachdem ihre Klagen bei Scipio ungehört verhallt waren, schließlich in Rom beschwerten. Um Roms Ansehen bei den Bundesgenossen wiederherzustellen, forderten Scipios Gegner im Senat, den Feldherrn abzulösen, da er den Amtsmissbrauch seines Legaten gedeckt hatte. Doch schließlich setzte sich die Ansicht durch, der Fall solle untersucht und Scipio nur dann belangt werden, wenn die Vorkommnisse in Lokroi auf seinen ausdrücklichen Befehl oder nach seinem erklärten Willen erfolgt seien. Dies war offensichtlich nicht nachweisbar; Scipio blieb im Amt und konnte seine Invasionsvorbereitungen fortsetzen.

Scipio setzt nach Afrika über; römischer Überfall auf die feindlichen Winterlager

Mit 400 Lastschiffen und 40 Kriegsschiffen stach Scipio schließlich in See und gelangte am Kap Bon vorbei zum Kap Farina nördlich von Karthago, wo er an Land ging; wenig später stieß Massinissa mit schwachen Kräften zum römischen Heer. Als Operationsbasis hatte Scipio die nahegelegene Stadt Utica ausersehen; als jedoch nach 40tägiger vergeblicher Belagerung Hasdrubal und Syphax mit einem überlegenen Heer herannahten, gab er seine Bemühungen für dieses Jahr auf und bezog das Winterquartier. Vergeblich versuchte er während der Kampfpause, Syphax auf die römische Seite zu ziehen; dafür meldeten ihm seine Gesandten, dass die lediglich aus Holz, Reisig und Stroh errichteten, zudem großenteils nicht durch Wall und Graben geschützten Unterkünfte des Feindes beste Voraussetzungen für eine Brandstiftung boten. Scipio gab daher bis zum Frühling vor, an einem Frieden interessiert zu sein, und ließ durch regelmäßige Gesandtschaften die feindlichen Lager auskundschaften. Als der Plan im Detail feststand, ließ Scipio übermitteln, der Kriegsrat habe den Frieden abgelehnt; kurz darauf griff er nachts mit zwei Abteilungen das numidische sowie das karthagische Lager an. Ein Großteil der alliierten Heere kam in den Flammen beziehungsweise durch die Feinde ums Leben. Den Karthagern, deren Hinterlist (*fraus Punica*) gegenüber dem ehrlich kämpfenden Römer in der römischen Literatur allgegenwärtig ist, hätte unsere Geschichtsschreibung ein solches Vorgehen kaum verziehen. Über die Vernichtung der feindlichen Lager vor Utica urteilt dagegen Polybios, sie sei *unter den vielen glänzenden Taten Scipios die großartigste und kühnste gewesen* (14,5,15); Livius enthält sich wohlweislich eines Kommentars.

Römischer Sieg bei den Großen Feldern; Syphax' Gefangennahme

Trotz des furchtbaren Aderlasses waren die Verbündeten noch keineswegs am Ende ihrer Kräfte. Wenige Wochen später verfügten sie – unter anderem dank des Eintreffens keltiberischer Söldner – erneut über ein Heer von 30000 Mann. Doch bei den Großen Feldern im karthagischen Hinterland unterlag auch dieses Aufgebot; Hasdrubal entkam nach Karthago, Syphax nach Cirta. Die Karthager entschlossen sich daraufhin, ihre letzten Trümpfe zu ziehen, und schickten Boten zu Hannibal und Mago, um die beiden Brüder aus Italien zurückzuberufen. Als indes die Nachricht eintraf, Syphax sei in einer weiteren Schlacht geschlagen worden und befinde sich in römischer Gefangenschaft, verlor eine Mehrheit der karthagischen Ratsherren die Hoffnung auf Rettung und sprach sich für die Aufnahme von Friedensverhandlungen aus. Eine Delegation nahm Scipios Bedingungen entgegen (Kap. II 13 a); Gesandtschaften reisten nach Rom, bis zu deren Rückkehr ein Waffenstillstand vereinbart wurde.

Doch die Kriegsfackel sollte noch einmal auflodern. Während der Verhandlungen in Rom kehrte Hannibal mit seinen Kräften aus Unteritalien zurück, und auch Magos Truppen scheinen die Heimat erreicht zu haben, wenngleich der Feldherr unterwegs einer Verwundung erlegen war. Die Karthager verfügten erneut über ein Heer, und sie waren offenbar zu der Meinung gelangt, dass sie angesichts der römischen Friedensbedingungen wenig zu verlieren hatten: Als eine römische Versorgungsflotte im Golf von Tunis strandete, beschlossen Rat und Volk, die von ihren Besatzungen verlassenen Schiffe zu bergen, was zumindest eine Provokation darstellte und von den Römern auch prompt als Bruch des Waffenstillstandes bewertet wurde. Die Angaben der Quellen über die weitere Eskalation sind widersprüchlich. Offenbar waren die Karthager zur Herausgabe des Strandgutes nicht bereit; der auch in Rom nur widerstrebend genehmigte Friede kam nicht zustande, der Krieg ging weiter.

Die Schlacht bei Zama

Hannibal war im Spätjahr 203 an der tunesischen Ostküste – also in sicherer Entfernung von Scipios Kräften – gelandet, doch erst ein knappes Jahr später fand die Begegnung zwischen den beiden großen Feldherren statt. Wenn Hannibal sich entgegen dem Drängen des karthagischen Rates Zeit ließ, so vermutlich deshalb, weil er Verstärkung erwartete und weil die frisch angeworbenen Kontingente der militärischen Ausbildung bedurften; ferner mag er gehofft haben, Scipio in eine für die Römer ungünstige Situation zu manövrieren. Vergeblich verheerten die römischen Truppen im Laufe des Sommers 202 das karthagische Hinterland; Hannibal ließ sich nicht zu einer übereilten Entscheidung hinreißen. Dagegen versuchte er durch eine Bewegung nach Westen, sich dem aus Numidien anrückenden Massinissa in den Weg zu stellen, bevor dieser mit Scipio zusammentraf. Doch Scipio zog seinem Verbündeten ebenfalls entgegen; Hannibal konnte die Vereinigung der beiden feindlichen Heere nicht verhindern; in der Nähe von Zama Regia kam es – nach einer ergebnislos verlaufenen Unterredung zwischen den Feldherren – im Oktober 202 zur Schlacht.

Taktik

Ort, Zeitpunkt und Truppenbewegungen dieser letzten großen Begegnung des Zweiten Punischen Krieges sind in der Forschung umstritten. Fest steht, dass Hannibal mit 36000 gegenüber 29000 Mann zu Fuß den Römern und Numidern infanteristisch überlegen, mit 4000 gegenüber 6000 Reitern den Alliierten indes im beweglichen Gefecht deutlich unterlegen war. Anders als in früheren Schlachten musste der Karthager dieses Mal die Entscheidung im Zentrum suchen und darauf hoffen, dass seine Kavallerie diejenige des Feindes währenddessen binden konnte. Die römische Infanterie gedachte Hannibal zu Beginn des Gefechts durch einen massiven Einsatz von Elefanten durcheinanderzubringen; seine Fußtruppen stellte er – ähnlich der Gefechtsgliederung der Römer – in drei Treffen hintereinander auf, deren letztes zunächst räumlich abgesetzt als Reserve für den Fall einer Flankenbedrohung fungierte und im weiteren Verlauf des Gefechts schlachtentscheidend eingreifen sollte. Um dem Angriff der Elefanten zu begegnen, richtete Scipio die drei Treffen des römischen Heeres (*hastati, principes, triarii*) nicht – wie üblich – auf Lücke, sondern auf Vordermann aus, so dass zwischen den Manipeln durchgehende Gassen entstanden. Im Übrigen kam aus römischer Sicht alles darauf an, dass die Kavallerie ihren Gegner auf den Flügeln niederringen und den Kampf der Infanterie unterstützen konnte.

Verlauf

Die Schlacht verlief in zwei Phasen (vgl. G. Veith, Schlachten-Atlas, Röm. Abt. Blatt 8 Nr. 6): Nachdem der Angriff der Elefanten dank der Gassen in der römischen Schlachtordnung wirkungslos verpufft war, wurden zunächst die römischen *hastati* mit den Söldnern in Hannibals erstem Treffen handgemein. Zwar konnten die Söldner anfangs leichte Vorteile erringen; dann aber gelang es den Römern aufgrund besserer Taktik und Bewaffnung, den Gegner zurückzudrängen. Dies war der Moment, in dem das zweite karthagische Treffen für die abgenutzten Söldnerverbände hätte einspringen müssen. Doch die Unterstützung blieb – infolge von Feigheit oder von Kommunikationsdefiziten – aus; die Söldner fühlten sich verraten und wandten sich im Zurückgehen gegen die eigenen Kameraden. Da zudem auf römischer Seite die *principes* in den Kampf eingriffen, gerieten die ersten beiden karthagischen Treffen in größte Bedrängnis und wichen nach den Seiten aus. Die Stunde von Hannibals Veteranen im dritten karthagischen Glied war gekommen.

In diesem Augenblick unterbrach Scipio den Angriff, um seine Kräfte neu zu gruppieren und Zeit zu gewinnen, denn die römische Reiterei unter Laelius und Massinissa war noch mit der Verfolgung des Gegners beschäftigt. Die geschwächten *hastati* zog Scipio nun in der Mitte zusammen, die *principes* und *triarii* ließ er links und rechts davon auf gleiche Höhe vorrücken, so dass den karthagischen Veteranen erneut eine kampfstarke Formation gegenüberstand. Das nun entbrennende Gefecht blieb so lange unentschieden, bis die römische und numidische Kavallerie von der Verfolgung des Feindes zurückkehrte, die Karthager im Rücken angriff und damit ihr Schicksal besiegelte. Über 20000 Mann sollen auf karthagischer Seite gefallen, fast ebenso viele in Gefangenschaft geraten sein (Polyb. 15,12–14); Hannibal selbst entkam mit wenigen Begleitern. Die kavalleristische Überlegenheit, die Hannibal manchen Sieg beschert hatte, war bei Zama der ausschlaggebende Trumpf in der Hand seines Gegners gewesen.

Das Kriegsende

Wenige Wochen später erreichte Scipio die Nachricht, *Vermina, der Sohn des Syphax, komme mit mehr Reitern als Fußtruppen den Karthagern zu Hilfe* (Liv. 30,36,7). Mit seiner gesamten Reiterei und einem Teil der Infanterie schlug Scipio das Aufgebot des Numiders vernichtend; 15000 Feinde fielen, 1200 wurden gefangengenommen. Mögen die Zahlen auch übertrieben sein, so drängt sich doch die Frage auf, ob die Schlacht von Zama bei rechtzeitigem Eintreffen eines Kontingentes von mehreren tausend Reitern auf karthagischer Seite einen anderen Ausgang genommen hätte. Eines ist indes sicher: Am Ausgang des Krieges hätte auch ein Sieg Hannibals über Scipio nichts geändert – er hätte bestenfalls die Voraussetzung für günstigere Friedensbedingungen als jene schaffen können, die der Sieger nun zu diktieren vermochte.

3. Die Vernichtung Karthagos (= „Dritter Punischer Krieg")

a) Die Kämpfe der Jahre 149 und 148

Die Ausgangssituation

Die Lage der Karthager zu Beginn der letzten Auseinandersetzung mit Rom war alles andere als beneidenswert: Das militärische Potential der Römer war erdrückend; das benachbarte Utica hatte sich angesichts der hoffnungslosen Lage schon vor Beginn der Kampfhandlungen auf die Seite des Gegners geschlagen; die personellen und materiellen Ressourcen Karthagos waren durch den Aderlass im Krieg gegen Massinissa (150) geschwächt. Hinzu kamen die Vorteile, die sich die Römer durch ihr falsches Spiel des Jahres 149 verschafft hatten, bevor sie die längst beschlossene Zerstörung Karthagos als Kriegsziel bekanntgaben (Kap. II 15 a): Die Söhne der führenden karthagischen Familien befanden sich in römischer Geiselhaft; das römische Heer stand auf nordafrikanischem Boden zum Angriff bereit; die Waffen hatte man auf Anordnung der Römer in gutem Glauben ausgeliefert. Es war ein aussichtsloser Kampf, für den sich die Karthager schließlich rüsteten, nachdem man ihnen eröffnet hatte, dass das Schicksal der Stadt unabänderlich feststand. Umso beeindruckender ist der Umstand, dass es ihnen ganze drei Jahre hindurch gelingen sollte, der Belagerung durch das römische Heer zu trotzen.

Sehr zustatten kam den Karthagern die Tatsache, dass die Konsuln nicht sogleich nach dem Scheitern der Gespräche mit dem Angriff begannen, sondern – anscheinend in der Hoffnung, die Karthager würden nach nüchterner Überlegung den sinnlosen Widerstand aufgeben – zunächst abwarteten. Die karthagische Führung erhielt auf diese Weise wertvolle Zeit, um zum einen die Stadt unter Anspannung aller Kräfte in den Verteidigungszustand zu versetzen (Kap. II 15 a) und zum anderen außerhalb der Stadt ein schlagkräftiges Heer zusammenzustellen. Mit Letzterem bezog der Feldherr Hasdrubal südlich des Sees von Tunis bei Nepheris ein befestigtes Lager, von wo aus er das Hinterland kontrollierte und die Hauptstadt mit Lebensmitteln versorgte, eine Versorgung des römischen Heeres aus der Region dagegen verhinderte und im Bedarfsfall jederzeit vor den Mauern Karthagos eingreifen konnte. Im Rahmen der Möglichkeiten hatte man sich damit aufs beste auf den bevorstehenden Kampf vorbereitet; Stimmen, die zur Aufgabe rieten, scheinen nur vereinzelt laut geworden zu sein (App. *Libyke* 443).

Vergebliche römische Angriffe

Ein negatives Vorzeichen für die römischen Operationen des Jahres 149 stellte der Ausfall des wichtigsten afrikanischen Bundesgenossen dar: Römische Gesandte hatten Massinissa aufgefordert, Truppen zu stellen. In seiner Verärgerung über den Alleingang des übermächtigen Partners soll dieser jedoch geantwortet haben, er werde Hilfe leisten, wenn die Römer seiner bedürften. Diesen Ton waren römische Amtsträger nicht gewohnt; als Massinissa kurz darauf mit der Anfrage einzulenken versuchte, ob seine Unterstützung bereits erwünscht sei, lehnten die Konsuln beleidigt ab. Das Ergebnis war, dass die römischen Truppen im ersten Kriegsjahr ohne numidische Waffenhilfe kämpften, was vor allem den im Hinterland operierenden karthagischen Verbänden Handlungsspielraum verschaffte. Die Folgen sollten die Konsuln schon bald zu spüren bekommen, und auch ihre anfängliche Unterschätzung des Gegners im Inneren der Stadt musste rasch einer realistischeren Lagebeurteilung weichen. Die ersten beiden Sturmangriffe misslangen; dagegen sahen sich M'. Manilius und L. Marcius Censorinus gezwungen, befestigte Lager zu errichten, um nicht ihrerseits Attacken durch das karthagische Feldheer ausgesetzt zu sein. Zwar konnte Censorinus einige Zeit später in seinem Belagerungsabschnitt einen Teil der Mauer mit Hilfe überdimensionaler Rammböcke zum Einsturz bringen. Doch die Karthager besserten die Schäden während der Nacht zum Großteil aus; als tags darauf römische Truppen durch die verbleibende Mauerlücke in die Stadt eindrangen, gerieten sie unversehens in größte Bedrängnis, aus der sie nur die Umsicht des Militärtribunen **P. Cornelius Scipio Aemilianus** rettete (App. *Libyke* 465). Zum ersten Mal tritt hier der Befehlshaber der Jahre 147/46 in Erscheinung; wenngleich manches Detail zum größeren Ruhm des späteren Siegers überzeichnet sein mag, scheint doch die damalige römische Führung taktische Schwächen aufgewiesen zu haben, gegen die der Sachverstand des jungen Aemilianus positiv abstach. Erfolge – wenn auch bescheidener Art – errangen jedenfalls eher die Karthager als die Römer: Mit Hilfe brennender Boote konnten sie im römischen Schiffslager einigen Schaden anrichten; ein nächtlicher Überfall auf das Lager des Manilius stiftete dort erhebliche Verwirrung; ein römischer Angriff auf die Stellung des Hasdrubal bei Nepheris scheiterte unter Verlusten. Am Ende des ersten Kriegsjahres konnten die Karthager mit einem gewissen Selbstvertrauen in die Zukunft sehen, während die Römer alles andere als eine überzeugende Figur abgegeben hatten.

E

P. Cornelius Scipio Aemilianus Africanus (185/84–129 v. Chr.)
leiblicher Sohn des L. Aemilius Paullus, des Siegers über Perseus, noch als Kind adoptiert von P. Cornelius Scipio, dem Sohn des älteren Africanus. In jugendlichem Alter nahm S. 168 v. Chr. an der entscheidenden Schlacht des Dritten Makedonischen Krieges bei Pydna teil; unter den Griechen, die nach der Zerschlagung Makedoniens als politische Geiseln nach Rom gelangten, befand sich auch Polybios, mit dem S. eine enge und dauerhafte Freundschaft schloss (Polyb. 31,23–30 [32,9–16]). Nachdem S. sich in den Kämpfen der Jahre 149/48 gegen die Karthager mehrfach ausgezeichnet hatte, wurde er für das Jahr 147 auf Betreiben des Volkes ohne das erforderliche Mindestalter zum Konsul gewählt und mit der Fortführung des Krieges betraut. Der Sieg über Karthago im folgenden Jahr trug ihm den Ehrennamen Africanus ein. Nach einer diplomatischen Mission in den Osten (144/43) und der Tätigkeit als Zensor (142) war S. in der zweiten Hälfte der 30er Jahre in Iberien erneut als Feldherr erfolgreich (132 Einnahme Numantias). Sein innenpolitisches Wirken dieser Zeit ist von erbittertem Widerstand gegen die Reformbestrebungen der Gracchen gekennzeichnet; sein plötzlicher Tod im Jahre 129 gab Anlass zu Spekulationen über ein Komplott seiner politischen Gegner.

Zu Beginn des Jahres 148 schien zunächst Bewegung in die Fronten zu kommen: Unter dem Eindruck der Misserfolge hatten sich die Konsuln des Vorjahres entschlossen, Massinissa um Hilfe zu bitten, der allerdings kurz zuvor im Alter von über 90 Jahren verstorben war. Sein Sohn Gulussa griff nunmehr auf Seiten der Römer in die Kämpfe ein; eine erste sichtbare Folge dieser Entwicklung bestand darin, dass der karthagische Reiterbefehlshaber Hamilkar Phameas, der bislang den Römern schwer zugesetzt hatte, nunmehr die Sache Karthagos verloren gab und mit etwa 2200 Mann die Fronten wechselte. Die Karthager hatten einen schweren Schlag erlitten. Doch im weiteren Verlauf des Jahres 148 stagnierte der Krieg abermals. Der neue Konsul, L. Calpurnius Piso Caesoninus, stellte die Belagerung der Stadt und die Offensiven seiner Vorgänger gegen Hasdrubal ein und bemühte sich stattdessen, die karthagotreuen Städte der Umgebung in seine Gewalt zu bringen. Dies glückte in einem Fall, misslang jedoch in zwei anderen: Mit der vergeblichen Belagerung von Hippu Akra verging der ganze Sommer. Und am Ende des Jahres war es ein Numider aus dem Kontingent des Gulussa, der mit 800 Mann auf karthagische Seite übertrat. Noch immer hatten die Römer keine entscheidenden Fortschritte erzielt. Neben der verzweifelten Entschlossenheit der Karthager war hierfür freilich in erster Linie die Unfähigkeit der bisherigen römischen Führung verantwortlich – ein Übel, mit dem es im folgenden Jahr vorbei sein sollte. Zugleich machte sich auf karthagischer Seite nach dem Verrat des Hamilkar Phameas zunehmende Nervosität bemerkbar: Hasdrubal, der Befehlshaber des Feldheeres, beschuldigte seinen gleichnamigen Kollegen in der Stadt der Konspiration mit den Römern, worauf Letzterer im Rat ermordet und der Ankläger zum alleinigen Befehlshaber ernannt wurde.

b) Das Ende

P. Cornelius Scipio Aemilianus wird römischer Befehlshaber

Der Ruhm der Taten Scipios in den ersten Kriegsjahren hatte beim Volk eine ähnliche Verehrung hervorgerufen, wie sie seinem Adoptivgroßvater zuteil geworden war. Ohne auf die gesetzlichen Altersgrenzen zu achten, setzte das Volk Scipios Wahl zum Konsul und seine Beauftragung mit der Kriegführung in Afrika durch, und Scipio sollte das in ihn gesetzte Vertrauen voll und ganz rechtfertigen. Gerade zur rechten Zeit – als der römische Flottenkommandant L. Hostilius Mancinus nach einem Einbruch mit zu schwachen Kräften in erhebliche Bedrängnis gekommen war – erschien der neue Oberbefehlshaber mit seinen Schiffen vor der Stadt; angeblich war es allein der Schrecken über sein Auftauchen, der die Karthager einen kurzen Moment innehalten ließ und den Römern dadurch die Gelegenheit verschaffte, sich aus den Befestigungsanlagen zurückzuziehen.

Blockade Karthagos von der Landseite

Scipios Absicht war es, Karthago – im Gegensatz zu den Strategien seiner Vorgänger – durch Konzentration aller Kräfte zu Fall zu bringen. Hierzu schlug er sein Lager mit allen Truppen am Isthmus auf. Nichts zeigt deutlicher als die karthagische Reaktion, wie der Gegner den Wechsel im römischen Oberkommando einschätzte: Die Truppen in Nepheris wurden dem Befehl eines gewissen Diogenes unterstellt; Hasdrubal selbst bezog mit ca. 7000 Mann zwischen Scipio und der Stadtmauer ein befestigtes Lager. Kurz darauf gelang es den römischen Truppen, bei einem nächtlichen Angriff in die Vorstadt einzudringen. Zwar gab Scipio aufgrund mangelhafter Kenntnis des Geländes die genommenen Positionen wieder auf, doch hatte der Einbruch bei den Karthagern eine regelrechte Panik hervorgerufen, in der unter anderem das karthagische Feldheer unter Hasdrubal sein Lager verlassen hatte und auf die Burg geflüchtet war. Diesen Umstand nutzte Scipio, um die Stadt hermetisch abzuriegeln, indem er über die ganze Breite des Isthmus gegenüber der karthagischen Landmauer ein Befestigungswerk errichten ließ, das jeden Verkehr aus und nach der Stadt unmöglich machte (vgl. J. Kromayer, Schlachten-Atlas, Röm. Abt. Blatt 11 Nr. 2). Die Lebensmittelversorgung konnte jetzt nur noch über See erfolgen; da zugleich die Bevölkerung in der Stadt um die 7000 Soldaten des Hasdrubal angestiegen war, musste die Versorgungslage über kurz oder lang kritisch werden. Die Nerven der Belagerten lagen blank: Am Tag nach dem nächtlichen Einbruch ließ Hasdrubal die römischen Gefangenen vor den Augen des feindlichen Heeres foltern und von der Stadtmauer stürzen, um seinen Landsleuten jede Hoffnung auf Gnade zu nehmen. Der Widerstand gegen diesen Akt der Barbarei scheint beträchtlich gewesen zu sein. Doch Hasdrubal sah sein Heil nun offenbar im Terror, dem auch einige der opponierenden Ratsherren zum Opfer fielen (App. *Libyke* 560–562).

Blockade Karthagos von der Seeseite; karthagische Gegenmaßnahmen

Um die Stadt auch von der Seeseite her vom Nachschub abzuschneiden, ordnete Scipio an, vor der Einfahrt des Handelshafens einen Damm im Meer aufzuschütten. Die Karthager nahmen diese Bemühungen zunächst nicht ernst; als sie erkennen mussten, dass das Werk Fortschritte machte, und es für Gegenmaßnahmen zu spät war, verfielen sie auf eine andere Lösung: Vom Handelshafen wurde ein Durchstich zum Meer vorbereitet und zugleich eine Flotte von 50 Schiffen gebaut. Als alles vorbereitet war, durchbrach man die letzte Mauer, und vor den Augen der verblüfften Römer fuhr eine karthagische Flotte aufs Meer hinaus. Unbegreiflich ist, wie man einen solchen Überraschungseffekt militärisch ungenutzt lassen konnte – statt die vor Anker liegenden römischen Einheiten anzugreifen, kehrten die Karthager nach dieser Demonstration in den Hafen zurück; erst zwei Tage später stellte man sich den Römern zur Seeschlacht, die zunächst für die Karthager günstig verlief, dann jedoch zu einem Misserfolg umschlug, als sich die karthagischen Schiffe an der Hafeneinfahrt stauten und teilweise außerhalb des Hafens anlegen mussten. Die technische Meisterleistung der Karthager war durch eigenes Verschulden wirkungslos verpufft. Die letzte römische Aktion des Jahres 147 bestand in der Belagerung des karthagischen Stützpunktes bei Nepheris, von wo noch immer Lebensmittellieferungen auf dem Seeweg nach Karthago gelangten. Nach einiger Zeit fiel das Fort; etwa 70000 Mann sollen gefallen, etwa 10000 in Gefangenschaft geraten sein (App. *Libyke* 601). Binnen kurzem brachte Scipio nun das ehemals karthagische Hinterland unter römische Kontrolle; Karthago war endgültig von der Außenwelt abgeschnitten. Etwa zur selben Zeit soll Hasdrubal den Numider Gulussa um Vermittlung gebeten und die Erfüllung aller Forderungen außer der Zerstörung der Stadt zugesichert haben. Die Initiative konnte nur scheitern.

Die Eroberung und Zerstörung der Stadt

Im folgenden Jahr fiel die vom Hunger gepeinigte Stadt. Während die Aufmerksamkeit der Karthager dem Handelshafen galt, überwanden römische Soldaten am Kriegshafen die Mauer. In mehrtägigen Straßenkämpfen arbeiteten sich die römischen Truppen über den Markt zur Burg vor, wohin sich ein Großteil der Bevölkerung zurückgezogen hatte. Als karthagische Parlamentäre die Übergabe anboten und dafür die Zusicherung des Lebens erbaten, sagte Scipio zu, nahm jedoch die Überläufer aus. Etwa 50000 Menschen verließen daraufhin die Burg, um von den Römern in die Sklaverei verkauft zu werden. Die 900 Überläufer setzten den aussichtslosen Kampf fort und gaben sich schließlich in den Flammen des Tempels selbst den Tod. Gleiches tat die Gattin des Hasdrubal mit ihren Kindern, nachdem ihr Mann sich heimlich zu Scipio geflüchtet hatte. Vor den Augen des Gemahls soll sie sich ins Feuer gestürzt haben *nach dem Vorbild der Königin* (Dido), *die einst die Stadt gegründet hatte* (Flor. *epitome* 1,31,17). Dass der siegreiche Feldherr Scipio angesichts des brennenden Karthago in Tränen ausbrach und auf die Frage seines Freundes und Lehrers Polybios, weshalb er weine, zur Antwort gab, er denke daran, dass seiner Heimat einmal ein ähnliches Schicksal zuteil werden könne, würde man wohl für unhistorische Melodramatik halten, wäre nicht Polybios selbst unser Gewährsmann (38,21–22). Es scheint, als war sich im Moment des endgültigen Triumphes über Karthago ein führender Römer des Preises bewusst, den möglicherweise auch Rom eines Tages für seine augenblickliche Größe würde bezahlen müssen. Gewiss: eine physische Vernichtung ähnlichen Ausmaßes blieb der Stadt in ihrer Geschichte bis heute erspart. Doch nur wenige Jahrzehnte sollten vergehen, bis die gesellschaftlichen und wirtschaftlichen Folgen seiner Welteroberung den römischen Staat in eine tiefe innere Krise stürzten. Blicken wir auf die langen und blutigen Bürgerkriege, die im 1. Jahrhundert v. Chr. schließlich zum Untergang der Republik führten, so entbehrt Scipios Äußerung des Jahres 146 nicht einer gewissen Prophetie.

IV. Fazit

Ziehen wir Bilanz. Bis heute sehen namhafte Forscher in den römisch-karthagischen Auseinandersetzungen eine Entwicklung von geradezu schicksalhafter Zwangsläufigkeit. Zwischen zwei benachbarten Großmächten mit überlappenden Interessensphären, so wird argumentiert, habe es früher oder später zur Kraftprobe kommen *müssen* – eine Vorstellung, gegen die zweierlei einzuwenden ist: Zum einen greifen Versuche, historische Abläufe mit gleichsam natürlichen Gesetzmäßigkeiten zu erklären, generell zu kurz; sie übersehen, dass es stets handelnde Personen oder Institutionen sind, die sich in bestimmter Absicht für eine und gegen die andere Option entscheiden. Und zum anderen hat der Blick auf die jeweiligen Krisensituationen klar gezeigt, wer von beiden Kontrahenten ein ums andere Mal die Konfrontation suchte. Was die Punischen Kriege – wenn man so will – unausweichlich werden ließ, war nicht die Konkurrenz zweier Großmächte, sondern das notorische Unvermögen der Römer, bestehende Grenzen zu respektieren beziehungsweise eigenständige, prosperierende Staaten neben sich zu dulden. Einer mehr oder weniger bewussten Identifikation mit „unseren" römischen Vorfahren mag es zuzuschreiben sein, dass diese Erkenntnis im Geschichtsdiskurs auch des modernen Abendlandes immer wieder beschönigende Relativierungen erfährt.

War der römisch-karthagische Konflikt unvermeidlich?

Roms Politik zusammenfassend zu charakterisieren, fällt am Ende eines Buches über „Rom und Karthago" nicht schwer. Die beispiellose expansive Dynamik der Vormacht Italiens hat der gemeinsamen Geschichte beider Staaten im 3. und 2. Jahrhundert die wesentlichen Impulse gegeben. Sie zeichnet für die ersten Konflikte um Sizilien und Sardinien verantwortlich; sie war es, die wenig später in Iberien den Kampf um Roms Vorherrschaft im westlichen Mittelmeer heraufbeschwor, und noch der Dritte Punische Krieg stellt *de facto* einen Akt römischer Expansion dar. Unterschiedlich waren gewiss von Fall zu Fall die Beweggründe, die den Senat zur Intervention veranlassten: Ging es anfangs schlicht um die Mehrung römischen Besitzes und Einflusses, so rückte nach der Vereinnahmung der Inseln das Bestreben in den Vordergrund, den einmal geschwächten Gegner nicht wieder zu überregionaler Macht gelangen zu lassen; mit der Zerstörung Karthagos sollte ein Unruheherd beseitigt sowie ein abschreckendes Exempel statuiert werden. All diesen Situationen gemeinsam ist indes die Neigung Roms, seine machtpolitischen Interessen jederzeit offensiv durchzusetzen; ins Auge springt die Unbekümmertheit im Umgang mit vertraglichen Bindungen, welche die römische Führung hierbei wiederholt an den Tag legte. Expansion und präventive Ausschaltung jedes nur denkbaren Störfaktors der römischen Ordnung genossen im Denken und Handeln des Senates stets oberste Priorität.

Die römische Politik

Nun dienten Angriffskriege bekanntlich zu allen Zeiten und bei allen Völkern immer wieder als Mittel der Politik. Auch andere antike Staaten betrieben gewaltsame Expansion – nicht zuletzt die Karthager, die seit Jahrhunderten ein „Reich" im westlichen Mittelmeer besaßen und die keinen Augenblick zögerten, den Verlust Westsiziliens und Sardiniens durch Er-

Römische und karthagische Expansion

oberungen in Iberien wettzumachen. Doch gerade im Vergleich mit Karthagos Expansion der Zwischenkriegszeit tritt die Besonderheit der römischen Interventionspolitik deutlich hervor. Um die Versorgung und den Wohlstand der Stadt sowie die Stabilität ihres politischen Systems zu gewährleisten, entschloss sich der karthagische Rat nach einschneidenden territorialen Verlusten zur Schaffung einer neuen überseeischen Provinz. Ein politisches Konzept zur Bewältigung einer akuten Krise wird militärisch umgesetzt; der Ebro-Vertrag lässt erkennen, dass Karthagos Ambitionen begrenzt waren. Ganz anders Roms Vorgehen des Jahres 264: Von einem politischen Konzept kann zunächst keine Rede sein; dass der Senat auf die Frage nach künftigen Grenzen seiner Interessen nicht einen Gedanken verschwendete, ergibt sich aus der weiteren Entwicklung. Ohne erkennbare Maß- und Zielvorgaben folgt Roms Expansion dieser Epoche augenscheinlich allein dem Grundsatz, keine Gelegenheit zur Erweiterung des eigenen Machtbereiches ungenutzt zu lassen.

Römischer Siegeswille und karthagische „Kaufmannsmentalität“

Dem maßlosen Expansionsdrang der römischen Führung entspricht ihr unbedingter Siegeswille. Wie der Senat so manchen bestehenden Vertrag der Aussicht auf einen gewinnbringenden Krieg unterordnete, so rangierte dessen siegreicher Abschluss vor jeglicher Rücksicht auch auf die eigenen materiellen und personellen Ressourcen. Dass man 243 – ohne in seiner Existenz oder auch nur in seinem Besitz bedroht zu sein – angesichts leerer Kassen nicht etwa über eine Beendigung des Krieges auf diplomatischem Wege nachdachte, sondern private Geldgeber suchte und fand, die den Bau einer weiteren Flotte finanzierten und dabei das Risiko eines Misserfolges trugen, ist nur eines von zahlreichen Beispielen für eine Bereitschaft zum „totalen Krieg“, wie sie anderen antiken Gesellschaften fremd war. Zu Unrecht wird demgegenüber bisweilen Karthagos Kompromissbereitschaft nach Rückschlägen mit dem „kaufmännischen Wesen“ des phoinikischen Volkes erklärt. Nicht Karthago ist die Ausnahmeerscheinung, sondern Rom. Wenn ein Phänomen der karthagischen Geschichte unsere besondere Beachtung verdient, so ist es jene enorme Regenerationsfähigkeit, welche die nordafrikanische Metropole nicht nur nach dem Ersten, sondern auch nach dem Verlust ihrer außenpolitischen Handlungsfreiheit im Zweiten Punischen Krieg eindrucksvoll unter Beweis gestellt hat.

Die weltgeschichtliche Bedeutung

„Rom und Karthago“ – das ist die dramatische Geschichte des karthagischen Existenzkampfes gegen das zur Weltmacht aufstrebende Rom. Keine andere Auseinandersetzung hat den Römern vergleichbare Kraftanstrengungen abverlangt; mehrmals gab erst nach langem, zähen Ringen ihr überlegenes militärisches Potential den Ausschlag. Welche inneren Probleme dem römischen Staat aus seiner Expansion erwachsen sollten, ist ein Thema für sich; blicken wir auf die Bürgerkriege und das Ende der republikanischen Ordnung, so nimmt sich die Erfolgsserie des 3. und 2. Jahrhunderts zunächst wie ein Pyrrhossieg aus. Weltgeschichtliche Bedeutung gewinnt der Vorgang erst durch die darauffolgende Phase relativer innerer wie äußerer Stabilität, in der weite Teile der römischen Welt eine bis heute richtungweisende politische und kulturelle Prägung erhielten. Hierfür die Voraussetzung geschaffen zu haben ist das historische Verdienst der römischen Eroberungen, mögen sie für sich betrachtet auch alles andere als ein Ruhmesblatt europäischer Zivilisation gewesen sein.

Auswahlbibliographie

Quellen und Quellensammlungen

Appian von Alexandria, Römische Geschichte, übers. von O. Veh, 2 Bde., Stuttgart 1987–1989.

Bengtson, H., Die Staatsverträge des Altertums II. Die Verträge der griechisch-römischen Welt von 700 bis 338 v. Chr. (= StV II), München [2]1975.

Diodorus of Sicily, übers. von C. H. Oldfather u. a., 12 Bde., London 1933–1967.

Jacoby, F. u. a., Die Fragmente der griechischen Historiker (= FgrHist), Berlin u. a. 1923–.

Livius, T., Römische Geschichte, übers. von J. Feix/ H. J. Hillen, 11 Bde., München–Zürich 1988–1999.

Malcovati, E., Oratorum Romanorum fragmenta liberae rei publicae (= ORF) I. Textus, Turin u. a. [4]1976.

Meister, K., Einführung in die Interpretation historischer Quellen. Schwerpunkt Antike II: Rom, Paderborn u. a. 1999.

Peter, H., Historicorum Romanorum reliquiae (= HRR), 2 Bde., Leipzig [2]1914/1906 (ND 1967).

Polybios, Geschichte, übers. von H. Drexler, 2 Bde., Zürich–München [2]1978.

Schmitt, H. H., Die Staatsverträge des Altertums III. Die Verträge der griechisch-römischen Welt von 338 bis 200 v. Chr. (= StV III), München 1969.

Übergreifende Literatur

Ameling, W., Karthago. Studien zu Militär, Staat und Gesellschaft, München 1993.

Badisches Landesmuseum Karlsruhe (Hrsg.), Hannibal ad portas. Macht und Reichtum Karthagos, Stuttgart 2004.

Bellen, H., Metus Gallicus – metus Punicus. Zum Furchtmotiv in der römischen Republik, Wiesbaden 1985.

Bellen, H., Grundzüge der römischen Geschichte I. Von der Königszeit bis zum Übergang der Republik in den Prinzipat, Darmstadt [2]1995.

Bleicken, J., Geschichte der römischen Republik, München [6]2004. *Mit umfangreicher Bibliographie.*

Bringmann, K., Punische Kriege, in: Der neue Pauly X, 2001, 590–599. *Überblick mit gutem Kartenmaterial.*

Devijver, H./E. Lipinski (Hrsg.), Punic Wars, Löwen 1989.

Ehrenberg, V., Karthago, in: ders., Polis und Imperium, Zürich–Stuttgart 1965, 549–586.

Errington, R. M., The Dawn of Empire. Rome's Rise to World Power, Ithaca–New York 1972.

Geus, K., Prosopographie der literarisch bezeugten Karthager, Löwen 1994. *Nachschlagewerk zur Identifizierung der zahlreichen gleichnamigen karthagischen Persönlichkeiten.*

Günther, L.-M./B. Morstadt (Hrsg.), Interpretationes: Phönizische, griechische und römische Gottheiten im historischen Wandel, Turnhout (im Druck).

Hans, L.-M., Karthago und Sizilien, Hildesheim u. a. 1983 (Diss. Hamburg 1981).

Heftner, H., Der Aufstieg Roms. Vom Pyrrhoskrieg zum Fall Karthagos (280–146 v. Chr.), Regensburg 1997.

Heuß, A., Römische Geschichte, Paderborn u. a. [6]1998.

Hölkeskamp, K.-J., Senatus populusque Romanus. Die politische Kultur der Republik – Dimensionen und Deutungen, Stuttgart 2004.

Hoffmann, W., Karthagos Kampf um die Vorherrschaft im Mittelmeer, in: Aufstieg und Niedergang der Römischen Welt I 1 (1972) 341–363.

Hoyos, D. (Hrsg.), A Companion to the Punic Wars, Chichester 2011.

Huß, W., Geschichte der Karthager, München 1985.

Mommsen, Th., Römische Geschichte I–III, Leipzig 1854–1856; V, 1885 (I–III Berlin [14]1933; V [11]1933).

Palmer, R. E. A., Rome and Carthage at Peace, Stuttgart 1997.

Rakob, F. (Hrsg.), Die deutschen Ausgrabungen in Karthago I, Mainz 1991.

Rakob, F., Neue Ausgrabungen in Karthago, in: Antike Welt 23 (1992) 158–174.

Scullard, H. H., Carthage and Rome, in: The Cambridge Ancient History VII 2 ([2]1989) 486–572.

Toynbee, A. J., Hannibal's Legacy. The Hannibalic War's Effects on Roman Life, 2 Bde., London 1965.

Walbank, F. W., A Historical Commentary on Polybius, 3 Bde., Oxford 1957–1979.

Literatur zu den einzelnen Kapiteln

I. Einführung

Rebenich, S., Alte Geschichte in Demokratie und Diktatur: Der Fall Helmut Berve, in: Chiron 31 (2001) 457–496.

Vogt, J. (Hrsg.), Rom und Karthago, Leipzig 1943.

II. Die politischen Beziehungen

Badian, E., Römischer Imperialismus in der späten Republik, Stuttgart 1980. *Untersuchung der positiven römischen Einstellung gegenüber territorialer Expansion, politischer bzw. militärischer Kontrolle und wirtschaftlicher Ausbeutung.*

Eckstein, A. M., Senate and General. Individual Decision-Making and Roman Foreign Relations, 264–194 B.C., Berkeley 1987.

Errington, M., Neue Forschungen zu den Ursachen der römischen Expansion im 3. und 2. Jahrhundert v. Chr., in: Historische Zeitschrift 250 (1990) 93–106.

Gerhold, M., Rom und Karthago zwischen Krieg und Frieden. Rechtshistorische Untersuchungen zu den römisch-karthagischen Beziehungen zwischen 242 v. Chr. und 149 v. Chr., Frankfurt a. M. 2002.

Hampl, F., Zur Vorgeschichte des ersten und zweiten Punischen Krieges, in: Aufstieg und Niedergang der Römischen Welt I 1 (1972) 412–441.

Harris, W.V., War and Imperialism in Republican Rome, 327–70 B.C., Oxford 1979 (^{2}1991).

Harris, W. V. (Hrsg.), The Imperialism of Mid-Republican Rome, Rom 1984.

Kostial, M., Kriegerisches Rom? Zur Frage von Unvermeidbarkeit und Normalität militärischer Konflikte in der römischen Politik, Stuttgart 1995.

Mantel, N., Poeni foedifragi. Untersuchungen zur Darstellung römisch-karthagischer Verträge zwischen 241 und 201 v. Chr. durch die römische Historiographie, München 1991. *Zur Deformation der Rechtsbeziehungen zwischen beiden Staaten durch die romfreundliche Geschichtsschreibung.*

Raaflaub, K. A., Born to be Wolves? Origins of Roman Imperialism, in: R. W. Wallace/E. M. Harris (Hrsg.), Transitions to Empire (Festschrift E. Badian), Norman 1996, 273–314.

Scullard, H. H., Roman Politics 220–150 B.C., Oxford ^{2}1973.

Waldherr, G. H., „Punica fides" – Das Bild der Karthager in Rom, in: Gymnasium 107 (2000) 193–222.

1.–4. Die karthagisch-römischen Verträge

Bringmann, K., Überlegungen zur Datierung und zum historischen Hintergrund der beiden ersten römisch-karthagischen Verträge, in: K. Geus/K. Zimmermann (Hrsg.), Punica – Libyca – Ptolemaica (Festschrift W. Huß), Löwen 2001, 111–120. *Identifiziert den ersten Vertrag bei Polybios mit dem des Jahres 348 nach Diodor/Livius.*

Flach, D., Die römisch-karthagischen Beziehungen bis zum Ausbruch des Ersten Punischen Krieges, in: R. Günther/S. Rebenich (Hrsg.), E fontibus haurire (Festschrift H. Chantraine), Paderborn u. a. 1994, 33–44.

Günther, L.-M., Die karthagische Aristokratie und ihre Überseepolitik im 6. und 5. Jh. v. Chr., in: Klio 75 (1993) 76–84.

Hof, A., Die römische Außenpolitik vom Ausbruch des Krieges gegen Tarent bis zum Frieden mit Syrakus (281–263 v. Chr.), Hildesheim 2002.

Hoyos, B. D., The Roman-Punic Pact of 279 B.C.: Its Problems and its Purpose, in: Historia 33 (1984) 402–439. *Zu Verständnis und Interpretation des umstrittenen Textes bei Polybios.*

Mitchell, R. E., Roman-Carthaginian Treaties: 306 and 279/8 B.C., in: Historia 20 (1971) 633–655.

Scardigli, B., I trattati romano-cartaginesi. Introduzione, edizione critica, traduzione, commento e indici, Pisa 1991.

Werner, R., Der Beginn der römischen Republik, München–Wien [1963]. *Datiert den Übergang von der Königsherrschaft zur Republik in die ersten Jahrzehnte des 5. Jahrhunderts.*

5. Der Ausbruch des Ersten Punischen Krieges

Bleckmann, B., Rom und die Kampaner von Rhegion, in: Chiron 29 (1999) 123–146.

Eckstein, A. M., *Unicum subsidium populi Romani*: Hiero II and Rome, 263 B.C.–215 B.C., in: Chiron 10 (1980) 183–203.

Gelzer, M., Römische Politik bei Fabius Pictor, in: Hermes 68 (1933) 129–166 (zuletzt in: V. Pöschl [Hrsg.], Römische Geschichtsschreibung, Darmstadt 1969, 77–129). *Zeigt Pictors Absicht, griechischen Lesern die römische Außenpolitik als defensiv zu präsentieren.*

Heuß, A., Der erste Punische Krieg und das Problem des römischen Imperialismus, in: Historische Zeitschrift 169 (1949) 457–513 (ND Darmstadt 1964). *Die römische Unterstützung der Mamertiner habe sich gegen Hieron gerichtet; wider Willen sei Rom dabei in den Krieg mit Karthago hineingeschlittert.*

Hoyos, B. D., Unplanned Wars. The Origins of the First and Second Punic Wars, Berlin–New York 1998. *Hält die römische Intervention in Messana für eine gegen Hieron gerichtete Maßnahme, den Ersten wie den Zweiten Punischen Krieg für einen unvermeidlichen Interessenkonflikt.*

Ruschenbusch, E., Der Ausbruch des 1. Punischen Krieges, in: Talanta 12/13 (1980/81) 55–76.

Welwei, K.-W., Hieron II. von Syrakus und der Ausbruch des Ersten Punischen Krieges, in: Historia 27 (1978) 573–587.

8. Der Söldnerkrieg und die Annexion Sardiniens

Ameling, W., Polybios und die römische Annexion Sardiniens, in: Würzburger Jahrbücher für die Altertumswissenschaft N.F. 25 (2001) 107–132. *Zur Chronologie der Ereignisse im Vorfeld der Annexion Sardiniens durch die Römer.*
Hoyos, D., Truceless War. Carthage's Fight for Survival, 241 to 237 BC, Leiden–Boston 2007.
Loreto, L., La grande insurrezione Libica contro Cartagine del 241–237 a.C., Rom 1995.
Schwarte, K. H., Roms Griff nach Sardinien, in: K. Dietz/D. Hennig/H. Kaletsch (Hrsg.), Klassisches Altertum, Spätantike und frühes Christentum (Festschrift A. Lippold), Würzburg 1993, 107–146.

9. Der Ebro-Vertrag

Barceló, P., Rom und Hispanien vor Ausbruch des 2. Punischen Krieges, in: Hermes 124 (1996) 45–57.
Bender, P., Rom, Karthago und die Kelten, in: Klio 79 (1997) 87–106. *Sieht keinen Zusammenhang zwischen Ebro-Vertrag und Keltenkrieg.*
Bringmann, K., Der Ebrovertrag, Sagunt und der Weg in den Zweiten Punischen Krieg, in: Klio 83 (2001) 369–375.
Scullard, H. H., The Carthaginians in Spain, in: The Cambridge Ancient History VIII (²1989) 17–43.
Urban, R., Roms Gallierkrieg 225–222 v.Chr. und der Ebrovertrag, in: K. Geus/K. Zimmermann (Hrsg.), Punica – Libyca – Ptolemaica (Festschrift W. Huß), Löwen 2001, 277–288.

10. Der Ausbruch des Zweiten Punischen Krieges

Eucken, H. Ch., Probleme der Vorgeschichte des 2. Punischen Krieges, Diss. Freiburg i.Br. 1968.
Händl-Sagawe, U., Der Beginn des 2. Punischen Krieges: ein historisch-kritischer Kommentar zu Livius Buch 21, München 1995.
Heubner, F., Hannibal und Sagunt bei Livius, in: Klio 73 (1991) 70–82.
Hoffmann, W., Die römische Kriegserklärung an Karthago im Jahre 218, in: Rheinisches Museum 94 (1951) 69–88 (wieder in: K. Christ [Hrsg.], Hannibal, Darmstadt 1974, 134–155). *Datiert Hannibals Ebroübergang vor die römische Kriegsgesandtschaft nach Karthago.*
Hoyos, D., Hannibal's Dynasty. Power and Politics in the Western Mediterranean, London–New York 2003. *Studie zur Familie der Barkiden, ihrer Stellung im karthagischen Staat und ihrer Bedeutung für die karthagische Geschichte.*
Nörr, D., Die Fides im römischen Völkerrecht, Heidelberg 1991.
Schwarte, K.-H., Der Ausbruch des Zweiten Punischen Krieges – Rechtsfrage und Überlieferung, Wiesbaden 1983. *Quellenkritische Untersuchung zu Polyb. 3,8–34 und der Parallelüberlieferung mit weitreichenden Folgerungen aus der Hypothese eines selbständigen Barkidenreiches.*
Welwei, K.-W., Die Belagerung Sagunts und die römische Passivität im Westen, in: Talanta 8/9 (1977) 156–173.

12. Die Rolle auswärtiger Mächte

Huß, W., Der „panafrikanische" Gedanke im Zweiten Römischen Krieg, in: H. Devijver/E. Lipinski (Hrsg.), Punic Wars, Löwen 1989, 185–191.

14. Karthago, Rom und Numidien im 2. Jahrhundert

Camps, G., Le règne de Massinissa, in: Libyca 8 (1960) 185–227.
Gschnitzer, F., Die Stellung Karthagos nach dem Frieden von 201 v.Chr., in: Wiener Studien 79 (1966) 276–289.
Walsh, P. G., Massinissa, in: Journal of Roman Studies 55 (1965) 151–160.

15. Der Ausbruch des Dritten Punischen Krieges

Astin, A. E., Cato the Censor, Oxford 1978.
Gelzer, M., Nasicas Widerspruch gegen die Zerstörung Karthagos, in: Philologus 86 (1931) 261–299 (wieder in: ders., Kleine Schriften II, Wiesbaden 1963, 39–72).
Hantos, Th., Cato Censorius. Grundgedanken seiner Politik, in: P. Kneissl/V. Losemann (Hrsg.), Imperium Romanum (Festschrift K. Christ), Stuttgart 1998, 317–333.
Harris, W. V., Roman Expansion in the West IV: Rome and Carthage, in: The Cambridge Ancient History VIII (²1989) 142–162.
Kienast, D., Cato der Censor. Seine Persönlichkeit und seine Zeit, Heidelberg 1954.
Welwei, K.-W., Zum *metus Punicus* in Rom um 150 v.Chr., in: Hermes 117 (1989) 314–320.

III. Die militärischen Auseinandersetzungen

Hantos, Th., Das römische Bundesgenossensystem in Italien, München 1983.
Head, D., Armies of the Macedonian and Punic Wars, 359 BC to 146 BC: Organisation, Tactics, Dress and Weapons, [Goring-by-Sea] 1982.

Keppie, L., The Making of the Roman Army. From Republic to Empire, London 1984.

Kromayer, J./G. Veith, Schlachten-Atlas zur antiken Kriegsgeschichte, Leipzig 1922. *Beschreibung und graphische Darstellung der wichtigsten militärischen Begegnungen u. a. der Punischen Kriege.*

Kromayer, J./G. Veith, Heerwesen und Kriegführung der Griechen und Römer, München 1928.

Meyer, Ed., Das römische Manipularheer, seine Entwicklung und seine Vorstufen, in: ders., Kleine Schriften II, Halle ²1924, 193–329.

Viereck, H. D. L., Die römische Flotte, Herford 1975.

1. Der Kampf um Sizilien

Baldus, H. R., Unerkannte Reflexe der römischen Nordafrika-Expedition von 256/255 v. Chr. in der karthagischen Münzprägung, in: Chiron 12 (1982) 163–190.

Bleckmann, B., Die römische Nobilität im ersten Punischen Krieg. Untersuchungen zur aristokratischen Konkurrenz in der Republik, Berlin 2002.

Hoyos, D., Identifying Hamilcar Barca s Heights of Heircte, in: Historia 50 (2001) 490–495.

Le Bohec, Y. (Hrsg.), La première guerre Punique. Autour de l'œuvre de M. H. Fantar, Lyon 2001.

Le Bohec, Y., La marine romaine et la première guerre punique, in: Klio 85 (2003) 57–69.

Thiel, J. H., A History of Roman Sea-Power before the Second Punic War, Amsterdam 1954.

Wallinga, H. T., The Boarding-Bridge of the Romans (Diss. Utrecht), Groningen–Djakarta 1956.

2. Der Kampf um die Hegemonie im westlichen Mittelmeer

Barceló, P. A., Hannibal: Stratege und Staatsmann, Stuttgart 2004.

Briscoe, J., The Second Punic War, in: The Cambridge Ancient History VIII (²1989) 44–80.

Christ, K. (Hrsg.), Hannibal, Darmstadt 1974.

Christ, K., Hannibal, Darmstadt 2003.

Cornell, T./B. Rankov/P. Sabin (Hrsg.), The Second Punic War. A Reappraisal, London 1996.

Daly, G., Cannae. The experience of battle in the Second Punic War, London 2002.

Hoyos, B. D., Sluice-Gates or Neptune at New-Carthage 209 B.C.?, in: Historia 41 (1992) 124–128.

Hoyos, D., Generals and Annalists: Geographic and Chronological Obscurities in the Scipios' Campaigns in Spain, 218–211 B.C., in: Klio 83 (2001) 68–92.

Hoyos, D., The Battle-Site of Ilipa, in: Klio 84 (2002) 101–113.

Lancel, S., Hannibal. Eine Biographie, aus dem Französischen von B. Schwibs, Düsseldorf 2000.

Lazenby, J. F., Hannibal's War. A Military History of the Second Punic War, Warminster 1978.

Leidl, Ch., Appians Darstellung des 2. Punischen Krieges in Spanien (Iberiké c. 1–38, 1–158a). Text und Kommentar, München 1996.

Lowe, B. J., Polybius 10.10.12 and the Existence of Salt-Flats at Carthago Nova, in: Phoenix 54 (2000) 39–52.

Meyer, Ed., Untersuchungen zur Geschichte des Zweiten Punischen Kriegs, in: ders., Kleine Schriften II, Halle ²1924, 331–461. *Aufsatzsammlung zu Einzelproblemen des Krieges, aber auch zu dessen Beginn und Ursachen.*

Pomeroy, A. J., Hannibal at Nuceria, in: Historia 38 (1989) 162–176.

Schmitt, T., Hannibals Siegeszug. Historiographische und historische Studien vor allem zu Polybios und Livius, München 1991.

Scullard, H. H., Scipio Africanus: Soldier and Politician, Ithaca N.Y. 1970.

Seibert, J., Hannibal, Darmstadt 1993. *Materialreiche Darstellung von Hannibals politischem und militärischem Lebenswerk mit quellenkritischem Schwerpunkt.*

Seibert, J., Forschungen zu Hannibal, Darmstadt 1993. *Behandelt separat den Forschungsstand zu wissenschaftlichen Streitfragen.*

Seibert, J., Hannibal: Feldherr und Staatsmann, Mainz 1997. *Reich illustrierte Biographie mit Kartenmaterial zu den Operationen.*

Shean, J. F., Hannibal's Mules: The Logistical Limitations of Hannibal's Army and the Battle of Cannae, 216 B.C., in: Historia 45 (1996) 159–187.

von Ungern-Sternberg, J., Capua im Zweiten Punischen Krieg. Untersuchungen zur römischen Annalistik, München 1975.

Zimmermann, K., Scipios Eid nach Cannae – eine propagandistische „Retourkutsche"?, in: Chiron 27 (1997) 471–482. *Zur Entstehung und Funktion der Legende von dem Treueid, den Scipio am Abend der Schlacht einigen zur Flucht entschlossenen Römern abverlangt haben soll (Liv. 22,53).*

3. Die Vernichtung Karthagos

Astin, A. E., Scipio Aemilianus, Oxford 1967.

Bilz, K., Die Politik des P. Cornelius Scipio Aemilianus, Stuttgart 1935.

Groh, H. K., Die Belagerung von Karthago im dritten punischen Kriege (149–146 v. Chr.), Diss. Leipzig 1921.

Register